上海文化发展基金会图书出版专项基金资助项目

社会工作与社会政策智库论丛

性别视角下的村庄社会生活变迁：

华中莲荷村的劳动、闲暇、女性及家庭(1926—2013)

黄玉琴 著

U0951911

華東理工大學出版社
EAST CHINA UNIVERSITY OF SCIENCE AND TECHNOLOGY PRESS
·上海·

图书在版编目(CIP)数据

性别视角下的村庄社会生活变迁：华中莲荷村的劳动、闲暇、女性及家庭：1926—2013/黄玉琴著. —上海：华东理工大学出版社，2019.1

(社会工作与社会政策智库论丛)

ISBN 978-7-5628-5704-4

Ⅰ.①性… Ⅱ.①黄… Ⅲ.①农村—女性—社会生活—研究—中国—1926-2013 Ⅳ.①D669.68

中国版本图书馆 CIP 数据核字(2019)第 004526 号

策划编辑 / 刘　军
责任编辑 / 牟小林
装帧设计 / 徐　蓉
出版发行 / 华东理工大学出版社有限公司
地址：上海市梅陇路 130 号，200237
电话：021-64250306
网址：www.ecustpress.cn
邮箱：zongbianban@ecustpress.cn
印　刷 / 江苏凤凰数码印务有限公司
开　本 / 710 mm×1000 mm　1/16
印　张 / 17.25
字　数 / 247 千字
版　次 / 2019 年 1 月第 1 版
印　次 / 2019 年 1 月第 1 次
定　价 / 86.00 元

致　谢

在本书的“导言”部分，我追踪了自己开始本研究的心路历程。这个研究起始于一个以学术的视角来理解自己的成长之旅的企图心。从 2005 年的田野研究开始，本书首先建立在我于英国埃塞克斯大学完成的博士论文的基础之上。后来，随着多次对莲荷村的重访，研究的内容得以扩充和更新。

我最要感谢的就是愿意接纳我的，来自莲荷村的这些女性和男性们。他们毫无保留地和我分享了生命故事。这些故事不仅成为这本书的基础和源泉，也成就了我的自我探寻之旅。今年年初，书中的桃英去世，享年 81 岁。在过去几年里，书中所研究的第一代女性中，已有多位陆陆续续离世，第二代的“大姐组”中也有几位英年早逝。这本书是对她们的一个纪念。

要感谢一路伴我成长的师友们。北京大学社会学系已故的王汉生教授和埃塞克斯大学的 Miriam Glucksmann 教授分别是我硕士和博士期间的导师。两位教授皆思想活跃、成就斐然，是我的领路人。我在德国马普宗教与族群多样性研究所和华东理工大学社会与公共管理学院的诸多同事是我工作至今的良伴，一路对我陪伴、督促、启发和鼓励。

要感谢华东理工大学出版社的刘军和牟小林两位老师。他们帮我申请到上海文化发展基金会图书出版专项基金的资助，对我的书稿从文字到内容都提出了有益的建议，并对我的拖沓表现出了无比的宽容。

要感谢我的家人，尤其是家族中的女性。她们所展现出的生活智慧让我更深地理解了女性在当代社会中生存的处境。她们的教导、分享和援手都使我获益良多。

本书第四、五、六章的部分内容曾以"'To jump out of the agricultural gate (tiao chu nong men)': social mobility and gendered intra-household resource distribution among children in a central Chinese village, 1950 - 2012"为题发表于 *China Perspectives*, 2012 (4): 25 - 33。

第五、六章的部分内容曾以"向上流动渠道和农村教育性别平等：华中莲荷村的变迁（1958～2012）"为题发表于《学习与实践》，2016（1）：108 - 117。

第四、五、六、七章的部分内容曾以"Transforming the gendered organisation of childcare: experiences of three generations of rural mothers in an inland Chinese village (1940s - 2006)"发表于 Angela W. W. Ching, Maria Tam and Danning Wang (eds.) *Gender and Family in East Asia*, 2014, London & New York: Routledge。

第七章的部分内容曾以"From the 'feminization of agriculture' to the 'ageing of farming populations': demographic transition and farming in a central Chinese village"为题发表于 *Local Economy*, 2012, 27 (1): 19 - 32。

第八章的部分内容曾以"Changing intergenerational contracts: gender, cohorts and elder care in central rural China, 2005 - 2013"为题发表于 *Asian Population Studies*, 2018, 14 (1): 5 - 21。

第九章的部分内容曾以"Labour, leisure, gender and generation: the organisation of 'wan' and the notion of 'gender equality' in contemporary rural China"为题发表于 Tamara Jacka and Sally Sargeson (eds.), *Women, Gender and Development in Rural China*, 2011, Edward Elgar Publishing Limited。

目录

第一章

导　言

自 20 世纪初期以来，中国农村女性的生活发生了巨大的变化。在一个更广泛的层次上，本书是从“性别”的视角和农村女性的角度来考察从1926—2013 年近 90 年间村庄社会生活的变迁。考察所借助的工具是华中汉水县莲荷村三代 57 位女性在这近 90 年间的生命故事。在一个更具体的层次上，本书通过一个独特的“双重比较”框架，分析了三代农村女性各种不同形式的劳动和闲暇活动是如何在家庭内部组织起来的。透过对她们劳动和闲暇生活的关注，本书触及了过去近 90 年间农村社会生活中的性别、劳动、闲暇、家庭、教育、养老等议题。本书同时从历时性和共时性两个角度比较了莲荷村女性的劳动和闲暇生活：一方面，从历史的时间，即前集体主义时期、集体主义时期和改革时期；另一方面，从女性生命历程阶段，比如少女时期、初为人母时期和老年时期。

本书不仅关注莲荷村女性的“劳动”，也将注意力放在目前学界关注尚少的“闲暇”上面。而且，本书采用了“劳动的总体性社会组织过程”模型（Total Social Organisation of Labour，即 TSOL 模型），从一个总体的（holistic）、互为关系性的（inter-relational）视角审视了村民的劳动和闲暇生活（Glucksmann，2000：19－20）。“双重比较”的框架不仅关注社会变迁（尤其是 1949 年的社会主义革命和 1983 年前后的改革开放）如何影响农村女性的劳动和闲暇生活，也重视从不同代际女性自身的视角，来审视她们如何经历这些社会变迁。本书探讨变迁的同时也考量延续性，尤其强调在劳动和闲暇的社会组织过程中，发生在不同女性之间，以及女性和男性之间的权力关系。我们不仅追问“发生了什么变迁/什么延续下来了?”我们也会追究背后的机制，“为什么这些变迁/延续会发生，如何发生的?”

其次，本书采用了交叉分析的方法（intersectional approach）来探讨变迁/延续背后的机制。本书认为，不同女性和男性之间劳动和闲暇生活的差异、延续和权力关系，都是由外在的/结构性的因素和家庭内的因素之间复杂的互动而产生的。外在的/结构性的因素是指社会经济的、政治的、人口的和文化的影响，而家庭内的因素则指在家庭和个体层面的因素。通过分析在不同的历史阶段，以及女性不同的生命历程阶段相交叉的点上，不同层次的因素之间的互动，本书将揭示不同的劳动和闲暇模式的转变，总结决定农村女性劳动和闲暇生活的主要因素，揭示女性之间存在的相互依赖和不平等的关系，阐释家庭内外的世界中的性别关系，追踪不同代际女性的自我认同及其变迁，并探寻男性和女性对夫妻公平和性别平等的理解。

最后，本书不仅呈现了研究的“最终结果”，而且也开放了研究的“之前”和“处于中间”的阶段（Glucksmann，2000：1），即研究兴趣的发展，研究焦点的寻找过程，研究框架和理论方法形成的过程。同时，我反思了自己在民族志开展过程中的角色，即从自身和研究参与者的角度来看，我的角色形成是一个流动的过程，处在“局内人或/和局外人，抑或都不是”的变动过程之中。

一、追踪研究的轨迹

作为一名在华中农村长大的女性，本书的研究旨趣和我自身的经历，以及学术兴趣发展历程有紧密的联系。这进一步影响了本书的研究框架。

（一）我的路

作为一名20世纪70年代末出生的农村女性，从七岁起，我的母亲就不断地在我耳边叮嘱："你一定要好好学习啊。好好上学才能'读出去'。除了这个，你没有别的出路了!"因为我一直成绩优异，所以加诸我身上的期望值越来越高。读书期间，父母很少让我帮忙料理家务，基本上没有参与过农耕。而我的父母，在几亩土地中辛勤耕耘，供我和弟弟读书。往往入不敷出，时常在要交学费的日子去找亲戚借钱或者找供销社贷款。这条求学之路在1996年我考上北京大学社会学系达到顶峰，之后转入另外一种风格的求学道路。1996年我如愿以偿地"跳出了农门"——通过高考将农村户口转成城市户口。在我们村这是第一次有人考上最高学府（之前有几个人考上中专）。发榜的那天，我祖父和父亲在屋后祖宗们的坟前燃放了不少鞭炮，一是为了告知祖先们这件喜讯；二是昭告村民，即使我是一个女孩，也做到了"光宗耀祖"。祖父还告诉我，有时候他在路上会被陌生人拦住，被询问我的外形特点，因为当地很多村民认为人的命运写在脸上。我祖父骄傲地告诉他们，我前额宽阔，必定会前途远大，是一个福相。近四年后，当我快要大学毕业时，才得知祖父逝于胃癌，家人怕我担忧，就没有告诉我。我半年前离家时，祖父身体已不济，但还没有发展成癌症。我走之前祖母悄悄告诉我，祖父曾说，知道我要毕业了，没想过我做什么别的职业，只要我能在省里做个妇女主任就可以了！在老人家的意识里，当然"做官"是最好的。而一个女孩能做的官，在他的经验里，就是管理与妇女相关事务的"妇女主任"了。在中央不易，能在省里就可以了。在老人家的逻辑里，这是最现实也是最好的安排。

最终，我祖父的愿望没能实现，我选择了继续学业并最终走上学术之路。但我的家庭对我的期待、对我教育的投资都引起了我极大的兴趣。首先，从家庭历史来讲，我奶奶一辈和母亲一辈的生活和我的截然不同。我奶奶是被爷爷"抢"回来的。两家本来之前定过亲，但不知为什么，奶奶的父亲不愿意了。结果爷爷半夜携本家兄弟数人趁奶奶起夜时用被子裹上背回了家。我妈妈是家里的长女，下面有弟妹六人。妈妈上小学正值集体时期。她上了不到三年，外婆就求她，说家里没有劳力，让她回家照顾弟妹，进生产队挣工分。而我，虽然家庭经济条件有限，但当我展现出读书的能力时，父母举债也要供我读书。母亲“好好学习，跳出农门”的教导更是陪伴我数十年。不是男孩，但在家人眼里，我也“光宗耀祖”了。

为什么会有这样的代际差异？“自上而下”的视角会认为这是历史变迁和政治政策变化带来的改变。但这种解释并不令人满意，因为它无法解释这些外在的变动和政策如何被村庄的人们接受/不接受，他们如何经历这些大的、宏观的社会历史变迁。或者如 Myron L. Cohen（1993）所说，中国的农民们在面对外来冲击和影响的时候，并不像通常所想象的那样被动。当然，前文所述的代际差异显示的，是一个关于村庄生活历史变迁的故事。有关中国村庄社会生活变迁的研究，已经有了近百年的历史。从 20 世纪初至 20 世纪 40 年代，是中国村落研究的源起阶段；之后，经历了 20 世纪 50 至 70 年代的“内滞外销”阶段，即海外关于中国村庄研究多于国内的研究；再到 20 世纪 80 年代开始的发展反思阶段。这一阶段的村庄研究因学科的不同而呈现不同的关注点。比如，人类学主要对村庄的宗族制度、民间信仰、仪式、符号象征系统等展开研究；社会学的入手点放在革命和改革带来的“变迁”和“延续”上，充分考察乡村的社会结构、文化、人口结构、生产消费等方面的变与不变；政治学则集中在对村庄权力的分配及其运作机制的研究（刘翠霞、林聚任，2009：55－77）。在这些研究中，鲜有从“性别”的视角，以及农村女性的角度来考察村庄社会生活变迁的。[①] 试问，如果从“性别”的视角来看，村庄社会生活的变迁将会是何种样态？从农村女性的角度来看的话，在她们眼中，之前的村庄研究所关注的宗族、社会结构、文化、人口、生产消费和政治等议题会被如何解读？本书于是立志于站在村庄中女性的视角，来观察和解读村庄过去近 90 年间社会生活的变迁。对这些农村女性来讲，她们及村庄的社会生活发生了怎样的改变？更重要的是，这些改变是如何发生的？本书正是要透过对农村

---

① Laurel Bossen 于 2002 年出版的 *Chinese Women and Rural Development: Sixty Years of Change in Lu Village, Yunnan* 是个少见的例外。这本书从性别视角考察了云南禄村过去 60 年间的变迁。后面文献部分会进一步详述。

女性日常生活中最为重要的几个方面（劳动、闲暇）的考察，来回应以上问题。

(二) 既有关于中国农村女性劳动的研究

回望过去近100年的历史，从很大程度上，中国农村的劳动制度发生了很大的改变。1956年开始的集体化运动将土地由私有转为公有，1978年开始的改革开放时代，大部分土地实行家庭联产承包，一小部分土地又转为个人所有（莲荷村村民称为私有田）。劳动的组织方式也发生了变化，改革开放时代兴起了非农职业，等等。相较于农村男性来说，这段历史对农村女性更为关键，因为这是她们更多参与公共生产的时期。在1949年之前的前集体时代，虽然各地存在差异，并且因季节不同而有所不同，但学者们认为，农村女性在农业中“扮演的角色很小”（Davin，1976：121）。那时的农村女孩在农耕方面所受的训练非常少（Jacka，1997：23）。随着1949年社会主义革命的到来，农村女性被大规模地动员去参与集体劳动。到20世纪50年代后期，百分之八九十的身体健康的农村女性都在田里劳作。[①] 同时，农村女性每年劳动的天数也显著增加。到20世纪80年代早期，随着集体制的解散和家庭联产承包责任制的推出，农村女性的劳动时间更加灵活了，也更可能从事非农劳动，以及成为农业专业户。但纵观整个这段历史，家务和照料工作仍然主要是女性承担的（Croll，1985b；Davin，1976；Jacka，1997；Judd，1994）。

而且，因为上文提到的过去近百年劳动制度的变迁，农村女性的劳动从最开始就成为研究中国农村女性的学者关注的对象。基本上，关于中国当代农村女性的既有研究主要是对女性遭遇现代化和工业化过程的一个回应，尤其是中国历史上的两大社会变迁，即1949年的社会主义革命和

---

① 这个数字是由 Marina Thorborg 提出的（Jacka，1997）。但这个数字本身有点令人困惑，因为不知作者是基于所有年龄阶段的女性，还是只是那些适于充当劳动力的女性基础上推出来的。同时，E. Croll 给出的数字是，1958年农村女性的公共劳动参与率是90%（Croll，1985b）。

20世纪70年代末的市场化改革，如何影响了女性的生活。大部分的研究可以放入“变化—解放”的模型中。在这个模型中，学者通过探讨农村女性通过自己的劳动所作的贡献和她们从社会变迁中获得了何种益处，来评价她们是否获得解放。关注社会主义革命或者改革开放的性别后果的学者，多将目光放在如下领域：农村女性所从事的劳动；她们获得财产，尤其是农地的状况；收入的性别差距；如何处理有酬劳动和无酬的家务、照料劳动之间的冲突；对家务和照料劳动的价值的确认；农村女性的有酬劳动如何影响她们在家庭中的权力和地位；不同的劳动活动如何影响女性的社会网络，等等。而对女性在家庭中的权力和地位的评估通常会采用某些指标。比如，控制收入的权力和做家庭重大决定的权力，等等。

学界从20世纪70年代开始关注社会主义革命对农村女性劳动生活的影响，此时西方学界对中国女性的研究刚刚起步（王政，1997）。随着20世纪70年代后期市场化改革开始后，学界对这方面的兴趣经历了一个低潮，但近些年又有某种程度的复苏，因为一些学者开始研究集体时代的“铁姑娘”和“女劳动模范”现象（高小贤，2005；金一虹，2006；Hershatter，2000；Honig，2000）。Lisa Rofel指出，在研究的早期，因为资料的匮乏，研究主要建立在对官方文献的解读上，因此“弥散着一股乐观的氛围”（Rofel，1999：291）。

这一时期的作品详细描述了“土地改革”和《婚姻法》的实行，并分析了相关法律和政策对农村女性的劳动、婚姻和家庭生活所产生的影响。学者们对农村年轻女性通过集体劳动提升了自己在家庭中地位，以及扩展了自己的社会网络，纷纷表示欢迎（Croll，1978；Davin，1976）。但大部分研究将关注的目光放在女性身上，没有考虑到当时的女性相较于男性的地位变化，这导致研究中存在“劳动的性别分工研究盲区”（Jacka，1997：10）。

但随着可获得的研究资料的增加，学界发现越来越多存在性别不平等的领域。比如，劳动的性别分工、男女工分差距、集体和家庭内部的性别权力，女性要承担有酬劳动和家务照料等无酬劳动所带来的“双重负担”、丈夫和妻子对收入控制的不对等，等等。无一例外，在这些领域，女性都处于较弱势的地位。另外，这些学者提出，社会主义国家对农村女性也是一种父权制的力量，某种程度上造成了女性的弱势地位。革命初期的诺言并没有兑现，因此，中国女性的性别革命是一场“未完成的革命”（Andors，1983；Stacey，1983；Wolf，1985）。

近期一些学者关注集体时代的“铁姑娘”和“女劳动模范”的现象，尤其是她们是如何在自身生活经历和当地政府的推动下产生的，她们付出了什么，得到了什么；这段经历如何影响她们之后的生活，尤其是她们的自我认同，过去繁重劳动所带来的荣誉和疾病；等等（高小贤，2005；金一虹，2006；Hershatter，2000；Honig，2000）。值得注意的是，这些作品从方法论上和前期的作品不同。前期的研究多建立在对官方文件的分析上，这一阶段的研究多建立在口述史访谈的基础上。这种方法的优势我们稍后会谈到。

在改革开放和市场化时期，学者们开始关注新出现的非农劳动市场和农村女性拥有的新的工作机会。起初，一些女性主义学者担心集体制度的终结，以及回归以家庭为单位的农耕是否会将农村女性重新置于具有父权制色彩的家庭之中（Andors，1983；Croll，1983；Davin，1988），但随着新的性别分工模式的浮现，这些担忧变得不那么必要了。新的研究话题涌现，包括乡城劳动力迁移对农村女性劳动的影响。一些学者指出，自从市场化以来，虽然农村女性的生活也得到了改善，但她们的获益不如男性多；而且，在某些方面，压迫甚至加深了（Croll，1983；Jacka，1997）。从劳动分工的角度讲，大部分男性和年轻一些的女性离家打工，且数量呈上升趋势，导致农业的女性化程度加深（Bossen 2002；Croll 1983，1994，1995；Davin 1999；Jacka 1992，1997；Judd 1994）。一方面，一些对“打工妹”的研究指出，随着年轻女孩对有酬非农劳动的参与，她们在家庭中的话语权增加了，年轻一代日渐超过老一代，成为农村家庭的主导力量（Yan，2003）。但另一方面，外出打工的年轻女性也不得不忍受薪水比男性少，工作环境严苛，工作中的歧视和性骚扰等境况（Pun，2000；Tan，2000；谭深，2004）。另外劳动法规的缺乏和宿舍制也使得这些女孩处在严厉的劳动控制和训诫之下（Pun，2007）。农村女性，尤其是已婚的，出去打工的机会少一些，因为她们不得不在家承担家务、照料家庭；而那些在外打工几年后回到家乡的女性，则很难再适应家庭的生活和在老家的婚姻（谭深，2004）。Ellen Judd则指出，在整个过程中，男性、国家甚至是女性自身，都没有对女性从事的劳动，不论是有酬还是无酬的，给予充分的肯定（Judd，1990）。

学者也发现，从社会主义革命时期、集体时代到改革开放时代，国家所推崇的、跟劳动和性别有关的主流意识形态也在发生变化。从20世纪50至80年代初的集体主义时代，国家鼓励女性走出以前的私人领域，参与以前由男性主宰的公共劳动。而发生在私人领域的劳动（家务劳动）的价值是被贬低的（Yang，1999；Jacka，2006）。但20世纪90年代以后的市场化时代，国家从私人生活领域（部分）撤出以后，“家庭”和市场所引导的“文化制度”对形塑“什么是理想的女性形象”起到决定性的作用。“女性气质”（femininity）、女性作为妻子和母亲的角色被重新强调（Rofel，1999），消费行为成为彰显女性气质的一个重要内容（Yang，1999）。换句话说，女性在“私人领域”的劳动重新被认为很重要。但与之相对应的是，受国家力量引导的各级妇联则鼓励妇女们在市场中竞争，实现“自尊”“自信”“自立”和“自强”。这是市场化的性别意识形态对“私人领域”劳动强调之外，对“公共领域”劳动的再次看重（Jacka，2006）。因此，从集体时代到后集体时代，经历了一个从“对传统女性气质和私人领域劳动的贬低、对公共领域劳动的强调”到“女性气质的重新回归”“对母职的重新重视”的变化。这一系列的变化，构成了形塑不同时代的农村女性劳动生活的一个重要背景。

国内学者对中国女性的关注则比西方学界晚一些。除了金一虹（2006）、高小贤（2005）等对集体时代农村女性劳动的关注之外，国内学者更多地将注意力放在改革开放时代女性的劳动上面。和西方学界相比，国内学界更多地关注改革开放给女性带来的“时代问题”。比如，在经济浪潮中获得成功的男性抛弃原配，找年轻漂亮的新妻子等现象。这些现象在媒体和学界都掀起了讨论的热潮。后来，有些学者开始关注“问题女性”，即农村来的“打工妹”，城里的下岗女工，或者再现的卖淫女（李小江，1997）。20 世纪 90 年代，尤其是第四次世界妇女大会在北京召开之后，中国妇女研究迎来了长足的发展，进入一个相对的黄金时代。这一时期，学者们的视野拓宽，全面关注与女性发展相关的议题，如健康、教育、经济、社会保障、婚姻家庭、政治参与、生活方式、法律与人权、性别观念与认知等方面。而此时，正如有的学者所言，中国的女性研究也经历了范式的转换，即从仅将研究对象集中于女性或所谓典型的女性问题方面的研究，发展为从女性主体意识出发，涵盖性别关系及其变迁的研究（吴小英，2005：213）。在对农村女性的研究中，学者尤其关注现代化、工业化和城市化进程对农村女性生活的影响（金一虹，2000），劳动力的乡城流动对农村家庭的冲击，以及对农村女性的影响（金一虹，2010）。大量的文献关注女性农民工的就业环境、生存状况、身份认同，农村女性的土地权益、财产权益、对基层民主的参与状况，等等。

目前关于农村女性劳动的研究成果丰富，并且除了细致的研究素材之外，不论在理论上还是方法上，都有长足的发展。即便如此，正如旅美学者钟雪萍所言，整体上，在当代中国，跟妇女和性别有关的话题，在当下（男性）知识分子所关注的问题中，在关于（中国）知识分子的讨论中，甚少提及。从事性别研究的，绝大多数是女性，并且占从事社会科学研究人员的少数（钟雪萍，2005）。另外，关于农村女性劳动的研究，即使成果丰硕，也仍然存在几点值得商榷的地方。比如，对农村女性内部的差异关注不足，尤其是那些共存，但具有不同的人口学特征，如来自不同年龄群体的农村女性。自 20 世纪 90 年代以来，“差异”（difference）已成为社会和文化分析的一个热门词汇（Glucksmann，2000），它也是本书的中心词汇之一。在女权主义理论内部，社会分化指标，如性别、族群、阶级、经济地位等已经引起研究者的关注了（胡玉坤，2004）。对于从同一个地区来的农民，同为汉族，有着相同的性别，那么经济地位和年龄会成为很关键的社会分化指标。在本书中，“差异”包含三个方面。首先，它指女性和男性之间以及女性内部存在的相异的劳动和闲暇生活体验。既有文献，尤其是英文文献，已经在村民劳动和闲暇生活的性别差异方面作出了许多探索，但很少有研究关注女性内部存在的差异。另外，已有的研究，尤其是前文提及的“变化-解放”模型，多关注某个历史时期的社会经济变化对该时期的主导年龄群体女性生活的影响，特别是年轻的或中年的已婚女性，而忽视了其他非主导群体，比如少女或者老年女性。换句话说，一种“多代共存”（co-existence of generations）的情形被忽视了。但从村庄中女性日常生活的角度来说，外来事件对个体农村女性生活的影响是分代际的。或者说，除了历时性差异（比如，来自不同历史时间、不同代际的少女之间的差异），共时性差异（即共存的女性，但彼此处于不同的生命历程阶段，也以不同的方式经历某个相同的社会变迁）也很重要。即是说，当我们考察结构性的变迁对个体生命的影响时，曼海姆（Mannheim，1952）所提到的“同时代的非同时代性”（the non-contemporaneity of the contemporaneous）也是需要考虑的。

本书“差异”的第二个方面指“社会关系”。本书尤其关注农村女性内部以及女性和男性之间与劳动和闲暇有关的不同的权力关系。事实上，学界对农村家庭内部的权力关系，尤其是女性成员之间的权力关系关注较少。例外的情况是对婆媳关系的探讨。Margery Wolf 曾发展了一个很重要的概念“子宫家庭”（uterine family）来形容台湾农村婆媳之间竞争性的关系。她提出，依照中国农村的父权制等级制度，尽管女性们在一开始迈入夫家时处于从属地位，但她们一旦有了儿子，就可以“母凭子贵”，地位、安全感和做事的能动性都有了。每个母亲便开始建构自己和儿子的“子宫家庭”。但随着儿媳的到来，事情发生了变化。从婆婆的角度来看，她的儿子是她的，是她唯一拥有所有权的男性，但现在有人和她竞争了。而在儿媳的眼中，婆婆对自己丈夫的依赖损害了她自己的“子宫家庭”，因为丈夫是自己儿子的唯一支持资源，而儿子是她自己的“子宫家庭”的唯一成员（Wolf，1972）。Ellen Judd 基于 20 世纪 80 年代在山东所做的民族志研究指出，Margery Wolf 所说的“子宫家庭”的策略发生的条件已经有了极大的变化，如产生了新的分家实践，新的家庭结构等。因此，她建议，存在一个从“子宫家庭”策略向“祖辈-孙辈关系”策略的转移，即祖辈经营和孙辈的关系（Judd，1994：191）。但我们需要问的问题是：这个策略转移适用于所有年龄段的农村女性吗？Ellen Judd 提出，家庭结构对女性是很重要的，那么家庭结构和她所研究的那些不同类型的女性呢？而且，除了婆媳关系之外，其他女性家庭成员之间的关系也很重要，但是关于这些方面的研究非常少。比如，家务和照料工作在农村一般都被认为是女人的事（Bossen，2002；Jacka，1997；Judd，1994）。但这些劳动如何在家庭内不同的女性成员之间分工呢？家庭内女性之间有着何种互相依赖和不平等的关系呢？这在历史上又经历了何种变迁？这些问题都值得进一步探讨。而且，这些探讨除了能深化我们对婆媳关系的理解之外，还会揭示农村中母女、姐妹、妯娌、姑侄等女性成员之间的权力关系。既有的学术研究在这些方面的着力可谓少之又少。

“差异”的第三个方面指的是农村女性不同的主体性和身份认同。Lisa Rofel 在其极具影响力的著作 *Other Modernities: Gendered Yearnings in China after Socialism* 中发现，“性别”（gender）一词的意涵是不断变化的，三个同期群的城市女性对“现代性”有着不同的主观性的理解（Rofel，1999）。而在对农村女性的研究中，女性内部的主体性和身份认同差异鲜少成为研究的对象。Tamara Jacka 和 Ellen Judd 都注意到农村男性和女性都有贬低女性承担的家务和照料工作的倾向（Jacka，1997；Judd，1994）。Ellen Judd 尤其提到，在她的研究地点山东农村，女性们普遍认为“男人更能干”，即使她们自己也颇能挣钱（Judd，1990）。但我们可以问的是，农村女性们关于“性别”的观念随着历史时间的推进，以及自身生命历程阶段的不同而有所变化吗？学界普遍认为在改革开放时期，农村女性在家里的权力地位已有所上升（Yan，2003）。那么，这种赋权如何影响村民的夫妻关系？分别从男性和女性的视角来看，这如何影响他们各自对“性别平等”的看法？

一个相关的要点，是“劳动”和“闲暇”之间变动的关系，以及这对当代农村男性和女性之间、女性内部的权力关系的影响。进入改革开放时代之后，由于一系列劳动制度发展，比如农地减少、人口变迁、农业技术发展等，农民的闲暇时间渐增，用于闲暇的金钱也有所增多。农户内部如何分配这些多出来的时间和金钱呢？这进一步如何影响农户内部的权力关系呢？更重要的是，"劳动"和"闲暇"之间的变迁如何影响男性和女性农民的认同，他们对夫妻公平和性别平等的认知？这些问题都需要更多的探索。但农民，尤其是农村女性的"闲暇"仍然是一个较少研究的领域。

另一个相关的要点，是关于在探讨结构变迁对个体生命的影响时，对"延续"（continuities）的关注。如前文所述，对中国农村女性的关注主要集中在探讨两个重要的历史过程，即 1949 年的社会主义革命和 1978 年开始的改革开放对女性生活的影响。但正如 Martin Whyte 所指出的那样，农村家庭的许多变化并不是始于经济改革，因此，我们不能将经济改革前后的历史时期视为截然对立的。这也适用于对 20 世纪 40 年代社会主义革命的判断，即 1949 年前后的历史时期也不是截然对立的，存在某种延续性。而且，从逻辑方面来讲，如果我们需要判断某些变化的影响力，这些变化发生之前的相关信息也是需要了解的（Whyte，2000：160）。从这个意义上来讲，"延续"、两个历史时期之间模糊的边界，以及两者相重叠的部分就需要额外的关注。

最后一个值得注意的要点是关于研究方法、研究地点，以及研究所覆盖的对象的。上文所提出的问题，需要基于当场的、深度的关于农村女性的劳动和闲暇生活的民族志研究来回答。另外，从劳动力迁移的角度来讲，中西部多是劳动力"输出地区"（sending areas），农民的生活形态和东部、南部的农民有所不同，因为东部、南部地区更多是劳动力"接收地区"（receiving areas）。目前大量的研究是站在"接收地区"的视角来考察移出农村的男女农民们在城市的生活状态，或者研究那些被贴上"留守"标签的，因而被认为是弱势群体的老人、妇女和儿童在农村的生活。但本书的"整体的"视角强调在"输出地区"和"接收地区"之间、在乡城之间存在的连续性和过程性。站在一个劳动力"输出地区"，我们更关注"家庭中谁去从事非农工作，为什么?”“家庭中谁留下种地、照料家庭，为什么?”“这样的分配对家庭内部的关系以及家庭之外的世界产生了何种影响?”等问题。

二、三代农村女性：发展一个“双重比较”的框架

前文我已从自身经历和既有研究的角度阐述了为什么本书会关注开头所提及的议题。事实上，这两个方面也部分形塑了我对研究框架的选择。在本书中，我采用了“双重比较”的框架。当然，这个选择也建立在我对某些概念，比如“代际”（generation）的探寻和反思的基础上。本部分将详述这个框架的产生及其内容。

(一)“代际”：不同代际的共存、历史的代和生物的代的交互

虽然“代际”一词在日常生活和学术研究中被广泛运用，用来理解年龄群体之间的差异，但对该词本身的含义关注却很少（Pilcher，1994）。David Kertzer 认为，我们可以将“代际”放入四个范畴中：作为亲属血统原则的代；作为同期群（cohort）；作为一个生命历程的阶段；作为一个历史时段。但在社会学中，对这个概念的使用存在混淆（Kertzer，1983）。在本书中，我并无意去解决有关“代际”概念的所有问题，但我们将主要关注两个方面：一是，不同代际的共存；二是，因历史的代和生物的代的交互而产生的代际划分困难。

卡尔·曼海姆认为，早在 19 世纪，学者们就开始对“代际”问题产生了兴趣。这些学者提出，重要的不仅仅是代际的更迭，不同代际的共存同样重要。不同的代际生活在同一时间，或者说，“同时代的非同时代性”（the non-contemporaneity of the contemporaneous）现象也是需要重视的。换句话说，任何给定的历史时刻点，都要被不同的代际以不同的方式来经历。这将给关于“历史进程如何影响人们的生活”的研究很大的启发

(Mannheim，1952)。但研究外界变迁对中国农村女性的劳动和闲暇生活的影响的文献，对这一现象还未给予足够的重视。这也是为什么在本书中，我们要对三代农村女性共存的现象给予关注。

另一个与之相关的问题是我们将如何划分社会代际。划分是个难题，因为“每日都有人出生，没有间断”(Spitzer，1973：1358)。换句话说，在现实生活中，并没有一个代际的分界线，只有相接替的组群彼此互相重叠而形成的“边界区域”(border zone)(Redlich，1976)。但更重要的是历史代际和生物代际的交互，比如，当兄弟姐妹之间的年龄差距巨大时(Redlich，1976：266)，或者巨大的结构性变迁发生时，兄弟姐妹中有人已经度过了成长阶段(formative period)，而有些人还没有度过时。成长阶段被认为是形成代际的关键因素。这使得对代际进行划分更加困难，也敦促我们在研究中使用“代际”一词时要格外小心。

在实证研究中，分离亲代和子代的年数通常被用来划分代际(Pilcher，1994：487)。但我们仍需要其他的划分策略，因为并不是所有的亲代或所有的子代都出生在同一年。鉴于以上理由，出生年月并不是一个令人满意的划分工具。似乎没有任何一个单独的解决方式是足够的。在本书中，我们将仍然采用实证研究中通常采用的方法，即用分隔亲代和子代的年数来“固定”代际的边界。因此，在本书中，“代际”某种程度上是亲属血统的原则(Kertzer，1983)。但同时，我们会特别关注多代共存，以及历史的代际和生物的代际交互的现象。

在本书中，我们将关注三代女性的生活：奶奶一代、母亲一代和长大成人的女儿一代。除了传统的亲子代际划分，我们会利用这些女性身上附着的不同人口学特征，作为将她们划分为不同代际的另一个标准。具体来说，奶奶一代，整体上属于在中国近代史上第一次免除缠足、实现放足的一代，第三章我们将陈述更多细节，她们将成为本书中的**“第一代放足者”**。母亲一代成长于1949年社会主义革命之后的时期，因为革命后生活条件和医疗条件的改善，通常有较多的兄弟姐妹。我称她们为**“战后婴儿潮一代”**。而且对这一代而言，“历史的代际和生物的代际互相交叉”的现象正好可以运用在她们身上，因为兄弟姐妹甚众，使得她们兄弟姐妹之间的年龄差较大。第五章将详述这一现象。相反，长大成人的女儿一代则是在20世纪70年代计划生育政策开始执行后成长起来的一代，兄弟姐妹数量非常有限。我称她们为**“计划生育一代”**。20世纪90年代中期这一代长大成人，极大地影响了农村的人口格局，以及劳动和闲暇生活的组织方式。第六章将给予详述。

当然，这种代际划分的方法是有局限的。Lisa Rofel研究了三个年龄群的女性，她发现，年龄群之间的划分是不清楚的，群体内部和群体之间都存在差异（Rofel，1999）。本书所研究的女性也如此，尤其考虑到存在这样的情况，即相邻两个代际中，年长代际中最年轻的成员和年轻代际中最年长的成员之间的年龄差，甚至比某个代际内部成员间的年龄差都小。事实上，那些处于每一组边际的成员，可能无法很好地嵌入这个年龄组，那些出生于历史转型时期的成员尤其如此。比如说，出生于20世纪40年代晚期、20世纪50年代早期和20世纪70年代早期的那些人。换句话说，历史转型时期和个体生命历程的交叉，使得个体将自身归于某种时间潮流的时候，产生了某种“模糊性”（ambiguities）和“不确定性”（uncertainty）。Lisa Rofel用了“记忆的政治学”（politics of memory）来区分三个年龄群，而对某个年龄群内部的差异则抱持开放的态度。在这本书中，除了历史的时间，我采用和这些女性的劳动和闲暇的组织过程相关的一些生平特征来作为区分她们的标准，尤其是她们自己和丈夫的兄弟姐妹数、她们的孩子数量等特征。正是这个方法，使得我们在做代际划分时，尽管“第一代放足者”和“战后婴儿潮一代”各自内部的年龄差异很大，我仍然将她们放在同一组。本书也对代际内部和代际所存在的经历上的异和同，抱持开放的态度。比如，我将第二代定义为“分裂的一代”，并探索分裂的各组之间的差异；我也会探讨“计划生育一代”和“战后婴儿潮一代”中更年轻的一组之间存在的相似之处。而且，在我调研的村庄，带有某种亲属关系或拟亲属关系意义的“代”（当地用“辈分”来表达），是村民确定如何对待彼此的一个重要依据。因此，本书采用“代际”这一透镜，实际上是基于在对它的用处、缺陷和本土的文化进行综合思考之后的一个权宜之计。

(二)“双重比较”的框架

鉴于对不同代际共存现象的考虑，以及进行历史比较通常采用的方法，我发展了一个“双重比较”的框架来考察历史时间和个体生命历程之间的交互过程（见表1-1)。“双重比较”的框架有两层含义：一是依据历史时间的比较，本书不仅仅顺着时间之流进行了历时性的比较，同时也停留在某一个时间点上，横向地比较不同的代际如何以不同的方式经历这些时间点；二是依据个体生命历程的比较，本书比较了“每一代女性生命历程的不同阶段”，也同时比较了“不同代际的女性相同的生命历程阶段”。

表1-1 “双重比较”的框架：历史时间和个体生命历程的交织

代际 \ 历史时间		前集体主义时期 (1926—1956)	集体主义时期 (1956—1983)	改革时期 (1983—2013)
第一代放足者		GH	YM	OA
战后婴儿潮一代	大姐组		GH，YM	OA
	小妹组			GH，YM
计划生育一代				GH，YM

注：GH = 少女时期；YM = 初为人母时期；OA = 老年时期

从表1-1我们可以看出，本书的比较将主要围绕农村女性的三个生命历程的阶段进行：少女时期、初为人母时期和老年时期。而从1926—2013年的整个历史阶段被划分为“前集体主义时期”(1926—1956)、“集体主义时期”(1956—1983) 和“改革时期”(1983—2013)。每一代的某个生命历程阶段在所属单元格内的位置，彰显了该阶段在所属的那个历史时期的大致位置。比如说，对于“第一代放足者”，她们的少女时期处于1926—1956时期的早期，而她们的晚年阶段处于1983—2013时期的中期，即20世纪90年代。而对于“战后婴儿潮一代”来说，她们在2010年左右才开始进入老年，因此处于1983—2013阶段的晚期。本书将一方面沿着历史时间历时性地展开，另一方面沿着个体的生命历程阶段共时性地展开。

在历史时间和个体生命历程相交叉的每一个时刻点，我们将展开对农村女性的劳动及闲暇生活的考察。基本上，理论上来讲，本书认为，存在一个家庭环境，外在的/结构性的因素和家庭层面的因素之间的互动塑造了这个环境中的权力关系，并进一步形塑家庭之内的劳动分工和闲暇分配。因此，在每一个历史时间和个体生命历程交叉的时刻，我们都需要询问如下问题：历史事件和家庭层面的因素是如何产生互动的？这种互动又如何使得每一代女性在某个生命历程阶段的生活经历，一方面不同于其他代际女性的相同生命历程阶段，另一方面也不同于自己在其他生命历程阶段的生活？下面关于理论建构的部分将进一步详述这个问题。

“双重比较”的框架自然而然地要求用一种生命故事的方法，因为它需要每一代女性在三个生命历程阶段的详细信息。同时，作为研究者，我更认同一种“主位”的立场，即设身处地，站在当事人、当时当地人的角度来看待事物（Gould，2010）。在本研究中，就是要采用一种本地化的民族志和生命故事的方法，来倾听农村女性如何讲述自己的生活。本书的“双重比较”的框架和生命故事的方法有一些优势。首先，这种关注历史时间和生命历程相交叉的分析框架有利于分析女性之间的异和同。在本书中，“中国农村女性”不是一个同一的群体。“双重比较”框架的运用，一方面能让我们探讨相同代际的女性，在不同的生命历程阶段中不同的生活经历、权力关系、对这些经历的主观理解及社会关系；另一方面，我们也可以研究处在相同的社会变迁影响下的不同代际的女性的境遇。生命故事的方法恰好能提供所需要的信息。其次，采用以上框架和方法除了可以研究差异之外，也可以探寻接替的时代之间的延续性。“双重比较”的框架历时性地看待这些女性的整个人生，也共时性地观察代际变化，因此，它会打破历史时期之间存在的人为的割裂。最后，在本书中，“双重比较”的框架会观照到有些在既有的研究中被忽视的某些生命历程阶段，比如，本书中的“第一代放足者”和“计划生育第一代”的少女时代。而且，通过这个框架，我们可以观察到不同代际不同的养老安排。

总之，“双重比较”的框架和生命故事的方法可以来回答之前所提的问题，即在1926—2013年近90年的时期，莲荷村的三代女性在劳动和闲暇生活方面，在代与代之间，以及在代际内部发生了怎样的变迁，保有何种延续性。通过对这些方面的探讨，本书意在捕捉这些女性生活中的变和不变，倾听她们如何讲述自己的生命故事，并观照那些常被遗忘的生命历程阶段，以及多代共存的现象。

三、理论建构：社会变迁背景下农村女性的劳动、闲暇和家庭层面的因素

"双重比较"的框架回答了"发生了什么变化""不变的是什么"等问题，但对于"为什么有这些变与不变""变与不变是如何发生的"这些问题，或者是变/不变背后的机制，则无法回答。这里，我们将采取交叉分析的方法，即考察在家庭这个小环境中，外在的、结构的（社会经济的、政治的、人口的以及文化的）因素和家庭层面的因素之间的交叉和互动，如何导致了这些女性生活中的变与不变。换句话说，在劳动和家庭之间存在一个相互的关联，这同样也适用于闲暇和家庭之间的关系。

但值得注意的是，因着国家的发展战略，在中国，"劳动"（labour）和"工作"（work）之间的含义是不同的，这会对女性如何理解自己的劳动有较大影响。20世纪40年代的社会主义革命旨在消除家庭内部的生产活动。在这之后，"工作"（work）就用来指称在公共领域内的生产，比在家庭里完成的生产具有某种优越性（Mann，2000）。它与城市居民的身份及其获得城市里某些社会服务的资格联系在一起。在农村，尽管有人民公社的存在，但在某种程度上，许多生产仍然是以家庭户为基础的。自那开始，农业活动就开始具有某种污名的印记。而且，随着20世纪50年代后期户口制度的施行，乡城流动的受限，农业活动进一步代表着某种二等的身份。因此，在这个意义上，务农根本就不是"工作"，而仅仅是某种劳动活动，是比"工作"低一等的。20世纪80年代早期户口制度的松弛，使得农民有机会

如潮水般涌向城市打工。这时，虽然农民有机会获得在城里的工资，但“农民工”所做的仍然不是上述意义上的“工作”。一些学者在农民工中间做的调查显示，在他们的眼中，“真正的工作”是和城市居民的身份和与之相关的福利相联系在一起的。农民在城里所做的有工资的工作，在他们自己眼里，充其量是“打工”，而不是“工作”（Entwisle et al.，2000）。换句话说，“劳动”“打工”和“工作”之间存在着一种等级差别，是社会分层的表现，这也成为农民实现向上流动的动机之一。

从以上说明可以看出，“劳动”和家庭层面的因素有着某种重要的联系，“闲暇”也如此。但正如 Maxine Molyneux 所指出的那样，在既有的研究中，从某种程度上来说，人们在关注私人领域内从事的劳动时，视野比较狭窄，没有在一个更广泛的、有关家庭环境的理论层次上探讨（Molyneux，1979：2）。有关中国农村女性的劳动的研究也如此。这方面的研究仅偶尔提及家庭层次的因素，比如，有学者提到，在集体主义时期，有些地区将劳动力作为产出分配的标准，这无形给了农民很强的通过生育来扩大家庭规模的推动力。但多数情况下，既有研究仅仅考察了单向的关系，即强调劳动制度的变化对家庭的影响，而没有注意到反向的影响力（Stichter and Parpart，1990）。另外，有时候，学者注意到了集体层面的因素，但忽略了家庭内部个体层面的因素，如出生次序、个体的学业成绩等。换句话说，我们需要对劳动与家庭之间的关系，以及闲暇与家庭之间的关系进行更为系统的考察。

（一）交叉分析的方法：“本土世界”“道德经验”和“劳动分工”

交叉分析的方法是受 Arthur Kleinman 的“本土世界”（local world）和“道德经验”（moral experiences）两个概念的启发而形成。Arthur Kleinman 认为，人们的日常生活，应该被视为一种道德经验。[①] 道

① Kleinman 认为，“道德经验”的对立面，就是“伦理话语”（ethical discourse）。“伦理话语”是“对成文价值的抽象表述和争论，是全球和本土的精英们所践行的。伦理话语通常是以原则为基础的，并在元理论的层次上对这些原则的权威化过程和含义进行评论。”

德经验“存在于感知到的人与人之间、主体与主体之间的交往和互动之流”“牵涉到实践，以及与我们相关的人士之间的协商和论争”（Kleinman，1999：358－359）。换句话说，“道德经验”是集体层面和主观层面的各种过程互相互动的中介。道德经验在一个特别的本土世界中发生。“本土世界”是“一个具有文化、政治和经济特殊性的社会空间”（Kleinman，1999：365）。Kleinman认为，这两个概念对研究“变迁”非常有用。概而言之，我们先指定一个本土世界，然后来理解，在这个本土世界中，道德经验“如何在文化表征、集体过程和个体主体性之间的互动过程中发生改变，而这个互动又反过来被政治经济、政治和文化层面发生的大规模的变迁所形塑”（Kleinman，1999：373）。这是探索本土世界变迁的一个方法。

虽然Kleinman没有明说，但值得注意的是，他的“本土世界”并不代表某种有边界的地理范畴，而是一个能动的主体栖息其中的、多重力量汇集的微观社会领域（L. Zhang，2000：174）。将注意力放在本土世界中人们的策略和实践（Judd，1994），使我们得以理解所谓的社会规范和规则如何在现实中一再地被诠释、被挑战（L. Zhang，2000）。从这个意义上来讲，“外在的因素”并不具有某种固定的地理意涵，而是说明这个因素是远离行动主体周遭“最直接、最本土的权力关系”的（Scott，1988：26）。借用Arthur Kleinman关于“本土世界”的说法，我们是否可以命名一个相对应的，处于“本土世界”中最直接的权力关系之外的“遥远世界”？

运用到本研究中，我做研究的莲荷村及那里的大约450户农户，构成了村庄中男性女性的“本土世界”。他们在这个“本土世界”中经历着每日的生活，透过互动、协商、交易、争论等方式，与其家人、同村人、上级干部及其他陌生人相处。在这里他们除了实践和体验着家庭中最直接的权力关系，也同时经历着外面世界中更广泛的政治经济运动所带来的遥远的权力关系。在本土世界中，他们与外在政治的、社会经济的、文化的和人口的力量相遇，同时反过来也在诠释及挑战着这些力量。而在这个本土世界中，最为核心的部分则是村民各自的家庭。这个“家庭”不仅是户籍意义上的，而是扩展至包括（可能）分家单过的年老的父母、成家立业单过的孩子（尤其是儿子）及其家庭，以及各自成家的兄弟姐妹。而“遥远世界”，则可以指国家和市场，都处在农民最直接的权力关系之外，但同时又对农民在“本土世界”中的各种遭遇、行动、选择产生巨大的影响。但值得注意的是，来自“遥远世界”的规则（如针对农民和农村的各种政策等）在作用到村民身上时，实际上会先经过“本土世界”里的交锋。

本书的交叉分析的方法认为，一方面，这些农村女性的本土世界，尤其是她们的家庭，提供了一个场所，在那里，经济、政治、人口和文化方面的大规模变迁和一系列附着在个体身上的社会分化指标相遇及互动。这些社会分化指标包括她们的身体状况、出生次序、兄弟姐妹数量、生命历程阶段、家庭所处的生命周期、家庭结构和组成等。这些指标要么是家庭层面上的，要么是个体层面上的，我在这里统一称为“家庭内因素”。另一方面，这个交叉分析的方法也提出，这些家庭内因素之间也是互相交叉、互动的。换句话说，外在的结构性变迁（我们可以称之为“家庭外因素”的变迁）在家庭这个本土世界中，纠葛于女性的劳动和闲暇生活，从而影响着家庭内部的权力关系格局，但同时也受后者影响。这一过程进一步挑战着既有的社会规范和价值，比如，重男轻女、婆媳关系、夫妻关系、分家实践等，以及人们主观的情感和经历，尤其是村民对夫妻公平和性别平等的理解。换而言之，本土世界里的“家庭内因素”彼此之间存在复杂的交互关系，而遥远世界的“家庭外因素”在作用到个体身上之前，要经过与“家庭内因素”的碰撞；而个体的选择和行动会首先引起家庭内因素的动态变化，然后再反作用到遥远世界，引起家庭外因素及既有规范、价值等的变化。整个形态随着社会结构的变迁而随之改变。图1-1勾勒出了交叉分析方法下的个体、本土世界和遥远世界之间的关系。

下文将追踪莲荷村的男女在本土世界中的道德经验。本书将同时顺着历史时间和不同代际女性的生命历程，来分析家庭因素和女性的劳动/闲暇生活的牵扯。在“双重比较”的过程中，本书将解释性别之间、代际权力关系的结构和形成过程；也将考察农村家庭内的传统价值和规范如何变迁及其变化的机制何在。各章的写作背后有一条隐含的线索，即莲荷村的女

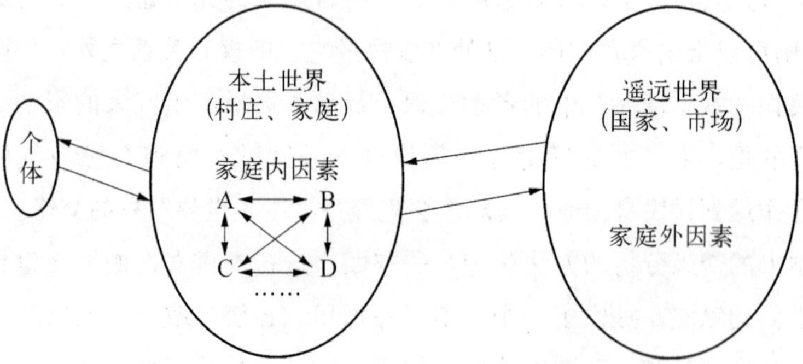

图1-1　交叉分析方法下的个体、本土世界和遥远世界

性（和男性）对夫妻公平、性别平等及各种政策，尤其是户口政策及各种实现户籍在乡城之间转换的渠道的主观理解。

通过这种交叉分析的方法，本书回应了一个社会学的基本概念“劳动分工”的最新进展，即分析劳动分工和性别、年龄、受教育程度及其他社会分化指标的交织（Glucksmann，2006b）。通过使用“劳动分工”这个概念，本书从社会性和经济性角度考察了生产的组织过程，并分析在这个过程中，存在于农村家庭内部和家庭外部的各种关系，包含同一性别的村民之间、不同性别的村民之间，以及不同代际的村民之间的关系。借此，我们考察了“家庭内”和“家庭外”的变化，由此，不仅揭示了劳动分工所带来的经济优势，同时也分析了存在于劳动分工过程中的等级关系和不平等。

这种交叉分析的方法，恰好和女性主义研究中自20世纪90年代晚期以来的“交织性”（intersectionality）潮流相一致。“交织性”强调各种社会分化指标和变量之间的交织（Collins，1991）。这种方法一个很大的优势在于能够发现家庭情境中的权力关系。透过这个交叉分析的方法，我们能发现农村家庭内部权力关系的更多面相。比如，它能让我们察觉到家庭内“性别”和“年龄”两个因素交织之后所产生的权力关系，或者“年龄”和“婚姻状况”两个因素交织所产生的权力关系，等等。尤其值得注意的是，透过这个交叉分析的方法，我们能看到除婆媳关系之外的、更多的女性家庭成员之间的关系，比如母女关系、姐妹关系、姑侄关系等。这个方法也能捕捉到通常被忽视的个体层面的因素所带来的社会分化，比如，出生次序或者学业成绩等带来的家庭内资源在不同子女间的分配等。

（二）劳动及“劳动的总体性社会组织过程”（TSOL）

如前所述，和“工作”这个概念的最新发展一样，“劳动”也被认为是一个关系性的概念。传统的观念将劳动分化为一系列二元对立的领域：公共的/私人的、家庭内的/家庭外的、生产/再生产，等等。而在最新的理论发展中，“工作”和“劳动”的概念被扩大了，是“经济关系和结构的生产和再生产中的所有活动……不论这些劳动在哪里发生，如何开展”（Glucksmann，2000：20）。Miriam Glucksmann 提出“Total Social Organisation of Labour”（TSOL）概念，指一个社会中所有劳动（有偿—无偿等）在不同结构、机构、活动和个人间分配的过程，即谁做/不做什么，以及为什么。这个概念的妙处就在于看到了女性任何形式的劳动（尤其是无酬的），并在考察组织过程中兼顾了个体层面和结构层面的互动，是一个关系性的、跨越时间、代际及空间的框架（2000：19-20）。

但在将 TSOL 模型运用到中国的案例时还是存在一些问题。首先，这个模型能被完全运用到中国农村女性身上吗？TSOL 的方法是建立在市场经济的基础上的，模型本身是“从经济方面的限制和关系的角度来考察劳动活动的组织过程的”（Glucksmann，2000：19）。换句话说，它主要聚焦在经济关系上。但那些经济关系以外的关系，比如，人际关系也会在劳动的总体性社会组织过程中发挥作用吗？如果答案是肯定的，下一个要问的问题就是“如何发挥呢？”[①]。其次，TSOL 模型的结论是建立在高度化的资本主义经济的基础上的，如英国，那么它的结论是否也可以应用到非市场经济或者市场经济不充分的经济体中？在这些经济体中，国家在劳动的社会组织过程中扮演了很强的角色。因此，在将 TSOL 的结论应用到这些经

① Lynne Pettinger 在她的研究中也提了一个类似的问题，她发现“友谊”在劳动的社会组织过程中也发挥了作用（Pettinger，2005b：40）。

济体时，是否需要在模型中加入“国家”和“政治”这样的角色？最后，TSOL模型强调了制度和结构关系的运行过程，某种程度上忽视了个体在劳动组织过程中发挥的作用。因此，本书将强调莲荷村女性如何管理自己用于劳动和闲暇的时间和金钱，无论是主动的劳动还是不得不从事的劳动；同时，我们会尤其关注某些个体层面的因素，如女性对自己的劳动和闲暇生活的感知和理解，我们认为这个因素在劳动的组织过程中也发挥了作用。

本书的框架尤其得益于TSOL模型的整体性方法（holistic approach）。首先，我们强调，从农村女性的角度来看，她们的时间和精力，不管多少，都将被她们自己自愿或不自愿地分配，用来做或者不做某些劳动和/或闲暇活动。而这些活动，可以是以下范畴的其中一个，也可能二者兼而有之：“生产”或“再生产”；家务或农活；市场或非市场的劳动，等等。这个整体性的方法打破了这些范畴之间的二元对立；本书的关注点就不再是不同的范畴，而是这些女性如何自愿或不自愿地分配和管理她们用于劳动和闲暇的时间和精力。因此，本书要问的问题就是“每一个参加研究的女性从事怎样的劳动和闲暇活动？她们为谁做这些？为什么有这样的分配？”尤其值得注意的是，这个整体性的方法，将劳动和闲暇之间的二元对立也打破了；我们将探讨劳动和闲暇之间动态的变化关系，并考察随着用于闲暇的时间和资源的增加，家庭内与此相关的权力关系如何发生变化。

其次，本书强调不同形式的劳动和闲暇活动之间的内在关系。比如，它考察了那些在家里、农田里和市场里从事的劳动和闲暇活动之间的延续性和相互影响。因此，如果我们说“双重比较”的框架弥补了时间所带来的罅隙，这个整体性的方法将抹平空间（在一个象征的意义上）所带来的裂缝。

总而言之，为了回答“为什么/如何”的问题，即前文所提到的变和不变的机制问题，本书回应了“劳动分工”概念的最新发展，采用了“劳动的总体性社会组织过程”（TSOL）模型，以及交叉分析的方法。本书认为，“家庭外因素”（即社会的、经济的、政治的、人口的和文化的因素）和“家庭内因素”（即家庭层面和个体层面的因素）之间的互动，以及不同的

“家庭内因素”之间的交织，导致了前文所提到的代际之内和代际所存在的差异、变化和延续，并形塑了他们彼此之间的权力关系。本书也关注了在不同的历史时代，男女村民对自己的劳动和闲暇的理解，以及这如何反过来影响了他们在这方面的选择。

四、本书结构

本书意在探讨自20世纪20年代以来，莲荷村三代男女代际之内和代际在劳动和闲暇生活方面的变化和延续，不同代际和性别的权力关系，以及变与不变的机制。本书采用了“双重比较”的框架及交叉分析的方法，沿着历史时间及个体的生命历程来追踪劳动/闲暇和家庭内/外因素之间的互动。

第二章介绍了研究地点和研究方法，反思了研究过程中研究者和研究参与者之间流动的权力关系。

第三章到第十章将依照历史时期分为四个部分：第一部分是前集体时代的劳动、闲暇和性别（1926—1956），第二部分是集体时代的劳动、闲暇和性别（1956—1983），第三部分是改革开放时期的劳动、闲暇和性别（1983—2013），第四部分是变迁乡村社会中的政治参与（1944—2013）。这样的划分主要是依据两大社会变迁——1949年的社会主义革命和20世纪70年代末期的经济改革进行的。1926年是研究参与者中年纪最大的人的出生年份。

第一部分主要聚焦于前集体时代。第三章关注“第一代放足者”的少女时代。它考察了由战争和革命所导致的社会、经济和人口方面的变迁如何和一系列“家庭内因素”互动，并进一步形塑了这一代女性在小时候和少女时期的劳动和闲暇生活。这些“家庭内因素”包括家庭结构、重男轻女的习俗和家庭成员的劳动能力。本章提出，在那个时代，这些女孩因着自己的劳动，和自己的父母，尤其是母亲，形成了一种特别的权力关系。

第二部分包括第四章和第五章，揭示了集体时期（1956—1983）劳动和闲暇活动在不同的性别间组织的复杂过程。第四章探讨了第一代女性初为人母的时期。它一方面考察了集体时代的生产队里劳动在干部—非干部、不同性别之间、不同代际，以及不同婚姻状况的村民之间进行的分配；另一方面研究了家庭结构的变化，包含招婿婚、新的分家实践及家庭中夫妻关系的上升等现象。在此基础上，本章考察了劳动分配的方式和新的家庭结构如何形塑了生产队中女性的劳动和闲暇生活的组织过程、她们与其丈夫及公婆家庭的关系，以及如何反过来被后者所影响。本章特别关注了在这些女性初为人母的时期，她们如何安排对孩子的照料，以及作为母亲，她们对社会流动途径的理解如何影响了她们对家庭内资源在儿子和女儿之间的分配。第五章探讨了“战后婴儿潮一代”的少女时代和初为人母的时期。本章提出，由于生物代际和历史代际的交互作用，这一代成为“分裂的一代”。除了社会经济因素，本章强调“兄弟姐妹的数量”和“出生次序”也是影响这些女性劳动和闲暇生活的重要因素。同时本章也分析了“分裂的一代”现象如何影响她们对孩童照顾的安排。

20 世纪 80 年代早期开始的改革开放改变了很多老的制度，但也有很多方面延续下来。第三部分包含第六、七、八、九章，主要探讨改革开放以来的变和不变。第六章考察了“计划生育一代”的少女时期和初为人母的时期。本章认为，一方面，包括地方和国家层面劳动力市场的改变、乡城劳动力迁移的出现，以及户口制度等方面的社会经济因素；另一方面，包括兄弟姐妹数量、学业成绩和家庭资源等方面的“家庭内因素”，影响了这一代女性的劳动和闲暇安排。本章也考察了计划生育制度和乡城劳动力迁移之间的交互对男女村民各自的影响，以及这如何进一步形塑了这代人的婚姻、分家和孩童照料实践。第七章比较了改革开放时期“战后婴儿潮一代”和“计划生育一代”的劳动组织形态，认为她们各自的组织形态和其少女时代的经历、目前的家庭结构和夫妻关系有关。第八章则转向老年阶段，探讨“第一代放足者”自身及其父母和“战后婴儿潮一代”中的“大姐组”在迈入老年后的劳动组织形态和养老安排。本章采用历史比较的框架，比较了这三组老人的代际互惠机制，并揭示了从前集体时代，到集体时代，再到后集体时代，在结构层面和个体层面，不同的因素及其变迁如何形塑了代际契约在几代人之间的变化。它尤其认为，变化的劳动制度，以及该制度之下老人的成年子女对劳动的理解和评价，对代际契约的形成起到了重要的作用。第九章则将目光完全放在改革开放时期的闲暇生活上。它考察了“劳动”和“闲暇”之间的关系如何随历史而变化，当代农民如何在改革时期获得更多的时间和金钱用于闲暇，以及家庭结构/构成和对闲暇的理解如何形塑了不同性别、不同年龄背景的村民的闲暇经历。以此为基础，它也探讨了闲暇时间和金钱在不同性别、不同代际家人分配背后的权力关系，几代女性变化的自我认同，以及男女村民对夫妻公平和性别平等的理解。

第四部分和前面几部分有所不同，主要考察了妇女干部的劳动和闲暇生活。第十章通过对两个在莲荷村长期担任妇女干部的女性的生命故事的解读，来探讨在长达几十年的时间里，她们如何在“家庭内”和“家庭外”的领域，在农作、家务、闲暇和政治参与之间分配自己的时间和精力。这章的时间维度主要以两个妇女干部的生命历史为主，从年长女性的出生年份 1944 年开始，延续到本书的研究终止时间是 2013 年。

第十一章是全书的结语部分，总结了“双重比较”框架的主要发现，阐明了三代女性之间在劳动和闲暇生活方面的差异、延续，彼此之间的互相依赖和不平等关系，“家庭内”和“家庭外”的性别关系，以及三代女性的自我认同。这章还总结了决定农村女性劳动和闲暇生活的主要因素，并进一步对本书所采用的理论和方法进行了反思。

第二章

局内人或/和局外人，抑或都不是：研究三代农村女性的生活

本书采用了一系列研究方法，主要包括参与式观察和民族志、有关个人生命史的深度访谈和文献法。本研究是在位于华中的一个村庄——莲荷村展开的。到目前为止，关于中国农村社会的民族志研究主要由以下几种学者展开，一类是西方从事中国研究的学者，另一类是中国学者，目前可能并不在中国工作，但和研究的村庄有紧密的关系，或者是来自该村庄，或者是和该村庄有密切的牵连。换句话说，他们是“局内人”。对于第一类学者来说，似乎“进入”（access）村庄是一个很难克服的困难，因为各级政府对外国人总是保持着一定程度的警惕，即使允许进入，也可能是一直处于当地官员的陪伴（监管）之下（Wolf，1985）。一些外国学者甚至还编了一本关于外国社会学家/人类学家在中国做田野的经历的书。其中一位丹麦学者写道：“对村庄调查通常是以授权的方式进行，通过行政层级一直下到村庄一级”（Thuno，2006：250）。因此，在他们的研究中，通常都有对“在中国做田野”的经历和所采用策略的详细记载。但第二类研究者，即我们所认为的“局内人”，似乎很少对田野过程进行方法论方面的反思。虽然他们可能不会遇到很多“进入”的问题，但他们作为“局内人”的身份似乎也会在研究过程中招致问题。但很少有文献提到这点。

另一方面，在对其他文化进行民族志研究的文献中，学者对自己作为“局内人/局外人”角色的反思主要集中在“研究者如何向研究参与者呈现自己”方面（比如，Mullings，1999；Pettinger，2005a），但很少有学者思考

“研究参与者如何建构研究者的身份，以及这如何影响研究过程”的问题。本章正是要处理这个问题。在本章中，我将开放探讨我的研究过程，尤其聚焦在研究地点、我的“进入”方式、研究方式，以及我的身份建构过程等方面。而在讨论我的身份建构过程时，不仅是从“我”作为一个研究者的角度，还从研究参与者如何“看我”，如何建构我作为一个研究者在田野的身份的角度。

在此基础上，我认为，“局内人/局外人”的边界和研究者作为“局内人/局外人”的优势/劣势不是固定的，而是流动的、变动不居的。而且，研究参与者的生活经历将很大程度上影响他们对研究者身份的想象和建构，研究者和研究参与者之间的权力关系也是流动的、变化的。而当研究参与者分属于不同代际的时候，访谈过程会变得更为复杂。本章从介绍研究地点开始，然后描述我的研究过程及其对此的反思。

一、研究地点

莲荷村位于湖北中部的汉水县。[①] 依据汉水县县政府的数据，该县常住人口自 2000—2013 年维持在 60 万～65 万。其中，2005—2006 年，农业人口大致占 74%，非农人口占 26%；到 2012—2013 年，常住人口 61 万多，其中农业人口达 86.6%，非农人口占 13.4%。近几年，虽然随着招商引资的发展，工业和服务业的比例有所上升，但总体上汉水县仍是一个农业大县，农业仍是当地财政收入的主要来源之一。从地理位置上来说，汉水县处于丘陵和平原相交的地方，这使得它成为人们口中所说的“鱼米之乡”。大米是其主要农产品，其他主要作物包括棉花、油菜和小麦。第六章我们将看到，这是邻省四川和河南的部分农民愿意迁入汉水县农村的主要原因。同时因为其工业化水平较低，汉水县当地的农民到省内城市或者其

① 莲荷村和汉水县都是作者依据其地理特点取的名字：莲荷村水塘多，莲藕是当地所种植的其中一种农作物；长江支流汉江流经汉水县。

他省外城市打工的比较多。依据一份统计，2005年，汉水县18～35岁的年轻人中，54%的人口外出县城打工。莲荷村是汉水县249个村庄当中的一个。莲荷村共有八个村民小组，约450户，1 600左右人口。在地理位置上，莲荷村距离县中心较远。在工业化发展的过程中，莲荷村是属于较晚被进行工业征地的村庄。在2005—2006年，莲荷村有农地2 200多亩。从2012年开始，莲荷村部分村民小组的农地和宅基地开始被征用，之后陆陆续续的征用活动持续开展。据统计，到2018年8月份，全村已有五个村民小组的土地被征用。但本书的范围设定在1926—2013年，即大面积的土地征用还没有开始之前。在此之前，农民主要依靠务农或者到远方的城里打工，或者种地的同时到附近县城打零工等方式谋生。村庄已通电多年，但自来水是2000年之后才开始有的。在那之前，村民主要依靠村里的几口大水塘获得饮用水、灌溉水和日常用水。在大水塘干涸之后，村里兴起用机器挖水井，几户村民联合起来掘一口井，供这几户的饮用水和日常用水。灌溉水则依靠县上某些企业赞助后挖掘的大井，使用时由村民小组的干部负责调配。

二、进入田野之前

之所以选择莲荷村作为民族志研究的地点，是因为我在汉水县的农村长大，莲荷村有我的亲戚，可以作为我进入该社区的“看门人”(gatekeeper)，将我带入村庄。而事实上，从我年幼起，就时常拜访该村的亲戚，和许多村民都认识。不过自13岁之后开始在外求学，拜访的次数变少，但仍然和村中的同辈人有联系。从某种程度上来说，我是该社区的一个“局内人”，讲当地话，熟悉当地的文化和规则。这给我的研究带来很多便利。不少研究者都指出，作为某个社区的“局内人”，研究者能获得更全面、更可靠的信息，而且研究参与者也会认为研究者更值得信任，因此会大大便利研究者的“进入”过程（Baca Zinn，1979；Sprague，2005；

Mullings，1999）。而且，作为一个女性，我的潜在研究参与者主要是女性，从这个意义上来讲，我也是一个“局内人”。正如学者 Janet Finch 指出的，女性对女性的深度访谈能“很容易地表现出亲密谈话的特点”（Finch，1993：169）。

但同时，我也意识到，对于莲荷村的村民来说，我也是一个“局外人”。我的常居地并不在那个社区，也处于该村庄最直接的权力关系之外。而且，我和他们的生活经历也相差甚远。我受过很好的教育，在北京生活多年，并在国外读书，这对他们来讲似乎完全是一个“局外人”的生活。在这个意义上，我同意 Joey Sprague 的看法。他认为“‘局内人’就是一个误导人的范畴”（Sprague，2005：64），因为通常情况下，研究者并没有分享研究参与者认同的方方面面。我因此开始认为自己有一个“局内人/局外人”的双重身份。我意识到自己的经历其实否定了“局内人-局外人”这一二元对立，并认为不论是“局内人”还是“局外人”，都不是固定的，而是一个流动的过程。我并没有因此而沮丧，反而认为某些时候的“局外人”身份似乎会带来一些研究的好处，因为“局外人可能更客观，也拥有不曲解研究参与者对自己行为赋予的意义的能力”（Mullings，1999：340）。简而言之，在进入田野之前，我是带着乐观的心情去的，认为自己将好好利用“局内人”和“局外人”的双重身份给自己带来的优势，而同时规避两个身份各自的劣势。但在田野中的实际情形比我所预料到的要复杂得多。

三、在田野中

我在莲荷村的民族志研究集中在 2005 年 9 月至 2006 年 5 月。那几个月中，我居住在第二村民小组的亲戚家。那之后，我和该村的一些研究参与者保持着规律的联系。之后 2008 年、2009 年、2012 年、2013 年，我多次重返莲荷村进行短期调研。除去实地调研之外，我和许多村民通过电话、邮件等方式保持联络，进行追踪访谈。和村里的年轻人保持联系的方式更为与时俱进，QQ是其中一种方式，这一两年微信成为更主要的方式，连村里的不少中年人也有了微信号，成了我的微信好友。如前所述，我主要的研究方法是民族志和参与式观察、个人生命史的深度访谈和文献搜集。在刚进入村庄后的一小段时间，我拜访了村中的干部和老人，主要了解了村庄简史及村庄目前的状况，如人口、土地的数量等。之后，我开始在村庄里寻找潜在的研究参与者，并开始展开访谈。我从自己借住的第二村民小组开始。事实上，从我最开始宣布我要在莲荷村住半年以上的时候，村民就对我报以很大的好奇心。这跟以前每次短暂拜访亲戚不同。在我入住村庄不久后，有关我要回来做一个关于村里女性的研究的消息就散播开了。这一点使得我接近潜在的研究参与者的时候更容易。通常情况下，在某个场合，比如，在路上或者村里的杂货店，抑或在村里的婚丧嫁娶的场合，遇到了可以做我访谈对象的人，我会简要先说一下研究目的和内容，大致约一下可以拜访的时间，然后在恰当的时间上门拜访进行访谈。对于其他七个我不熟悉的村民小组，则需要我的亲戚充当中间人来介绍了。农闲的时候，有时我的亲戚也没有经过事先约定，就带着我在这些村民小组的主要街道上闲晃，碰到认识的人，而对方恰好没有紧急的事情，就跟着对方到人家家里访谈。事实上，我的田野调查发生在头一年的9月到第二年的5月。除了9月村民忙于收割稻谷，10月、11月忙于种棉花，第二年5月忙于播种之外，很长一段时间都是农闲季节。村民有充足的时间坐下来跟我聊天。除此之外，我也用“滚雪球”的方式寻找研究对象：访谈过的女性帮我介绍她们的亲戚朋友，成为我潜在的研究参与者。

最后，在2005—2006年的民族志研究阶段，我一共访谈了57位女性，其中21位来自“第一代放足者”，19位来自“战后婴儿潮一代”，17位来自“计划生育一代”。在之后的几次短期拜访中，我对其中的多位进行了追踪访谈。同一时期及之后历次的短期拜访中，我一共访问了26位男性村民，其中11位属于第一代，8位属于第二代，7位属于第三代。在57位女性中，有3位长期在莲荷村担任妇女干部，其中1位属于第一代，2位属于第二代。大部分的访谈是在对方的家里进行的，这使得那些不认识我的研究参与者更容易放松，也让他们更愿意跟我聊天（Finch，1993）。大部分情况下，除了我和研究参与者，没有第三者在场，除了有几次我的介绍人在访谈开始的时候在场，之后就离开了。有时候有其他村民凑过来听一听，之后留下一句“在讲古啊”（讲过去的事），就走了。在这个面对面的社区，大部分的村民都熟知彼此的个人生命史，因此没有兴趣坐一个多小时去听对方讲述这些。

已有研究表示，个人生命史是进行深度访谈的最为有效的方法，这是因为：一方面，生命史是研究参与者自己最为熟悉的一部分，比较容易有兴趣讲述出来；另一方面，研究参与者对其个人生命史的叙述有助于我们置身于对方生活的情境中，达到对对方行动和选择的理解（Bertaux & Beverly，1981）。我进入田野之前拟了一份半结构的访谈提纲，这份提纲仅仅列出了村民一生中可能的生命历程阶段，比如，儿童时期、少女/少男时期、结婚、生育等。同时，我列出了 20 世纪初到 2013 年期间的重大历史事件。当在访谈中我意识到研究参与者的某个生命历程阶段刚好处于某个重大历史事件发生的时期时，我会在访谈中提到该事件。换句话说，在访谈中，我尽量做到实现从“个人生命史”到“社会历史”的联结。比如，当对个体的访谈涉及 1959—1961 年或者 1968—1978 年的时候，我会更详细地询问他们在那段时期的生命史。这样做的目的一方面是为了了解他们从出生到 2013 年的生命故事，另一方面是为了了解他们的个人生活和结构性力量的纠缠。这里有一个实际的问题需要解决。已有一些研究聚焦在农村女性对集体时代的记忆。比如，学者们提出，当谈及历史时，农村的女性只有在所提及的历史事件是和自己过去的生活相联系的时候，才愿意谈论，尤其是当此事件发生时她们的身体正在遭受痛苦，或者家庭，尤其是孩子遭受了某种苦难。当谈及“大”的历史事件时，她们似乎记得并不清楚，比如具体历史事件发生的年份，但她们会记住日常生活中的很多细节、身体的某些具体感受（方慧容，2001；郭于华，2003；Hershatter，2011）。这也是我在田野中碰到的情况。比如，当谈及 1968—1978 年时，经历过这段历史的女性无法记清大的历史事件，或者对有关历史事件的问题没什么兴趣[①]。而且，问及太多有关她们的个体生活和政治/历史力量相碰撞的情形时，她们就变得失去了谈话的兴趣。当她们关于这方面的经历并不愉快时，尤其如此。意识到这一点，我决定在访谈中将注意力主要集中在她们的生命故事上，透过她们的生命故事，来发掘“从她们自己的角度来看，什么对她们是重要的”。但这样做的一个可能的后果就是，中国历史上重要的历史事件，比如1959—1961年的饥荒，1968—1978年的十年，可能会从她们的讲述中消失，因为对于她们来讲，这些阶段似乎和集体时期的其他时段并没有太多的不同。

在访谈过程中，对于健谈的研究参与者，我只请她们讲述从出生到现在的生活故事；对于那些不爱讲话的，我通常特别指明一段生命历程的阶段，比如“请您讲讲您小时候的生活”，再逐步引导对方讲出细节。访谈一般持续在四十五分钟到一个半小时之间。最健谈的一位女性谈了两个半小时，直到我离开去下一个访谈。后来我又拜访了她一次，她又谈了两个半小时。访谈是用地方话进行的，每个访谈都录了音。

访谈事实上只占了整个民族志研究的很小一部分时间。余下的时间，我用了一小部分来访问当地的老者、村干部，以及当地的档案馆来了解村庄和汉水县的历史。大部分的时候，我用来做参与式观察。如前所述，在我做田野研究的大部分时间内，莲荷村是处于农闲时期的，因此为我和村民“混”在一起提供了很好的机会。村里的小杂货店是村民社交生活的中心，村民在闲的时候经常聚在那里打麻将或者打牌。我经常守在那里，观察娱乐的村民，和那些没有上场、在闲坐的村民聊天。村里的红白喜事我也去参加。春节的时候，在外打工的年轻人都回到村里，我跟他们一起玩，邀请他们用我的电脑上网。2005—2006年的时候还没有智能手机，电脑和网络在莲荷村属于新鲜事物。于是，年轻人都挤在我的房间里，聊在各地的经历和见闻。事实证明，我和研究参与者的相遇过程，不论是我接近她们的方式，还是她们接受我的方式，都非常有趣。而我之前所以为的“局

---

① 第四章我会更多谈及她们对这类问题的反应。

内人/局外人"的双重角色似乎比我想象的更为复杂，有时候以出乎意料的方式影响着我寻找潜在的研究参与者和与她们的互动。

(一)"局内人""局外人"之优势

和莲荷村之前的关系确实让我的"进入"非常方便。大部分村民很容易就接受了我。很多村民甚至视我为"衣锦还乡"，因为考上最好的大学并到海外留学，在大部分村民眼里是可望而不可即的。这也是为什么不仅村民而且村干部也乐意和我聊天的原因。那些有孩子正在上学的母亲更乐意和我聊天。在我们聊天的过程中还时不时问一点学习的经历和经验。不过我也遇到了几个拒绝的，但拒绝的原因并不在于她们对我的研究的质疑。后文我将举例来说明这点。

我对当地方言的熟悉，也极大地帮助了我的访谈过程。许多村民听到我地道的方言时都很吃惊，因为我在外求学多年，他们以为我已经不会讲当地话了。事实是我不仅讲，而且讲得还不错，这跟村里一些在外打工或者求学的年轻人回村开始讲普通话或者怪腔怪调的当地话形成了对比[①]。这让村里的一些中老年人在对那些年轻人进行道德评价的同时认为我"没有忘本"，因此也赢得了一些人的好感。

另一方面，我在外多年的"局外人"身份也让他们觉得我不属于他们本来的社区，因此比较安全，甚至愿意把有些他们不愿意跟家人分享的秘密都告诉我，女性研究参与者尤其如此。最终，在我搜集到的故事中，关于偷情、背叛、私房钱、对家人朋友的吐槽等内容并不少见。当她们讲述这些故事的时候，我始终和 Janet Finch 有一种非常相似的感觉，就是她们（参与研究的女性）"需要知道如何在面对我这样的人——既是"局内人"，又是"局外人"——的时候保护好她们自己"（Finch，1993：173）。他们中

① 只有第三代因为学校教育、电视的影响，以及在外打工或求学的经历能比较容易开始讲普通话。在访谈中，确实有第三代的女孩问我："讲普通话还是老家话？"我说："你决定吧！"最后她选择了老家话。第二代能说一些普通话，但比较吃力。第一代能听懂普通话（也是受电视的影响），但不会说。

没有任何人要看我的身份证明，或者看我的单位介绍信，抑或了解我的研究目的，也没有任何人要求我不用录音笔（使用之前征得过她们的同意），也没有问我访谈结束后我将如何使用这些录音材料。在这种状况下，我一方面庆幸，但另一方面提醒自己要尤其注意对她们讲述的内容保密，同时在使用这些故事时，保护好讲述者的身份。

（二）“局内人”身份带来的麻烦

在整个研究过程中，我试图强调自己的“局内人”身份，因为我以为，这样可以让村民更愿意告诉我他们的生命故事的细节，并且减少和一个受过高等教育的人交谈的压力。① 但我的“局内人”身份并没有一直有利于我的研究。事实上，有时候它甚至会带来一些麻烦。首先，我和该社区的强联系有一种“去神秘化”的效果。村民们知道我从何而来，因此不愿意严肃对待我和我的研究。许多人从实际的层面来评价我，比如，我的衣服或者手机的品牌。我衣着简朴，有些人会推断我在外面“混得不行”，因此并不把我和我的研究当一回事。有一次，两位年老女性在访谈结束后评论我穿的衣服，并把我和村里一个在外打工的女孩相比较。在村民的流言里，这个女孩在南方给有钱的商人做情妇，染了黄头发，总是“穿得亮晃晃”。听那两位老妇人的语气，似乎我“混得不如她”。

其次，我上名牌大学、留学海外这些经历有时反而变成了接近村民的绊脚石。村里一位老妇人算是我的远亲。我约过她多次，但每次她都说：“现在我手头有点事，下次吧！”最后我也没有能访谈到她。后来跟亲戚讲这件事的时候，她撇撇嘴说：“她嫉妒我们家。你能上名牌大学、能出国，她的孙子孙女没有这个本事！她就是想你的事情没办法好好做完！”至此我意识到，我的“局内人”身份也将我和家人置于一个本土的价值体系中。在整个体系中，村民们热衷于互相比较，并且对太冒头（不论是好的境遇

① 虽然村民的教育程度各异，但事实上都文化程度不高。不少人在访谈开始时一直比较担心自己说不出什么，还有的说当家人知道她要和我聊天时，还被家人讽刺“你还能和她谈什么！”还有人说怕她们讲的故事对我没有什么用处。

还是坏的境遇）的人和家庭，带有一种排斥感。

（三）代际及研究参与者对研究者身份的建构

在向村民解释我停留莲荷村几个月的目的时，我说是为了写论文进行一项“研究”。那么，在研究参与者的角度来看，“研究”到底是怎样一种活动？他们对这项活动的定义和想象决定了他们如何接受或者不接受我、如何定位我的身份，进而如何回答或回避我的问题。这将如何进一步影响研究过程和信息的获得？随着研究的深入，我发现，研究参与者如何建构我的身份和揣摩研究的目的，跟他们自身过去的生活经历有很大的关系，而这也使得我跟不同代际的研究参与者的相遇经历是不同的。

在接近第一代的研究参与者时，我的介绍人是一位年近 70 岁的男性亲戚。当他向和他年纪相近的村民解释我的研究动机时，总会说“就像那时候工作组下乡一样”“你就讲讲你受的苦啊”。对于这代人，我们的“研究”活动类似于社会主义革命时期的“调查研究”，而研究的内容就类似于“土地改革”时期的“诉苦运动”。很多第一代的老人听到这句话后经常开场的第一句就是“我受的苦啊？我受的苦有的卖！”最开始的时候，我试图纠正介绍人的说法，因为我不希望研究参与者认为我的研究是出于某种官方的需要。但我发现，一再地解释似乎也不起作用。反而，我似乎受益于他们关于“诉苦”的说法，因为他们（尤其是女性）开始非常详细地讲述他们从小到老所遭受的苦难，有小时候遭受继父母的虐待，长大后在集体里一边“挣工分”一边拉扯孩子的辛苦，到老了子女不善待自己的失望，等等。而这些，正是我所需要的。

和第一代研究参与者不同，接近第二代的研究参与者是一个完全不同的故事。对于那些原来不认识我的第二代村民，我在北京和国外的经历显得可疑而危险。他们首先断定我是“上面来的”，是为政府服务的。比如，当我问一个五十出头的女性，她一生总共怀了多少个孩子、流过多少次产的时候，她看起来吓了一跳，警惕地问我：“问这些是要干什么？”我解释说，我只想统计村里这代女性一般的流产率是多少；我一再强调，调查的资料只会用于我的论文写作，不是为政府搜集的，并且她们的身份会被改变，别人认不出来是她们。但她仍然将信将疑。这也提醒我，当问到某些“敏感”问题的时候，需要采取一些迂回的方法；这更让我意识到，有些问题对某些人是“敏感问题”，而对另外一些人却不是。这很大程度上取决于当事人过去的生活经历。另外，从我和第一代与第二代人相遇的经历也可以看出，两代人对“国家”的想象是不同的，也跟他们过去和政治事件的碰撞方式有关。另外，我们也可以看到，在研究参与者对研究者角色和身份的建构中，主流的话语扮演了一个重要的角色；而面对这种主流的话语，研究者控制访谈过程的权力其实是被削弱了的（Sprague，2005：61）。

相反，第三代“计划生育一代”，不论是否认识我，都将我认同为一个“充满同情的聆听者”，因为我“是从外面回来的，见识过外面的世界，因此会懂得他们的生活以及他们在社区中的地位”（Finch，1993）。似乎我的存在，成为他们宣泄情绪的一个出口。他们中的很多人毫无保留地向我倾吐他们的故事：他们的恋爱史，他们是如何和恋人认识的、分手的，又如何重逢的，他们的情感，他们对外面的世界的渴望，他们和父母之间的关系问题，等等。他们中有几个讲了两个小时还停不下来。我的访谈变成了一种情感讲述。这和我最开始的预期不一样。坦白地说，我最开始寻找这一代的访谈者时，是有点胆怯的，因为我和这一代年龄最为接近。在农村，近三十岁的女孩已经结婚多时了，事实上，访谈的很多女孩也已经结婚了。我当时担心她们会因为我的单身身份嘲笑我；另外，这代很多潜在的研究参与者都精于打扮，而我当时是一副“书呆子”的形象。我担心这点也会影响我对他们的访谈。但事实上，这些都没有发生。他们非常愿意向我倾诉他们的感情和想法。我想，这可能是因为他们在村庄里找不到能理解他们的倾听者。他们中的很多人（尤其是女孩），都有在外打工的经历，这使得他们的想法和村庄里的老观念不同。因此，在村里，他们和其父母，以及老一辈的村民之间是有冲突的。另外，他们也从电视上习得了不同的，理解生活、理解亲子关系和夫妻亲密关系的看法，而老一辈则将这些看作“外面的人的想法”。这也成为年轻一代和老一代紧张关系与不满的来源。

对于那些年轻人，尤其年轻的女性来说，我的出现代表着一种外面的世界，因为我“看了外面的很多地方”，因此一定是理解他们，站在他们这一边的。在这个意义上，我对于这个社区是一个“局外人”，但又是站在他们这个“阵营的”“局内人”。并且，对于他们来说，社区的“局外人”并不是造成恐惧的来源，而是一个真正的聆听者和一个同情者。这种看法使得我对他们的研究非常顺利。但是，我“充满同情的聆听者”的角色也只限于第三代。相似的年纪意味着我们共享某种相似的生活和记忆，比如，我们都在父母“好好学习，跳出农门”的叮嘱下长大。而第一代和第二代虽然也跟我分享了他们的“苦”和其他生命故事，他们却不认为我作为一个“年轻人”能完全理解他们的遭遇。Janet Finch（1993）提出，在女性对女性的访谈中，女性研究者能够充当“同情的聆听者”。但基于我和三代女性相遇的经验，我认为这个结论需要加上一些限定，那些和研究参与者具有相似的背景，尤其处于相似的年龄或者生命历程阶段的研究者，才能更好地成为一个“同情的聆听者”。

四、本章小结

我的田野经历证明，“局内人/局外人”的边界其实是变动不居的、不稳定的。除了身份认同的几个主要方面，如性别、族群或者阶级，一些细小方面，如在田野中使用的语言、衣着，以及研究者陈述的研究目的，也很大程度上影响着研究者对自己身份的呈现。另外，我认为，研究参与者对研究者身份的建构也同样重要。这个建构过程是变化的，也和研究参与者的性别、年龄、阶级、族群等，以及他们过去生活的经历和记忆密切相关。在这个意义上，研究者“局内人/局外人”身份的边界也随时空而变化。在本研究中，我所访问的村民的性别、年龄、过去的记忆，以及现在的生活经历都影响了他们对我作为研究者身份的想象和建构。而且，研究者“局内人/局外人”的“双重角色”可能带来优势，也可能带来劣势，这很复杂，也很难预测，需要情景性的考察和分析。最后，我的田野经历也显示，研究者和研究参与者之间的权力关系也是变化的，任一方都有可能处于强势/弱势，这同样需要情景性的考察和分析。

第一部分

前集体时代（1926—1956）的劳动、闲暇和性别

第一部分聚焦于集体制开始以前的1926—1956年。在这段时间里，中国社会动荡不安，整个国家的小农经济在艰难中前行。造成这一时期社会混乱的因素是多方面的：军阀混战、自然灾害、日本侵华，以及从1912年清朝覆灭到1949年新中国成立之间多次的重大政权更替（Twitchett and Fairbank，1986）。本研究的对象地点——华中莲荷村所在的汉水县，同样经历了这段错综复杂的历史。在这里，政权曾在20世纪的前50年变动达四次，最终于1949年2月正式成为中国共产党领导下的人民政府的一部分。本部分将研究这一动荡时期的性别、劳动、闲暇及家庭关系。该部分始于1926年，因为在这一年，第一代中最年长的妇女出生。接下来是1949年之后相对和平的时期，以及20世纪50年代深有影响的土地改革。该部分也涵盖了1952—1956年集体所有制初期，也就是互助组和低级社时期。

第三章

“第一代放足者”（1926—1956）的劳动、闲暇和家庭

本章探讨劳动、闲暇和家庭之间的相互联系，分析“第一代放足者”的少女时期如何和动荡的历史转型相交织，从而形塑了她们在那个阶段的生活。首先，本章将探讨这一时期在社会经济、人口及文化领域发生的变化，包括“放足”实践，经济、市场和劳动制度的变化，以及教育制度、家庭结构和重男轻女观念的改变。其次，本章将分析这些错综复杂的因素如何相互交织，进一步形塑了当时的劳动和闲暇模式，以及这一模式的变迁。最后，该章将探讨这些女孩的劳动将如何影响她们和其父母的权力关系。透过这些分析，我们提出，少女为家庭所做的贡献被低估了，1949 年之后的时代是对之前的延续，以及“1949 年以前的中国农村女性”并不是一个同一的群体，她们之间存在差异。本章首先详述历史背景，以及非常有限的有关 1949 年之前中国农村女孩劳动的文献。接下来，文章会用实证材料描述乡村女孩在不同的生命历程阶段，即从少女时期到成熟的劳动者时期，对家庭经济所作出的贡献。文章还将分析这些女孩的劳动如何影响家庭内不同性别和不同年龄背景的家人之间的权力关系。

一、历史背景和有关中国农村女孩劳动的文献综述

整个 20 世纪的上半叶，内战引起的连年混战和苦难，外国入侵，自然

灾害，给整个中国的农业带来了巨大的灾难。而农民尤遭重创（Twitchett & Fairbank，1986）。这一期间，中国也掀起了改革和推进现代化的浪潮——“禁止缠足”是其中最具影响力的运动之一。“缠足”，自其1000年以前出现以来，尽管在社会上引起了不休的争议，但直到20世纪初，中国才彻底根除这一现象。在19世纪末期的革命者看来，“缠足”得以根除的原因在于，它使占中国人口半数的女性不能参与生产，从而阻碍了中国的发展。自改革运动伊始，“缠足”现象就和中华民族的国家地位紧紧联系在一起。历经20年的抗争之后，清朝于1900年颁布了“禁止缠足”的法令（Kazuko，1978）。1912年，“中华民国”成立不久之后，一项新的法令得以颁布，该法令在整个中国禁止“缠足”。

学术界对缠足的兴趣主要在于对其历史和缠足实践的探讨，而对缠足与女性参与生产性劳动之间的关系，则甚少注意。事实上，1949年以前，农村女孩到底为家庭贡献多少劳动，一直没有清晰的记录，因为似乎未婚女孩不出门，是被普遍接受的社会规则（Hershatter，2004）。即使有一些这方面的研究的话，也似乎将女孩的劳动并入“女性的劳动”这一范畴，而没有专门的论述。J. L. Buck是最早从实证角度研究1949年以前中国农村女性劳动参与状况的学者。1929—1933年，他在中国22个省，考察了38 256个农民家庭。他发现，农村女性在土地上做的活不多，但地区之间是有差异的。他估计，平均起来，女性承担了所有农业劳动的13%，以及所有次要劳动的16%。他也提出“缠足—劳动理论”，用来解释女性的劳动量和该地区缠足实施程度之间可能的关系。比如，他提出，在北方的小麦区，缠足实施得更为严格和普遍，因此农村女性所做的农活就比南方水稻区的女性少。尽管他估计，在20世纪30年代，平均来看，农村的孩子们承担了大约5%的劳动，既包括田里的农活，也包含次要劳动（Buck，1937：291）。但Buck没有指明干活的孩子的年龄和性别。

因此，在参考Buck的结论的基础上，一些女性主义学者提出，在1949年以前的中国农村，女性在农业中扮演的角色非常微小。很少有人训练女儿掌握农业技术，女性主要承担“内”“轻”的劳动，如家务，无论这些劳动是否容易完成（Davin，1976；Jacka，1997）。学者们提出，随着1949年社会主义运动中各种的动员，农村女性也参加到生产性的农耕中去，并且她们劳动的时间急剧上升（Croll，1985b）。但这些作者也批评了Buck的“缠足—劳动理论”，因为该理论无法解释为什么同在北方，农村女性缠足的状况相似，但她们参与农业劳动的程度却具有较大差异（Davin，1976）。

但其他一些研究似乎对既存的研究结果提出了挑战。比如，费孝通和张之毅在1938年云南省的禄村发现，女性比男性在农田里的劳动的时间还长（Fei & Chang，1975）。贺萧的口述史研究也表明，虽然大家普遍认为，在1949年以前的乡村，未婚女子是藏在深闺很少出门的，但与此相反的是，陕西省贫穷家庭的女性在当时却会到户外从事农业劳动（Hershatter，2000）。此外，Bossen将女性的劳动和缠足之间的复杂关系问题置于一个缠足消失的时间点来看。她发现，在1900—1930年，中国不断进口纺织品，损害了国内的以家庭作坊为主要生产方式的纺织业市场，使很多农村女性只在“内”从事劳动变得不那么可行（Bossen，2002）。她和合作者在云南和陕西等地的研究，证明手工纺织业的衰落从经济的角度促进了缠足习俗的衰落（Bossen、Wang & Brown，2011）。

本章将建立在这些挑战既有文献的研究的基础上。但不同的是，本文将注意力放在一群出生于20世纪20年代到30年代的华中农村女性身上。1926年，民国政府将其首都从广州迁到武汉，也就是湖北省的省会。在此之后，湖北省，也即本书的研究地点，经历了一场声势浩大的“反缠足”运动。当时的武汉成为中国的政治中心。政府设定了女性停止缠足的最后期限，同时新的缠足行为将被严令禁止。全省市民，从城镇到乡村，只要其曾经缠足，将记录在册。就是在这样的背景下，“缠足”才渐渐从社会中根除（张雨濛，2013）。这样我在莲荷村遇到的出生于20世纪20年代到40年代早期的第一代女性，基本上来说是免于缠足的第一代女性。她们或者是经历了短暂的缠足之后放足的，或者从开始就没有缠过足。我因此称之为“第一代放足者”。

这一代女性免于缠足，并在20世纪40年代后期被卷入参加生产劳动的洪流，这注定使她们成为命运不同于其缠足母亲的一代。如果以Buck的框架来分析华中汉水县，会发现汉水县位于Buck所说的“中间地带”。它坐落于四川大米区和长江大米区之间。在四川大米区，18%的劳动者为女性，她们完成了11%的农田工作；在长江大米区，29%的劳动者为女性，她们完成了19%的农田工作。这和“第一代放足者”讲述中她们母亲的情形相一致。尽管很难知道20世纪20年代以前，湖北农村中缠足习俗从多大程度上影响了女性的农业参与，但可以肯定的是，“第一代放足者”的母亲们很少受到农耕方面的技术训练（Jacka，1997：23）。而且，她们从小就很少参加农田里的劳动。因此，在20世纪之交，面对着剧烈的社会经济变迁，尤其是政府动员女性参与生产劳动这件事，缠足的母亲和“第一代放足”的女儿之间，肯定会经历不同的命运。“放足”和参与生产劳动的动员这两件事件的交织，确定会使“第一代放足者”的生活不同寻常。在中国漫长的历史上，这似乎是少有的女儿不再重复母亲的命运的时刻。聚焦于这两个历史事件的交织，本章不再像既有文献那样将“1949年”作为一个将农村女性的生活截然分成两部分的分水岭，而认为在“1949”之前，和“1949”之后，存在相当程度的连续性。接下来的部分将聚焦在21位“第一代放足者”的少女时代，从她们的小女孩时代开始，到她们成为成熟劳动力的时期。在每一个时期，本书将分析社会经济的、人口的因素和社会文化及规范如何相互影响，从而形塑这些女孩的劳动和闲暇生活。

二、小女孩时代：家庭、教室、禾场、市场和田野

该部分描述了21位女性在小女孩时代的生活。此时她们年龄还不到十五岁，也就是说她们的成熟度还不足以承担农田的工作。当残酷的战争和自然灾害濒临，在20世纪20年代到40年代这一特殊的历史时期，中国农民要不断应付混乱的社会秩序、荒芜的土地，以及被打乱的市场和交通系

统。所有这一切使她们的家庭变得复杂，也使她们的童年充满苦涩。

(一)“他的儿子们”“她们的女儿们”

1949 年以前的中国人口出生率高、死亡率高，而存活率却极低。当时，整个国家的平均寿命是 35 岁，而农村仅为 28 岁（刘传江、郑凌云，2002）。汉水县的情况同样如此。村民中流传的一句话真切地反映了当时的状况：“一生生一窝，一埋埋一坡。”寡妇再婚在当时不仅是正常的举动，而且深受其前夫家族支持，因为他们可以从其再婚中捞取钱财。这也导致这 21 位女性中有 12 位来自重组家庭。在当时，这种同母异父或同父异母的家庭是很普遍的。对于失去双亲的孩子，他们一般会与父亲家族中关系亲近的亲戚一起生活。由于较高的死亡率，在这种重组的家庭中，即使包括同父异母和同母异父的孩子，子女其实并不是很多，平均每个母亲有 3.23 个孩子。此外，由于较高的死亡率，子女间的年龄差距也很大。

尽管绝大部分的丧偶父母都会选择再婚，然而，对于大部分女孩，她们似乎并没有因此过上正常的家庭生活。在她们的叙述中，童年中的家庭关系一度糟糕透顶。一般说来，家长的态度决定了她们的生活质量。因此，在父权制的文化中，一个有继父的女孩往往会有非常悲惨的经历。格珍（生于 1939 年）在三个月大的时候就失去了父亲，三年后她的继父来了。继父对她和姐姐非常冷酷无情。

格珍：我们后爸爸来的时候，他也不骂你也不怎么，他就是走到你身边，这么长的指甲，他走到你身边就这么一揪，揪得我的耳朵一年到头烂得流血流脓。

黄[①]：他揪别的孩子吗？

格珍：他生的就不揪，我的两个哥哥已经死了，我姐姐在家的时候也会挨打，不过她没有多大的时候就出嫁了。就我一个在家里。

① “黄”指作者本人。

后来又生了一个弟弟。他看起来娇（宝贵）得很。他吃也给他吃，喝也给他喝。那时候，我们夏天抓的这么大的鲫鱼。我的老娘添饭去了，后爸爸就用筷子打我，叫我吃米饭，意思是不叫我吃菜，叫我吃饭吃饱的。他的儿子呐，就像宝贝。你说，都给他儿子吃。好遭业（悲惨）啊。

那些与亲戚生活在一起的孤儿常常会受到虐待。蒙英在 3 岁的时候失去了父母，然后生活在大伯家。

黄：　您那时候跟大伯大妈关系好不好，他们对您好不好?

蒙英：唉，他们就是那个样子，做事就是我的，他们的幺（小）姑娘是读了书的。

黄：　她长大了就读书了，您就做事?

蒙英：嗯。看我的大伯戊子年就死了，死得早，就剩下四个人呐。我的爹爹（爷爷），大妈，我，她的姑娘呐。搞事主要就是我。栽秧啊，那时候收的麻豆子多啊，就把那一梭（筛），梭了之后就用那煮粥啊，煮饭呐。看我又不吃那个，我的爹爹就跟大妈说，你不用煮了，她又不吃，你还指望她做事的，你别把她吃死了。（笑）后来就跟着他们过，当然没有跟对他们自己的姑娘一样好呐。那做鞋子，小孩子手心里容易上汗，针就容易断。她就做一个线搭子，用什么把针都别在裤腰上，你针都弄不到。那什么谁谁的老头子，他卖花线呐，看我做针线都是靠隔壁的人教呐，换花线要用鸡蛋，她就把鸡蛋用箱子锁着。

然而即使她们与亲生父母生活在一起，当时社会上盛行的重男轻女思想也会使其处在糟糕的境地。一般来说，女孩要比其兄弟承担更多的劳动，然而受教育的机会却比兄弟小。教育改革始于 20 世纪初，这场改革试图以“自由、平等和博爱”的新思想来取代传统的中国道德观。尽管改革倡导性别平等，然而它给女孩带来的利益远远不如男孩（杨东平，2006），对农民尤其如此。因为学校教育可以使男孩进入社会上层，从而给整个家庭带来福祉。可是，对于女孩来说，这条路是行不通的，因为在政府或其他公共部门，并没有适合女孩的职位。而且，女性一般会出嫁，从而成为“泼出去的水”。此外，在莲荷村，直到1949年才有现代的公立学校，这就意味着，对于1949年以前想要上学的女孩子，机会是渺茫的。在受访的21位女性中，有16位是完全不识字的。桃英就是其中一位。

黄： 您读过书吗？

桃英：没有。那时候，我的大弟弟蛮小，比我小三四岁，脸皮子蛮薄，我大一些，我的爸爸就说，就叫我把他带去上学。

黄： 您在学校里待了多久？

桃英：我的爸爸还给我买了三本书，一本《女儿经》、一本《教儿经》、一本《真光》。《真光》只读了一遍就没有去了。没有去的原因，是我的那个爹爹（爷爷），我去学校里才去了几天，他就在家里跟我的爸爸妈妈一个劲地吵架。问女孩子读了书起什么作用？过去把女孩子打击得很狠啊。这女孩子读了书是不起作用的，只让男孩子读书。就一个劲地在屋里吵啊吵。后来啊，算是把《女儿经》读完了，《真光》算是读了。现在都忘记了。那本《教儿经》一遍都没有上头啊。我的妈妈就恼火了：“回来回来。你的爸爸跟你的爹爹一个劲地在家里吵架。”就那样，就没有读了。

而她的弟弟：

他肯定在读啦。他读了好多年书。我的小弟弟也读了的，只有我们几个姑娘没有读。

失去父母的女孩则成为其亲戚家庭的储备劳动力。上学对于这些女孩来说简直是天方夜谭，她们的劳动却为亲戚家孩子创造了上学的机会，尤其亲戚家的女孩。作为一名孤儿，由叔叔和婶婶抚养的春香认为，她的命运要远比其叔叔家的女儿糟糕。

黄：　那您的堂妹呢？

春香：她划得来。我在那里给他们做长活啊，她还读书读到快20岁了。原来小学毕业就和现在的初中毕业差不多啊，她读到十七八岁才下学。

教室里几乎无法看到女孩的身影，而在村庄的禾场上，玩乐的小女孩远多于男孩，因为大部分同龄的男孩都在上学。当然，唯有尚无能力帮助成年人的小女孩，才有多余的精力玩其自创的游戏。大一点的女孩只能在一起劳动的时候，如割猪草的时候，和其他女孩聊天。有一些女孩甚至连放松聊天的机会也没有，因为在其继父母或亲戚的压迫下，她们必须努力劳动。

（二）“每天背柴火去县城”：小女孩的工作

像中国这样的国家，人口众多，而耕地资源有限，除了农事，从事一些副业以获得额外收入是很有必要的（Buck，1937：289）。此外，在没有任何国家补助的小农经济下，所有的农事不得不由农民和家人自己完成。在1949年以前的汉水县，一个典型的城镇市场通常会由几个贸易区（“行”）组成，农民会在这里聚集和交易。主要的行包括谷物行、猪行、牛行、蔬菜行、鱼行和木柴行。“行”的作用类似于中间人，一个人可以在这里买农民的农产品，然后将其卖给城市居民或其他农民（徐建青，2000）。一些农民没有多余的谷物拿到谷物行去卖，这样卖柴火得来的钱就成为一笔重要的额外收入。因为这项副业不需要任何投资，只需要花费一些体力到野外砍柴火。然而，从20世纪30年代开始，市场秩序被打乱了：

自然灾害、内战和日军入侵把大片的田野变成了荒芜之地，因此，市场无法获得像以前一样的供给。Twitchett 和 Fairbank 在书中写道，当时的农作物地区见证了经济作物向主食作物的转换。除此之外，日本军队禁止大片种植农作物，因为这样的田地会成为游击队员非常有利的隐蔽场所（Twitchett & Fairbank，1986：267）。在这样的背景下，最重要的“行”，尤其对于非常贫穷的农民来说，就变成了木柴行。在这里，他们会卖掉砍来的木柴，然后买少量的大米带回家食用。在相对和平的环境下，例如，当日本军队或当地军阀不那么猖獗的时候，卖木柴得到的收入还算可观；然而在白天躲避日军，夜晚躲避土匪的日子里，卖木柴得来的微薄收入成为农民全家唯一的依靠。根据大部分受访女性的回复，捡木柴和卖木柴是家庭中女孩的工作，她们对童年的记忆就是每天背着木柴去汉水县卖。

但是在她们还没有能力收集和背负木柴前，这些女孩会被要求做一些帮忙性质的工作。一般这些工作不会直接产生收入，例如，给猪挖野菜、到空旷的草地上放牛。如果家里有妹妹负责挖野菜和放牛的工作，那姐姐就必须到地里干活，即使此时她的年龄还很小。

黄：　那您十二三岁以前干什么呢？

汉英：搞什么呢？那时候日本人还没来，就在田里帮忙。种点豌豆，种点芝麻，收了之后种的黍谷，就跟着揪草。才几岁时就跟着揪呐。

对于失去双亲而与亲戚一起生活的女孩，她们会成为那个家庭的免费劳动力。爱英与其叔叔一家生活在一起：

爱英：我啊，就我自己一个人，我 8 个月的时候爸爸就死了，3 岁妈妈就又不在了。我奶奶养我养到 8 岁，8 岁以后奶奶就死了，我就靠着小叔小妈。我遭的业（受的苦）啊，大得很。说起来就是眼泪。靠着小叔小妈名下啊，8 岁就放牛，就把牛绳系在腰上，牛跳到哪里就把我挂到哪里。我受的罪有啊。

黄：　您那时候读书了没有呢？

爱英：还读书？有口吃的就不错了，学堂的门槛都不知道在哪里。我小时候就是帮小叔小妈做事，8岁的时候，把牛放了回来后就扫地啊，推磨啊，洗衣裳啊，就做那样的。慢慢大了一些，十三四岁啊，就在南湖里割柴火、割泡芦，割回来打芦席。

显而易见，这些女孩从小便参加农业劳动，这一点与其母亲那一代人是截然不同的，因为她们母亲那一代人从小就没有受到农事方面的训练。放牛和挖野菜这两项看似简单的工作，却是“缠足”女性无法完成的任务，因为这两项工作都需要在野外走很多的路。一般她们做的都是家中的事情，如家务。然而受访的女性在很小的时候就会被要求去完成“外面”的任务，因为她们“缠足”的妈妈或祖母会负责家务。而且她们似乎在十三四岁，甚至是十一二岁便被要求去从事可以获得收入的农事。

格珍：我十岁的时候，就天天挑一担草，下雪结冰，也要挑一担草到县里去卖。像这时候，化冻，那街上，还是土路，走的人多，土路就化冻，穿的草鞋，用棉絮把草鞋包住了，那一化冻，太阳出来了，就这样，单脚立一会，把这只脚晒一晒，过一会再另外一只脚立一会，把那只脚再晒一晒。我的一双脚后跟，都冻得张开特别大的口子。

有时候，如果一个家庭中不只有一个女儿，那么这些女孩会一起工作。

黄：　那您还没有出嫁的时候，帮家里做什么呢？

玉珍：做什么呢，砍柴卖柴。我和我姐姐拖车，天天都到河边去砍柴。那野猪啊，吓死人。再不就是割泡芦啊，打席子卖。天天晚上熬夜去划泡芦，划了压啊，压了打席子啊。一天会打的能打

20多床啊。打席子手都被戳烂了。

Buck显然低估了这些女孩对家庭所作的贡献。除此之外，Buck的研究聚焦于1933年之前，而这些女孩对家庭所作的贡献在20世纪30年代末到40年代末要更大。正如上文提到的，日军入侵和国内战争引起的持续社会动荡，使大片农田成为荒地，从而使得从砍木柴获得的微薄收入成为一个家庭非常重要的收入来源（如果不是唯一的收入来源的话）。而且，当时家庭中的男人经常会被要求去为军队服务，例如，为马匹准备食草、修建防御系统，等等。而这一切使得孩子们的劳动更重要了。女孩们说，她们卖掉木柴得到的钱会立即在“谷物行”换成大米。

汉英：我十二三岁就挑柴火卖。我赶早就去卖柴，一天不卖一天就没吃的。

黄：　您每天都挑柴卖？

汉英：嗯，每天都挑柴卖。挑得要命啊，挑到街上，25斤柴。就在河里割那泡芦，割回来晚上一剁，剁了第二天就挑到街上去卖。卖完回来要是还早呢，就又去割一担，再挑去卖。好遭业（苦），你看从沙堡到县里，好远哪，15里路呢。慢后（后来）日军来了，还不准从堤上走，堤上还近一些，就从沙堡，弯（绕）到对面的天鹅，到三农场那里，再弯到这山里来。我那么小，挑柴去卖，日军还说“良民证看看!”你不把良民证给他看，他还不让你走。就这样。唉，我自己遭的业（受的苦）有卖的。

最终，于1945年，日军撤退了，而农民也终于可以回到他们的农田。接下来是相对和平的年代，女孩们满14岁了，此时的她们已成为成熟的劳动力。此外，1952—1956年，互助组和合作社的建立都使当时家庭内劳动分工迥然不同了。

三、少女时代：成熟女孩的劳动

该部分重点考察女孩 14 岁，成长为成熟劳动者后的劳动。在 1950—1956 年，中国的土地制度和劳动制度都发生了巨大的变化。这些变化迫切需要稳定的农业劳动力。此外，这一时期的家庭结构也发生了改变。所有这一切都对女孩的劳动，以及她们在家庭中的角色和权力产生了影响。

（一）从“土地改革”到“互助组”“合作社”

1949 年社会主义革命期间，对农民影响最大的当推土地制度的改革。1950 年，汉水县进行了土地改革，与之相伴的是同年 6 月颁布的《中华人民共和国土地改革法》。土改中，“五大财产”包括土地、力畜、农具、房屋和家具，被重新分配给农民，依据是农民曾经拥有财产的多少。1952 年，合作化的早期阶段开始了。尽管土地仍为农民所有，但是劳动力的分配却发生了改变。1952 年出现的互助组代表了合作化的第一步。这段时期，生产以劳动力交换的方式进行，这意味着劳动力、力畜和农具将分别被定价，参加互助组的各个家庭会一起劳动，并分别完成相同工作量的任务。合作化的第二步以 1953 年初级合作社的出现为标志。初级合作社进行生产，其与互助组性质类似，却比互助组规模要大。此外，生产是由合作社安排的。每年的收益会根据每个家庭对生产的贡献多少而进行分配（Huang，1990）。

我们可以看到，由于生产是由大家共同完成的，农业对劳动力和其稳定性提出了迫切的需要。在这一过程中，我们会发现劳动力变得越来越重要，劳动力成为收益分配的唯一标准。土地改革使得每个家庭拥有的土地，不管是从数量上还是质量上，都比较类似。这样一来，家庭劳动力的数量，尤其是劳动能力，成为一个家庭富裕与否的关键。此时，已成长为成熟劳动力的女孩子们开始在家庭经济中担任重要的角色。

(二)珍贵的女儿，宝贵的劳动力

当时，特殊的家庭结构深深影响了女孩子们的劳动。相较于1949年之后，20世纪前半个世纪的农村家庭具有三个特色：第一，由于婴儿死亡率较高，每个家庭仅有几个子女，包含同父异母和同母异父的孩子，每个家庭子女的平均数量为3.23个，这个数字绝对称不上高；第二，较高的死亡率和再婚率使得每个家庭的结构比较复杂，继父继母、同父异母的子女、同母异父的子女在当时是颇为常见的；第三，子女间存在年龄鸿沟。尽管当时还没有计划生育政策，子女间的年龄差异，由于较高的婴儿死亡率，而被大大地扩大了。尤其是在重组型的家庭中，新出生的孩子会比其同父异母或同母异父的兄长和姐姐小很多。

以上现象可能导致的结果有：第一，一方面由于子女数量有限，另一方面，由于子女间年龄差距较大，从而造成家庭劳动力短缺；第二，父母和子女间的关系变得更加复杂。许多情况下，再婚的父母只会再有一个亲生子女，甚至一个都没有。由于父母非常渴望以后被自己的亲生子女照料，所以即使其中一方已经有一个儿子，又或者是因为他们的亲生儿子还太小，为了将来养老，他们也倾向于为共同的女儿招婿成家。所以一般说来，在受访者中，有很大比例的女孩当其足够成熟时，会被希望招婿，这样家庭中就会增加一个劳动力。

所以或许在父母眼中，14岁左右的女儿是尤其珍贵的，不过这种情况只适用于亲生父母尤在的女孩。那些出生于重组家庭的女孩，多成为家中的劳动力。尤其是伴随着互助组和初级合作社的出现，这些女孩常常成为一个家庭可以依靠的主要劳动力。

(三)妈妈的女儿和父亲的餐桌

在上一部分，我提到，当这些女孩年龄很小时，她们会被要求做一些辅助性的工作，这些工作不能直接带来收入。当她们足够成熟时，她们会开始去做可以直接产生收入的工作。但是对农民来说，生存的主要来源依然来自农业（除了日军入侵和内战不断的混乱时期）。而这也是这些女孩在稍微成熟时便会被要求到田地里工作的原因。这些女孩中的大部分都是在互助组和初级合作社伊始的时候正式开始她们的田地劳动。在深入讨论前，让我们先来听听范春的故事。范春出生于1937年，她与自己的亲生母亲、继父及两个继妹生活在一起。

> 慢慢地，我十四五岁我就做得了，我15岁就挑谷挑担子啊。我15岁，就在北边那里的田里，割啊，捆啊，挑啊。我的晚爸爸（继父）在那里干别的，我就接，他挑一半我挑一半。那就解放了，就在生产队、互助组里串工（互相换工合作）呐。那都是我搞，栽秧、割谷什么的，都是我在搞。看我的妈妈人又老实的，在人家家里串工，一个田又大，上10亩。看早先的人，也喜欢开玩笑，说栽秧一行栽上头了回去吃饭去。我妈妈就哭，看年纪大了，手慢了，四五十岁了呢。我跟我妈妈说，您回去吃，我就接，我又怕别人回去吃了来，我栽不过人家，我就说，您放那里，您快回去吃，您栽不上头，哪个敢说您！她就哭，我就说，快回去吃。我自己也没有吃。我就回去特别快的扒完了饭，就来帮她栽的接上了。后来到第二回，我就跟我妈妈说，妈妈，您别去了，随便哪里串工您都别去了。我说我去。那个工我串得回来的，看我一个小孩子，我就瞎弄，我不管活命不活命。那小孩子手也软一些，好栽一些。从那个时候，我妈妈就再也没有出去和别人串工，就都是我。她就在屋里做轻点的事情。

范春接管了她母亲的工作，她母亲由于年纪和身体的原因，已无力从事田地里的劳动。然而在大部分情况下，是“缠足”使得她们的母亲无力从事田地里的劳动。德英的母亲自小缠足，所以她的母亲：

> 黄：　妈妈小脚不能下地做事？
>
> 德英：还是搞事啊。就是做不成蛮大的一个事。像栽秧啊，这样的事就不能做多少。多半还是我来做。她一个小脚啊，出去栽秧，

又不会搞啊，在农业社里，这个也不要，那个也不要。看过去的小脚姑娘，有哪个下田做过多少事情呢？她去栽啊，脚又小啊，恨不得走一步退三步，都没有人愿意要。

范春和德英母亲的经历与当时许多女孩的母亲，或是与其一起生活的女性亲属的经历类似。20 世纪 50 年代早期，合作化制度的执行使得全国的乡村女性正式参加到农业劳动中（Croll，1985b；Davin，1976）。然而当时的母亲一代人中几乎没有人受到过农业技术的训练。这也是为什么在 1949 年之后，急需劳动力的时候，女性被要求去做技术含量低、劳动密集，同时又很耗时的农活，如插秧、收割等；而男性会去从事有技术含量、同时又会耗费大量体力的劳动，如犁地、耙地和搬运。可是，在互助组和初级合作化时期，互相串工的农活都是分配给女性的，这就对女性劳动力产生了迫切的需求。但是，由于“缠足”和年龄问题引起的生理限制，使得当时的母亲一代人很难完成这些任务，所以她们在自己的互助组中是不受欢迎的。这样，当时的女孩们成为主要的交换劳动力，而她们的母亲则会待在家中负责一些更加轻省的农事和家务劳动。

那么家中的父亲或继父呢？除非这些女孩有年长的哥哥，并且他们也不在远方求学，否则，在大部分家庭中，父亲或者继父是主要的男性劳动力。他们负责犁地、耙地和搬运这类需要较大体力的劳动。然而也有些家庭中是没有成熟的男性劳动力的，在这样的家庭中，前面提到的那些繁重的体力劳动就由家庭中的女孩完成。冬英的父亲是一个烟鬼，他每天无所事事，唯一的任务就是把家中一切可以变卖的东西拿去卖掉，然后去买鸦片。所以冬英：

从很小的时候就帮忙开始做事。我的姐姐们都出嫁了，我妹妹还小，我跟我的妈妈，就在家里帮忙做啊。我耕啊、镐啊、割啊，都帮忙做。割柴卖柴啊，都做。

疾病和过早衰老会使一些父亲或者继父无法负担较重的农业劳动。正因为如此，家中的女孩，尤其是那些以后会上门招婿，从而可以照顾父母的女孩是非常重要的。一些女孩甚至会成为一个家庭真正的管理者。蒙珍的母亲自幼“缠足”，她的父亲患有颈椎病。所以自12岁起，她便开始管理家中的钱财。

对于那些曾经遭受继父继母或亲戚虐待的女孩来说，成长为成熟的劳动者意味着在家庭处于饥饿的边缘时，她们将拥有更多的话语权和更多更好的食物。让我们再回到范春的故事。

黄：　您说您的晚爸爸蛮狠，怎么狠呢？打不打你们？

范春：打啊。吃啊，我们一天只吃两顿。

黄：　他呢？

范春：他吃三顿的。就他一个人吃三顿，我的妈妈都只吃两顿。看那个日子，菜连天，菜连地呐。放一碗多米，就一篮子菜，就把饭，给他用黑罐子装一罐子，煨着，等他晚上的时候吃。我们小，做不了事啊。后来我15岁了，可以挑担子了。那罐子的饭他吃不完的时候，就跟我说，这罐子的饭还有，你赶着吃。那时候（我）才吃点晚饭了。那个日子，和别人说一样，怎么可能不饿呢？没有不饿的事，肯定饿呐。他就说，范春，罐子里还有饭，你赶着吃。他叫我吃我就吃。（笑）

作为一个孤儿，尽管蒙英以前在其大伯家也有不幸的经历，但是谈到食物，她也有一些特殊的待遇。

我大爸死了后，搞事主要就是我。说栽秧啊，那时候收的麻豆子多啊，就把那一梭，梭了之后就用那煮粥啊，煮饭哪。看我又不吃那个，我的爹爹（爷爷）就跟大妈说，你不用那个煮了，她又不吃，你还指望她做事的，你别把她吃死了。（笑）

我们再回到范春的故事，她甚至可以对其继父说“不”。

我那时候，人做得了，还是蛮大架（有架子）了。那时候栽秧，看栽秧都收工得蛮早的，下午三四点钟就收工了。我一老（一直）就那样，就把工一收，回去一洗澡，把我自己的一点衣服一搓。我的晚爸爸就说，嗯，还有点拦水沟没有扯，等范春回来了再去扯。那时候我的晚爸爸语气就变了呢。我妈妈就说，你把耙子搬去，跟你爸爸俩扯一下。我说不去，我妈妈说，哎呀，扯一下去嘛。她又不敢多说什么，看我大工小工都搞得起了，栽秧割谷都是我在做。

总而言之，当女孩成长为成熟的劳动者时，尤其是在合作社那样一个急需稳定劳动力的时期，她们劳动力的重要性更容易被父母们看到，也更容易获得后者的感激。也正是在这样一个时期，这些女孩的劳动能力使得她们在家中拥有了一些优势和权力。

四、本章小结

总而言之，本章采用了 TSOL 模型整体性的、关系性的视角，打破了常规的家庭与学校、田地与市场的二分法，聚焦 1949 年前后的时期，研究中国乡村女孩的时间和精力如何在以上四个领域分配，这样的分配方式是自愿，还是被迫。本文分析了导致这种分配方式的原因，以及每种分配方式内部之间的相互影响。研究发现，中国乡村女孩在 1949 年以前对农业的贡献是被低估的。作为不用缠足的第一代女孩，莲荷村的女孩们在 1926—1956 年，为了家庭，被要求尽早地参加到劳动中。在中国共产党动员前，她们就已大规模投入农业生产里。这些女孩先从事辅助性的劳动，然后开始做带来收入的劳动，后面开始承担田里的农活。她们在家庭经济中扮演了一个重要的角色。

历史性的时间与这些女孩个人的生命历程交织在一起，决定了她们家庭里劳动分工的方式。一系列的社会、经济、文化和人口因素在家庭的劳动分工中扮演了重要的角色，从而使得这些女孩有着与其母亲不同的人生轨迹。这些因素包括“禁止缠足”的政策、战争和革命引起的经济和市场变化、女性试图通过教育实现向上流动遇到的阻碍、劳动制度的变化引起的对稳定的劳动力的迫切需求、与人口转型相关的家庭结构的变化、“重男轻女”及与之相关的文化传统，以及女孩劳动能力的变化等。通过对乡村家庭劳动力结构的整体研究，我们看到了一个新型的母女关系。在这一关系中，由于对农事劳动力和劳动力稳定性的急切需要，母亲产生了对女儿的依赖。20 世纪 50 年代早期的合作社运动产生了对劳动力合作的迫切需求。在大部分情况下，共产党所动员的、需要积极参与到农业生产中的，是指这些女孩的母亲一代人。然而，“缠足”和年龄造成的困扰使得她们不得不依赖这些女孩来完成自己的大部分或全部农业任务。没有女儿的母亲不得不自己到田里辛苦挣扎。在社会急需稳定劳动力的形势下，女孩的劳动能力为她们在父权制的家庭中赢得了话语权，甚至在整个家庭面临饥饿危机的时候，她们在食物方面也受到了一些优待。

第二部分

集体时代（1956—1983）的劳动、闲暇和性别

1956年标志着集体时代的正式开始。集体经济下的经济、意识形态和人口，以及极度政治化的背景如何影响当时女性的劳动和闲暇生活？此外，处于不同生命历程阶段的女性如何经历了这个时代？这一切如何发生？该部分将对以上问题做出回答。该部分将重点研究“第一代放足者”初为母亲时期和“战后婴儿潮一代”女性的少女时期。在这个极端政治化的时代，劳动、教育、（社会）迁移，以及后来的人口都受到国家的高度控制。在这样的时代背景下，以上两代女性在上述的生命历程阶段，形成了怎样的劳动和闲暇模式？接下来，该部分将探索两代女性如何理解这些控制和约束，以及面对这一切时，她们为了自己和家人的生活，采取了何种策略。第四章研究第一代女性的初为母亲时期，第五章研究“战后婴儿潮一代”女性的少女时期。在对个体对象阐述之前，我们需要先介绍集体时代的社会经济、政治和人口背景。

上文提到，集体时代，政治在经济、教育、（社会）迁移和人口等很多领域扮演了重要的角色。1956年，高级合作社的到来预示着集体时代的正式开始。从此，农田集体化，每家每户只留有一小块地种植蔬菜。生产和分配也进行集中化管理（陈海秋，2002）。这一时期，集中化的程度不尽相同。在集体时代的高潮期，做饭也实行集体化管理，有专人管做饭，所有村民集中到食堂吃饭。

劳动力受到严格的管理：一切都有规定，从何时上工到何时结束，到谁负责什么工作，以及每项工作的工分是多少，等等。根据性别和年龄，村民被分成不同的组别。更大更新的管理机构成立了——其中大部分成员为男性（Potter & Potter，1990），以管理这些工作和分配。具体分配方面，一般农民每年的收入取决于他们积累工分的现金价值，即用生产队年总净生产值除以所有村民累积的工分之和（Huang，1990）。收入分配每年年底展开，工分以家庭为单位来计。粮食分配会在每月进行，用于家庭消费，但是采用的分配方法，地区与地区间不尽相同。一些地区采用的是完全以工分为准绳的分配制度，而其他地区则完全在每个农民的年龄、性别和劳动等级等基础上进行分配，也有一些地区同时采用这两种分配方法（Potter & Potter，1990：123－124）。莲荷村采用的是“工分夺粮”的分配方法。这种方法是指，虽然按照规定，每人每年可获得600斤的大米口粮，而每个人实际可得到的大米口粮为200斤或规定口粮的30%，剩下的400斤或70%大米口粮则根据每个人挣得的工分进行分配。从这个意义来讲，劳动力成为每个家庭经济状况的决定因素。如果一个家庭成熟劳动力多而要养的人少，这样的家庭往往会有更多的收入。

中国的人口结构也发生了变化。自新中国成立以来，国家政府通过加强对接生人员的培训，从而提高乡村女性的生育健康（Davin，1975）；通过提高医药质量，从而提高婴儿的生存率。以上这些措施导致了革命后期的婴儿潮，即“战后婴儿潮”。此外，直到20世纪60年代中期，农村中才有了一些避孕的设施。大约在1972年，中国政府颁布了“晚、稀、少”（或“老二慢点来”）计划，力图在全国范围内降低婴儿的出生率（Croll，1985a；Parish & Whyte，1978）。根据莲荷村的第一代女性的描述，在1972年，农村中年龄小于40岁，并已有3个及以上孩子的女性，被要求进行输卵管结扎手术。但是对于她们中的大部分人而言，在此之前，她们所生育的子女已远远超过3个。在莲荷村，“第一代放足者”女性们存活下来的平均儿女数是5.2个，这与中国1950—1975年整个的生育率是持平的。直到集体时代的最后几年，更多严格的家庭计划政策才开始实施，以1979年在全国范围内颁布的“独生子女”政策为标志。这项政策对第二代女性，即“战后婴儿潮一代”有重大的影响，因为当时的她们正处于生育期。

社会分层和流动体系也经历着变化。首先，公社领导和大队领导，尤其是男性领导，在劳动力组织和资源分配方面有绝对权威。这可能会导致一种乡村政治，即个人会为了权力和利益而相互竞争，也从中引发了裙带关系和徇私舞弊的可能（Chan et al.，1984c；Unger，2002c）。其次，20世纪50年代户籍制度的施行，改变了乡村社会向上流动的常规途径。1955年建立的户籍制度将中国人口划分为农业户口和非农户口。相对于农业户口，非农户口具有绝对的优势，同时农业户口转为非农户口时，会有严格的限制。在公社体制中，任何途径的户口迁移都是被明令禁止的，除非获得当地政府的批准。一个农民只能通过以下三种途径获得非农户口：一是接受高等教育，农村孩子一旦考入中专或大学便可获得非农户口；二是成为当地的干部，即在农村入党，然后提拔到镇级或以上级别，成为国家官僚体制中的正式一员，就可以转成非农户口；三是通过参军，在军队入党，然后提干，或者退伍后转成地方正式干部，从而获得非农户口（Potter & Potter，1990；Wu & Treiman，2004）。

这三种途径都是有难度的。对于高等教育，除了10年或更长时间的用于教育上的花费，农村学生还会有在高考中失利的风险。高考失利的学生则不得不回到农村，自此无法摆脱农民的命运。因此，高等教育是一笔充满风险的投资。而且，高考在1966—1977年停止。大学自1966年开始便不再招生，直到1972年，一些学校开始招收“工农兵”学生，但此时的招生考量标准是政治和劳动表现，而非学习能力（张乐天，2007）。然而，由于当时举荐之风风靡一时，个人的真正才能并非最终的决定因素，再加之招生名额十分有限，因此大部分机会都落在了拥有权势，抑或拥有强大裙带关系的人手中（雷颐，2007）。因此，在集体时代，对大部分农民而言，想要获得更好的生活，更加现实的途径是努力被提拔为干部或参军。

接受一定程度的教育，不管是对于当干部还是参军，都是必要的。但大多数情况下，这些机会对女孩子来说非常渺茫：因为，很少会有女性参军，留给女性的领导职位也非常有限，除了专门做妇女工作的妇女干部以外。不过，女性的确可以通过一些间接途径实现向上流动，比如，嫁给有权势，抑或是有城市户口的男性。

本书现在需要探讨的问题是，在集体时代，正处于年轻妈妈时期的第一代女性，以及处于少女时期的第二代女性，她们是如何感知和理解当时的中国社会的？而这又如何影响妈妈对儿女未来的计划和安排？这又对第二代女性的童年和少女时代产生了怎样的影响？所有这些问题的答案都将在下面两章得到阐述。

第四章

集体时代的年轻妈妈们

第一代女性在集体时代经历了从少女向年轻妈妈的转变，这对她们的劳动和闲暇生活将产生怎样的影响？这是本章将要探索的内容。在第三章中，我们看到，由集体化引起的对劳动力的急切需求和劳动安排的严格性，使得第一代女性在少女时期获得了优势和权力。然而，在相同的集体劳动体制下，当她们成为年轻的妈妈和妻子后，却处于不利的境地。而事实上，很多既有研究都对其困境进行了相应描述，例如，性别差异导致的双重负担和收入不平等（Croll，1985b；Davin，1975）。生命历程阶段的转变如何使一个人的生活发生这么大的变化？本章将对该问题做出回应。

本章将研究诸多因素是如何形塑女性的劳动和闲暇模式，以及家庭中的权力关系。从而，本章一方面将探讨生产队中的干部和性别、年龄和婚姻状况各异的普通村民之间的分工模式；另一方面，本章还将探讨家庭结构的转变，如入赘婚姻、新的分家实践，以及家庭中夫妻关系取得日渐上升的地位。该部分强调年轻的母亲对社会分层制度的理解如何影响其对家庭资源的管理，从而使其对儿子和女儿的未来进行不同的投资。本章首先以整体的视角介绍生产队的劳动分配，然后将阐述普遍的家庭模式，最后将深入探讨家庭结构和女性对向上流动制度的理解如何影响其对家庭劳动力和家庭资源的管理。

一、生产队的劳动分工

生产队是公社体系的最低层，在这里，生产得到集中组织和管理。该部分内容将阐述干部和非干部之间是如何分配劳动的，同时考察不同性别、年龄和婚姻状况背景的村民之间的劳动分配情况。上文提到，为了管理集体劳动力，产生了一个新的管理群体。在莲荷村，每个生产队有七个正式职位：队长和副队长负责整个生产队的劳动组织；会计负责保管、审核和查阅生产队的财务记录；出纳负责收付现金；保管员负责保管生产工具；记工员负责记录每个社员每天获得的工分；妇女队长负责与妇女相关的各种事务。其中一些职位使得在职者完全免于生产劳动，而其他职位则要求在职者处于待命的状态。以上所有干部均来自村民。至于他们的工分，对于完全免于生产劳动的干部，如队长、副队长、保管员和记工员，他们可以获得“一个工”的工分，即他们总是获得最高的工分，却不必从事劳累的生产劳动。对于从生产劳动中部分解放的干部，他们在从事出于自己职务之需而进行的工作时，可以获得最高分“一个工”。从这个意义来讲，成为一个当地的干部是一个好差事，除了拥有权力外，他们不必从事繁重的体力活儿，却同样有好的收入。

然而不是每个人都可以成为干部的。根据访谈，大部分职位由男性担任，当然，专为女性设立的妇女队长职位除外。Potter 夫妇所调研的广东曾埠大队也存在类似的状况（1990：100）。许多学者指出，家务和照顾子女的责任再一次影响了女性对政治和领导活动的参与（Andors，1983；Wolf，1985）。除此之外，根据对汉英的访谈，我认为教育水平也是其中一个因素。

黄：　为什么村里没有女的做会计，或者队长、书记呢？

汉英：我们想都没有想过吧。一个公社只能有一个女的干部，妇女队长，就那么一个。其他都是男的当的。

黄：　有女的计工员吗？

汉英：开始的时候没有。那时候，很少有女的是读了书的，只有男的上了学的。才有男的计工员啊。后来好一些了，也有了女的计工员。

黄：　女的后来也读书了？

汉英：对。女的后来也读书了，也可以当计工员了。要不然的话，就是村里的人选了你，你也拿不起啊（没有能力做）！

回顾第三章对这一代教育状况的描述，我们可以得出结论，早年教育的缺失，使得这一代女性极少有人担当干部职位。除了干部之外，生产劳动在余下的村民间进行分配。这些村民又根据性别和年龄被分为不同的组别，如年轻妇女组、中年男子组，等等。不同的组别会根据组员的身体素质从事不同的生产劳动。除去免于生产的干部，其他身体状况良好的男性村民都会从事一些繁重的生产劳动，这些劳动一般都要一定的技术。年龄较长的男性村民会集中负责照料耕牛，并获得不错的报酬。尽管放牛过去常常是家中年幼子女的任务，而现在对该工作的集中管理意味着劳动力结构的转变：年长的男性成员成为家中宝贵的劳动力，而年幼的子女则较少有机会为家庭经济作贡献。年长男子也会拾粪。格珍透露，每个家庭每年负责收集三百担的牛粪。每超出一担，该家庭将获得 3 个工分作为奖励；每缺少一担，该家庭将被扣除 3 个工分。人的尿粪也可以转化成工分，捡来的狗粪，倒到厕所后也可以换工分。年长的男子们可以一边放牛一边拾粪，这让他们可以挣到更多的工分。

然而女性的遭遇却截然不同。身体强壮的女性会负责最费时、最费体力的劳动，这些劳动会要求劳动者不断弯腰或者下蹲。这类劳动包括撒种、插秧或移秧苗、收割、捆束、锄地（Jacka，1997；Wolf，1985）。考虑到女性的劳动量，早在集体时代，农业女性化的趋势便已显现。相较于已婚女性，未婚女性享有更多的优势。未婚女孩一般会被分配到同一组，她们有更大的机会去获得既具挑战又有优厚报酬的任务，并且不会受到其他事情的干扰。已婚女性必须不时给自己的婴儿喂奶，或是请假一天去走娘家，而未婚女性则可以集中注意力在劳动上。这也是许多“铁娘子”组是由未婚女孩组成的原因（高小贤，2005；金一虹，2006；Honig，2000）。不像年长的男性，年长的女性则不能为家庭赢得较多的收入，因为在生产队中没有太多适合她们的工作。而且，她们一般会被要求去负责家务或是照顾孩子。有一段时间，生产队将需要照料的孩子组织起来，由年老的妇女负责照看，这可以让她们挣得一些工分。不过，这项工作要取决于需要照料的孩子数量。

一般说来，农民很少有假期。他们一直在外劳动，除非是大雨大雪天，无法进行户外劳作，此时他们才得以休息。在闲月，每月的第一天和第五天是休息的时间；而在忙月，则没有任何休息的日子。在中国最重要的传统节日——春节期间，他们也只有两天半的假期。

二、年轻工作妈妈的家庭状况

除了生产队分配的任务，对于工作的年轻妈妈，她们的劳动很大程度上受家庭结构的影响。当没有任何消费商品或是社会服务可提供时，情况更是如此。该部分将研究集体时代的普遍家庭结构类型。

（一）入赘婚姻

在上一章，我们提到过“第一代放足者”女性的三个人口特征：第一，较高的婴儿死亡率导致的家庭中子女数量有限；第二，较高的婴儿死亡率和再婚率造成的复杂的家庭结构，在当时，继父继母、同父异母手足和同母异父手足现象是非常普遍的；第三，子女间存在较大的年龄鸿沟。以上三个因素导致了这一代女性中的入赘婚姻比例相对较高。

根据费孝通和张之毅的报道，在20世纪30年代和40年代，位于西南云南省的禄村就存在较高比例的入赘婚姻。但有的入赘家庭中有自己的儿子，他们对此深感困惑（1975）。不过，他们并未提供详细的解释。事实上，根据莲荷村的情况表明，入赘婚姻可以在各种情形下发生。以下故事展现了入赘婚姻发生的三个典型情形：

1. 蒙珍

黄：　您的娘屋（娘家）是哪里的？

蒙珍：我就是这里的。我是老大，下面还有两个妹妹。我的爸爸妈妈把我养大，叫我留在屋里给他们养老。他们给我招的我这老头子（丈夫）上的门。我的两个妹妹都是嫁出去的。

2. 格珍

黄：　您结婚的时候17岁，您老伴多大呢？

格珍：他25岁。看那时候，我姐姐已经出嫁了，家里我最大，做事，我同娘不同老子（父亲）的弟弟还小。我的后老子（继父）就说，要找个年纪大的，做事才做得来，年纪太小的，做事做不过来。

黄：　那您的老伴以前结婚过没有？

格珍：他结过婚的，屋里是病死了的，没有孩子。解放土改的时候，他和他的老妈就被分到我们队里来了。他还有个哥哥，在别的地方住。人家就介绍，我们就典礼（结婚）了。

3. 春香

黄：　您刚才说您的老伴是上门女婿，我记得您提到您同娘不同老子的妹妹也是招的上门女婿。但这里的习惯，家里如果只有姑娘（女儿）的话，一般是给最大的姑娘招女婿上门。为什么你们两姐妹都是招婿呢？

春香：我的妹妹是我的继老子唯一的骨血，他就想他自己的姑娘给自己养老，我就给我的妈妈养老。这是蛮早以前就定了的。

因此，入赘婚姻发生的最常见的情形是当一个家庭中没有儿子的时候，如蒙珍的故事。然而，格珍的故事也说明，当一个家庭中子女年龄差距较大，即使该家庭中有年龄较小的儿子，也会发生入赘的现象。当时较高的婴儿死亡率和父母较高的再婚率，都很容易造成家庭中子女间存在较大的年龄差距。由于对劳动力的需求，家中年长的女儿会被要求入赘一个成熟的劳动力做女婿，来照顾她的弟妹和父母，即使该家庭中已经有一个儿子。最后，春香的故事告诉我们，较高的再婚率使得当时继父继母、同父异母或同母异父手足的现象非常普遍。由于缺少传统意义上年长子女的照料，父母在晚年不得不依赖某个子女。许多父母倾向于与自己亲生的孩子生活在一起。这很容易导致一个家庭中发生，或不止一次发生入赘婚姻。在家庭组成复杂，只有女儿，没有儿子，而女儿并非是双方共同生养的家庭中，情况更是如此。另一位女性范春讲述了与春香相似的故事：继她的入赘婚姻之后，她的一个同母异父的妹妹也是入赘婚姻，这是该家庭中的第二个入赘婚姻。然而，基于莲荷村有限的案例，我发现，在组成复杂的家庭中，如果子女间年龄差距不大，而家庭中又有儿子，虽然并非同父同母所生，在这种情况下，仍不一定会发生入赘婚姻。从这个意义上来说，同一家庭的多个入赘婚姻现象是无儿子家庭案例的变形。一个家庭中发生多次入赘婚姻，不仅是为了维持家庭的血脉，而且也是为了满足父母的心理和文化需求。在他们的观念中，人在晚年的时候，应该得到亲生子女的赡养。A. P. Wolf 认为，入赘婚姻呈现了中国乡村亲属体系的两种变异形式：一种是条件性变异，在这种形式下，人们是为了维持家族血统而选择入赘婚姻，这样的家族中一般没有儿子；一种是制度性变异，在这种形式下，人们选择入赘婚姻是出于对家庭经济等现实因素的考虑，而这种形式的入赘婚姻经常发生在各种各样的家庭中（A. P. Wolf，1989，参考 S. Li et al.，2001）。在以上列举的案例中，蒙珍、春香和范春的案例可归类到第一种变异形式，即对入赘婚姻的选择是因为家庭中没有儿子；而格珍的案例则属于后者，即选择入赘婚姻是出于对现实因素的考虑。

在我访谈的第一代女性中，21 桩婚姻中有 8 桩，或多于 1/3 的婚姻是入赘婚姻。无论是来自普通家庭，抑或是组成复杂的家庭，这些女性大部分都来自没有儿子的家庭，而这成为入赘婚姻的主要原因。不过，制度性原因，尤其是对家庭劳动力等经济因素的考虑，也是入赘婚姻发生的重要原因。尽管入赘婚姻在当时还不是婚姻的主导形式，这种婚姻形式在很大程度上帮助提高了扩展家庭这种家庭结构的比例。因为与传统婚姻形式相比，入赘婚姻更有可能造就一个主干家庭，而不是核心家庭（S. Li et al.，2003）。下一节我们将看到，这种家庭结构将使得家庭中的年轻工作妈妈受益良多。

(二) 从“传统的分家模式”到“序列分家模式”

除了入赘婚姻之外，莲荷村在集体时代的主要婚姻形式依然是“从夫居婚姻”，即女方居住在丈夫家中。在传统的中国社会，如果家庭中不只有一个儿子，当所有儿子都成家后，分家才会进行，家庭财产会平等地在所有儿子家庭间分配（Yan，2003）。然而，伴随着集体经济，“序列分家”（Cohen，1992）逐渐形成。在这种新的分家模式中，第一个结婚的儿子先搬出，然后是下一个儿子，直到最后一个结婚的儿子也搬出。阎云翔的研究表明，“序列分家”是在 20 世纪 70 年代在东北下岬村出现的，但是根据莲荷村的受访者的描述，在 20 世纪 50 年代后期，即集体时代初期，莲荷村便出现了“序列分家”，此时恰恰是“第一代放足者”女性开始生育的时期。我认为，这些女性较高的生育率、集体经济的组织方式和基于劳动的分配方式共同促成了“序列分家”的出现。前文曾提到，医疗健康条件的改善，使得这一代妈妈生育了较多孩子。这些无法自立的孩子显然会给父母带来较大负担，使他们在大家庭中处于不利的位置。当时的分配方式是 30％基于家庭人口，70％基于获得的工分。而这也是为什么大家庭迫切想摆脱这一孩子众多的核心家庭的原因。蒙英的故事非常典型。

黄： 那时候您结婚后，公公婆婆是跟谁过的？

蒙英：开始是在一起过呐。后来过“粮食关”，吃的不够，我们的二叔子（丈夫的弟弟）就不干呐，他说我们的孩子多，这59(1959）年生的那个，在一起过的时候，她吃的一点稀饭，她就说，妈妈，我想吃点饭。我说，好，你先把稀饭吃了。她叔叔呐，就说：“你还要吃饭？你们那几个人，吃稀饭都还要煮得像淘米水那样稀的，都不够啊。”你看他说话好令人恼火啊。后来我就和我们老头子（丈夫）商量，说，你们过，我来带我的孩子单过。就他一个啊，56年的一个，58年的一个，59年的一个啊。那才三个啊，我就说我跟我的孩子们过啊，你跟你的爸爸妈妈过啊。我的孩子，你还说吃的比淘米水都还稀的稀饭，吃点饭都吃不到。

黄： 那时候您的二叔子成家了吗？

蒙英：还没有。后来还不是为他操心（帮他成家）呐，他的爸爸妈妈都年纪大了，都我们出钱给他操的心。我们那两个叔子都是我们出钱操的心。

黄： 那您说分家分了没有呢？

蒙英：我们就分了，三个孩子，算那个老大，四个孩子，我跟我们老头子啊。老头子原来在人民医院里的，那过“粮食关”回去村里的。那都是“工分夺粮”，我一个人做哪能做回来？那粮食都没有，都是吃光菜。孩子多了。

黄： 那分家有没有分什么呢？

蒙英：分什么？一口锅都还是从我的娘屋里拿的。

黄： 那住呢？

蒙英：住，就是一间厢房，一间小间。后来我的婆婆要接儿媳妇，她说我孩子多，弄点菜了怕我们的孩子们去夹，就叫我们做厨房，就在前面稻场边上做的厨房。就在那里吃饭。其实到上面的话，我们的孩子也不去吃。她接了幺媳妇，她弄的好菜，她怕我们的孩子去吃，那叫婆婆？

黄：那分家的时候，您还没有做那个厨房的时候，您还是和他们分开做饭？

蒙英：嗯，分开做饭。那时候有厢房的，我们就在厢房吃饭。那房里，就搁两张床，上沿搁一张，下沿搁一张。那老大喜欢尿床，老大就和老二睡，那前头的小的，就跟着我睡，就59年的个，58年的个，60年的个。我现在怎么腿子疼呢？看那一边一个，总有一个没有被子的呐，就把吃奶的个放在身旁呐，那个不吃奶的，就放在那个吃奶的旁边。这脱了棉袄，就跟她搭着呐。脚头还有一个，跟他们说，没亮就起来就给他们穿衣服，穿好了偎在被窝里了，我就再去烧火做饭。人家有的，和他们说一样，哭的很吵，人家说，你的孩子听话，不哭。我说哭有什么办法呢？他们都听话，不哭。我上了街回来，他们都还在床上睡，都不哭。

有较多年幼子女的年轻夫妻考虑到养育子女，倾向于和大家庭生活在一起，从而能“搭便车”。然而此时家庭中的年长一辈是不乐意的，尤其是当他们自己尚有未婚子女的时候。在那个时代，生活水平很难满足基本要求，这一现象是非常普遍的。

而且，集体经济也加速缩短了已婚夫妻与公婆居住在一起的时间。我们提到，分配是以劳动力为基础，不仅是劳动力的数量，还有劳动力的质量，也就是一个人努力工作的意愿。但是，并不是所有人都会为了家庭而尽最大努力去工作，这一点则会在家庭中引起冲突和潜在的分家可能性。汉英提到，她和丈夫决定从大家庭中分离出来的原因就是因为丈夫的哥哥和他妻子非常懒惰。尽管汉英和丈夫非常努力地劳动，但是丈夫的哥哥及其妻子懒惰，使家庭经济状况非常糟糕。

除此之外，集体时代建造新房的费用由集体支付，而不是年轻夫妻的父母，这也使分家容易很多。王跃生在中国北方的调查研究也表明，集体化缩短了新婚夫妇与大家族生活在一起的时间。在 1950 年土地改革以前，新婚夫妇与大家庭生活在一起的时间是六年半；而在 20 世纪 60 年代，在受访家庭中有将近一半是在新婚后三年内与大家族分家的；20 世纪 70 年代，一种新的分家模式在农村成为主导：三分之一的家庭在儿子结婚后的一年内就分家了，三分之二的家庭在儿子结婚后三年内也分家了（王跃生，2003）。新的分家方式使得年轻夫妻和孩子组成的核心家庭逐渐涌现，而此时数量较少的主干家庭主要来自入赘婚姻。另一种主干家庭的来源是在“序列分家”完成后，即家庭中所有的儿子都成家后，年老的父母会一起或分别加入一个或多个儿子的家庭，从而组成一个主干家庭。或者他们轮流在每个儿子家中居住一段时间，而这再次严重影响了年轻工作妈妈的生活质量。

三、家庭共同体（family corporate）：性别、代际、劳动和家庭经济

承接前一部分，分家后的核心家庭首先面临的一个挑战就是高抚养率，即劳动力有限，但需要抚养的孩子众多。本部分重点介绍集体时代年轻妈妈们面临这个挑战所采取的一系列策略。对于集体时代已婚女性的劳动，许多西方既有研究是从女性作为个体的视角来进行的，研究者对农村妇女解放的评估是建立在她们自己的利益基础上的，比如，拥有自己挣的工分、是唯一承担家务劳动的人，等等，而丈夫和其他家庭成员的角色则似乎不见了。但这种方法，将这些女性从她们所处的家庭结构中的社会关系中分离出来，使得她们跳脱了所处的家庭环境。基于革命前的俄国的数据，A. V. Chayanov 提出了一种“人口区分”模型，他指出：“一个农民家庭的经济福利是随着这家的生命历程和变动的劳动者—消费者比例而改变的。”也即是说，当一个家庭里孩子们逐渐长大，消费得更多，但尚不足以劳动挣钱的时候，这个家庭处于经济最低点。但当孩子们成家、分家及离家之前

的那段时间开始工作挣钱时，家庭财富达到巅峰（Huang，1990：238）。

这一模型对于集体时代大部分分家后的年轻妈妈都是适用的。高抚养比例，以及以劳动力为基石的分配体制，使年轻妈妈成为家庭的主要经济支柱之一。除此之外，20 世纪初期的家庭革命，使得家庭中的主要关系转变为夫妻关系，而不再是以前的父子关系（Davin，1976：107）。我访谈的这个时期的妈妈都与其丈夫共同管理家庭。在生存经济的背景下，丈夫和妻子都会尽最大努力工作来支撑整个家庭，而不再仅追求个人利益。因此，我会用“家庭性的自我”来描述当时年轻妈妈的形象（Devasahayam，2005）。也就是说，她们卷入了家庭关系和责任中。此时她们的个人利益，以及她们所能管得着的其他家庭成员的利益，都要让位于整个家庭的生存和福祉。或许孔迈隆的提法更恰当，他认为中国家庭可以被看作一个共同体单位（corporate unit），通过创造、部署和管理人力和家产，来实现对家庭成员的生存和福祉的追求（Cohen，1993：165）。在很大程度上，在这个共同体单位中，妈妈承担了共同管理者的角色。在本部分，首先我们要探究，为了生存，家庭这个共同体中的管理者如何来管理家庭中的各种人力资源；然后，我们会分析，父母（主要是母亲）在为了家庭未来福利的名义下，如何在儿子和女儿之间分配劳动和资源。

（一）生存抗争

在整个集体时代期间，中国共产党关于性别平等的政治言论不断变化：从开始的女性对社会生产的参与是解放的关键，到后来认为应该受到谴责的是女性对自我的态度（Croll，1985b）。不同时期也经历了不同的政治风暴。然而这些似乎并未对农民的生活产生太多的影响。

她们无法提供更多的信息，只是有一个有趣的细节。汉英提到，在集体时期的某一年，她家的一把伞曾被借给了当时被关押的公社书记的女儿，结果这把伞在那个女孩儿给她父亲送饭后回家的路上被大风吹坏了，到现在都没有还给她们。她们的生活并未发生太多的变化，唯一不同的是，她们当时需要偶尔参加政治集会，而参加这些集会的好处是，她们无须劳动，就可以获得工分。因此，我倾向于认为，政治言论对女性是否参加生产的影响是有限的。只要从上面下来的政策不是强制性的，且不会产生严重的后果，这些女性们就有自己要考虑的事情去做，那就是自己家庭的生存和福祉。换言之，决定女性是否参加一项劳动的不是政治言论，而是这项劳动是否对家人的生存和福利的改善有益。

一些既有文献中提到，集体时代的不平等报酬制度使得乡村女性在劳动中士气低，参与度少（Davin，1975；Potter & Potter，1990），或许这要归因于当时的劳动评估体系。当时的劳动评估体系主要有两种：一种是任务率体系，根据该体系，完成一项给定的任务，会获得相应的工分；另一种是劳动力等级体系，一个人劳动一整天，会获得一定的工分，获得工分的多少依赖于他或她的力气或内在的劳动能力。显然后一种“劳动力等级体系”会将女性置于一个不利的地位，而这很可能会造成女性劳动者士气低，劳动参与少。然而，根据受访者的描述，即使在劳动力等级评估体系被采用的年月，在移栽水稻和农作物收获这两个繁忙的季节，任务率评估体系依然会得到采用。后来，在20世纪70年代，任务率评估体系成为评估劳动的唯一体系，而这鼓励年轻妈妈们寻找一切机会参加劳动，如范春。

黄：　那您家的经济情况怎么样呢？

范春：经济情况还是遭业（贫穷）啊。只不过我们没有超支过，我们从来没有超支过。人家都超支，我们没有的，人家，看我们队里有几户，他们都跟我的一样，两个劳力带的几个孩子，他们都开了超支会的，我们都没有的。我拼的什么命啊？踏车啊，有5个的车，6个的车啊，5个的就是5个人啊，记多少工分，踏了呢，回去，我们几个人就一邀，唉，张人某人，我们去把那堆粪挑了吧？好啊，去吧。就一邀，再去把粪挑了。这粪几个立方，多少工分，我们几个挑了，就几个人把工分一分。再不是呢，要是没有粪挑呢，就那狗子拉的粪呢，就一早，赶早去捡一筐子狗粪，往厕所里一倒，那浇的粪水也是工分哪。我就天天那样做的啊。

核心家庭的盛行，众多年幼子女造成的高抚养比，这一切似乎将当时的年轻妈妈置于一种恶性循环：一方面，在核心家庭中，没人帮她们料理家务和照顾子女；另一方面，孩子越多，需要的日常吃喝用度就越多，就越需要多劳动多挣钱，这一点驱赶着年轻的妈妈们寻找挣工分的机会。而这也是集体时期莲荷村年轻妈妈挣的工分不少于任何身强体壮的成年人所得工分的原因，即使同时她们还需要照顾子女和料理家务。这和 Potter 夫妇在曾埠大队所看到的一样（1990：123）。但是她们是如何做到的呢？集体时期几乎不存在任何帮助缓解家务的设施（Croll，1985b；Davin，1975；Jacka，1997；Wolf，1985）。许多受访女性当时为了完成家务，一般不睡觉，甚至不吃饭。例如，林英讲到，为了做家务，她会牺牲自己的午休时间；泰平在她本该睡觉和吃饭的时间洗碗筷、洗衣服。

谈到照顾子女，我们会听到许多悲伤的故事。一些文献中提到当时年轻夫妻与其父母间的合作：前者依赖后者料理家务和照顾子女，后者依赖前者获得收入（Davin，1976）。但是以上情况并不适用于核心家庭的年轻妈妈。此外，集体时期，祖母自己也需要参加劳动，一方面为了维持自己的生计，另一方面为了抚养自己尚未结婚的子女。在这样的情况下，年轻妈妈会雇用由于年龄太大不能参加生产队劳动的妇女，来帮忙照顾自己的子女和料理家务，同时会每天从自己获得的工分中拿出两到三个工分给她们作为报酬。对于子女的照料问题，在不同的阶段，年轻妈妈会采取不同的解决方案：将子女锁在家中，雇人照料子女，依靠年长的子女照顾年幼的子女，等等。而以上解决方案也需要依季节而定：子女可以在夏天被锁在家中，而冬天则不行，因为天气太冷，此时就只能雇人来照料子女。然而当白天妈妈参加劳动的时候，不管采取什么措施来照顾子女，但早晨给孩子穿衣、晚上哄他们睡觉这些活都需要年轻妈妈来完成，而这占据了她们大量的睡觉时间。一般说来，核心家庭中的子女越小，数量越多，妈妈的境遇越糟糕。

当时的丈夫是无暇顾及家务和子女照料的，因为他们需要拼命挣工分。一般当妻子在早晨准备早饭或为子女穿衣时，丈夫会外出收集牲畜的粪便，或为集体做些零碎的工作，以便获得更多的工分。只有很少的丈夫出于对子女的喜爱，会帮忙照料孩子。在这样的情况下，这一家庭的女性便会受到来自其他家庭女性的羡慕。而愿意帮忙处理家务的丈夫更是少之又少。当时如果一位女性有爸妈或公婆帮忙料理家务和照顾子女，她会经常受到大家的谈论和羡慕。我访谈的几位女性就拥有以上有利条件。其中几位女性是入赘婚姻，而其他几位女性是因为她们的丈夫是独生子。有父母或公婆帮忙处理家务和照顾子女，年轻夫妻可以去做更多的具有收益的工作，从而使家庭生活更宽裕。甚至有时只是年轻夫妻的母亲在帮忙料理家务，而他们的父亲也在为家庭挣工分，如金凤：

黄：　那谁帮您照顾孩子呢，您到公家去劳动？

金凤：婆婆啊，那时候婆婆就不下地了，就在家里引（照顾）孙子，她盼望的就是引孙子。（笑）引孙子啊，烧火做饭啊，弄个猪子喂啊，还蛮忙的。爹爹就在外面出工，给公家放牛啊。

面对无尽的辛苦工作，那些不能得到丈夫或公婆帮助的女性，则必须想方设法来解决日益增长的消费需求和有限的生产之间的冲突：第一个策略便是自愿的计划生育。令人惊奇的是，这一代女性在 1972 年国家计划生育之前便开始了自愿的计划生育策略。事实上，大部分人在 20 世纪 60 年代便开始实施该项策略，当时的农村已具备相关服务。大部分女性似乎已开始为子女众多带来的巨大需求而感到筋疲力尽。流产和宫内节育器是非常普遍的。当这两项措施不能很好地抑制生育时，人们又自发地进行输卵管结扎手术。例如，在计划生育开始之前，蒙英经历了几次流产和无效的宫内节育器后，便决定进行输卵管结扎手术，甚至自费进行该手术。尽管大部分女性并未要求进行输卵管结扎手术，但是许多人对 1972 年的计划生育政策非常支持，大家顿时感到如释重负。桃英回忆起曾经的输卵管结扎手术经历，还觉得很开心。

黄：　那您后来是结扎还是上环什么的？

桃英：哎呀，弄得多。先是去上环，后来又去结了扎的。

黄：　上环不行吗？

桃英：不行。上了之后啊，就是一个劲地白的啊红的啊，不干净，人受不了，事都搞不成。搞慌了，又才去结扎。

黄：　您是七几年结扎的？

桃英：七三年还是七几年结的。

黄：　大批结扎的时候？

桃英：嗯，正是大批结扎的时候。我们结扎了还在大队里住了上十天，大队里还杀了几口猪子。那结扎蛮好（笑），弄了几天肉吃了，大队里还炸油条啊，还弄了几天早过了一下（过早，即吃早餐）。

面对日益增长的消费需求和有限的生产之间的矛盾，农村家庭想出的第二个策略是“家庭内劳动力的自我开发”。该概念由 A. V. Chayanov 提出（参考张江华，2004），最典型的形式就是充分利用被赡养者的劳动力。在我访谈的女性中，最现实的方法当然是利用子女的劳动力。在大部分情况下，被要求帮助父母劳动的一般是女孩。

（二）“女儿劳动，儿子学习”：集体时期重男轻女思想的机制

上文提到，为了解决有限的劳动力和日益增长的家庭需求之间的冲突，年轻夫妻决定充分利用家庭中的劳动力，而家庭中的女儿则成为父母重点考虑的对象。为什么是女儿呢？本部分将概括性地介绍当时的状况，并探讨重男轻女思想背后的机制。2005 年我做访谈的时候，以下对话发生在我和两位当时 70 多岁的老妇人寿珍和桃英之间。对话的背景是我在询问其中一人关于她的子女的教育问题。

黄： 您的几个孩子都读书了的吧？

寿珍：都读了点的。

黄： 他们都读了多少呢？

寿珍：只有我的玉兰和我的幺儿子读得多一点，其他的都是跨了个学堂门，读了几年，后来搞慌了，没有人引（照顾）孩子了，就都不读了。我的一个姑娘现在还不是埋怨我。原先女孩读书啊，男孩都很厉害啊，打架啊，女生带点干粮去了，都让男生抢着吃了。她就不去了。现在埋怨我啊，说这是妈妈呐，那时候让我读了书，我现在还不是出去了。我就跟她说，孩子啊，一个出去，两个出去，难道都出去啊？

桃英：那个日子怎么埋怨啊，那我的大姑娘，还是的呐，读了个四年级啊，看着家里又没有劳力啊，后来她就自己不去了。

寿珍：我的几个孩子，我的玉兰读了高一点，读到五年级了。幺儿子读了高了一点。

黄： 读中学了没有？

寿珍：幺儿子读了中学的。哎呀，姑娘们说我重男轻女，爹爹啊，个个子多了，怎么搞得来！

桃英：是怪您啊。我们的只有我的大姑娘没有读中学，下来的几个都跨了一下中学的门槛。

黄： 他们就要回来引（照顾）孩子，引下面的弟弟妹妹？

寿珍：是的啊，帮忙引孩子啊，烧火啊，弄菜啊，照顾孩子啊。她们现在都埋怨我啊的，说妈妈重男轻女啊，反正姑娘是要到别人家里去的，读了干什么？我的玉兰啊，我许她读啊，她又没有那个机会。其他几个，我就说，是你们自己蠢啊，读不进去啊。我的玉兰啊，就是一个劲地害病，打疟疾，就那样没有读了。我的那个姑娘没有埋怨我，我的幺儿子没有埋怨我。我的另外两个姑娘埋怨我。我说你们埋怨我我怎么办呢？只怪我没有能干，个个子生多了，没有办法，你们要吃啊，要穿啊，不说穿好的么，你们一个个身体要遮住啊，弄点穿啊。好遭业啊。

桃英：我的大姑娘有时候拿着书报不认得字就吐长气。那个日子不能读书，一来是因为遭业，二来是因为没有劳力。还要去搞劳动。

寿珍：搞劳动就是正事吗？

桃英：什么不搞啊，送粮啊，哪里像现在还有车吧，都是挑的。送粮也是挑啊，挑土也是挑啊。

寿珍：我们送粮，谁谁帮我照看孩子，后来她没有照看了，换了另外一个人，我们都是锹啊什么的，都是晚上去的，哪里是白天？白天要在家里搞事啊。好遭业啊，我夜里回来还要照顾孩子。人家家里有人伺候的，回来洗洗就睡了，我还要自己去弄。睡不了多长时间，鸡就在叫了，又要起来，跟他们一个个穿衣裳啊，一个菩萨不要一炷香装的？看都是几个女孩子，又跟她们梳头呢，那小啊，大了她们才自己弄啊。我那时候遭的业啊，和谁谁说，你现在就是在享福了呢，你现在就是在享你的姑娘的福啊。我说我是遭业遭在前头了。

从上一章我们可以看到，“第一代放足者”的少女时期充满了苦涩。她们裹脚的妈妈虽然在家庭事务中的地位较弱，但也在偷偷地保护她们。而现在，当她们自己成长为母亲，靠自己的劳动和对家庭的管理获得越来越多的权力时，她们让自己的女儿重复了自己的命运，不去上学接受教育，而将宝贵的教育机会留给了儿子。从她们自己及其女儿们所讲的故事来看，她们似乎是应该被指责为“重男轻女”，因为当时都是由母亲来负责照顾子女，在子女间分配劳动和资源，而父亲则经常离家参加集体劳动。

但是为什么呢？为什么当时的年轻妈妈以这样的方式处理家庭中的人力资源？“重男轻女”思想背后的机制是什么？20世纪60年代，中国女性运动视该观念为封建思想的残留，要求进行思想改革。但是，正如Croll指出，社会性约束在造成女性低下的社会地位上起到了同等，甚至更大的作用。除此之外，从夫居的婚姻形式被认为也是造成“重男轻女”思想的原因。出嫁的女儿不能为家庭提供永久的劳动，更不能为父母的晚年生活提供保障，这一点在乡村这类地方是非常致命的。因为在这里，老人没有可靠的福利体系可以依靠，子女的赡养是至关重要的。因此，考虑到家庭的利益，对女儿进行投资似乎是一种浪费。换句话说，农村的妈妈成为父权制的一部分，她们获益于此，并竭力维护该体系。因此，在后革命时代的中国，延续下来的从夫居婚姻模式造成了性别间的不平等，它的存续也成为衡量性别平等的一个准则（Croll，1985b）。在某种程度上，这一点是说得通的，但是我内心仍有一些疑问。比如，其中一个疑问是：如果从夫居的婚姻归为应该受到谴责的结构性因素，那又如何解释前面提到的入赘式婚姻呢？前文提到，较大比例的第一代女性是入赘婚姻。事实上，在她们年龄很小的时候，就已经被决定以后的婚姻形式为入赘婚姻。而有趣的是，在教育方面，她们并未因此享受到特殊的待遇，即使她们的父母知道，她们将是给自己养老的人。

因此，我认为，夫妻双方，尤其是母亲对社会分层和向上流动制度的理解和体察，导致了她们管理家庭人力资源的方式，选择了把更多的家庭资源分配到儿子身上。在本部分的开始，我已提到，农民想要获得城市户口，过上更好的生活，只有三个途径：接受高等教育；提干，从村级干部提升到城镇级干部及以上；参军，提干或者退伍转业后提干。我们已经注意到，高等教育之路在集体时代已行不通了，农民只能在后面两个途径中做出选择。但是只有与有权有势的人有关系的农民才有机会进入工厂工作。而其他途径也主要对男性村民开放，女性很少有这些机会，因为军队几乎不接收女性。政治领导职位留给女性的也很少，除非该职位是专门负责女性事务的。而且，在很大程度上，女性干部不论是在生产队，还是在公社等层级的领导组织中并没有多大的话语权。大部分情况下，她们仅是上级命令和国家政策的执行者，而且她们必须听命于男性领导者。这就意味着如果有任何提升的机会，女性领导者也不会在考虑范围之内。基于以上分析，女孩如果想要提高自己抑或家庭的福利，唯一的选择便是好好劳动；而对于男孩，除了劳动，他们还可以选择攀爬实现向上流动的梯子。但是，选择攀爬向上流动的梯子的先决条件是接受一定程度的教育，而这也解释了为什么每个男孩都会上学，而不是每个女孩都会上学。同时这也解释了为什么每次都是女孩被叫回家来弥补劳动力的短缺。

因此，在很大程度上，农民父母对儿子的偏爱并不一定源自他们心理上认为女儿无法传宗接代而不喜欢女儿，而是代表了他们对社会结构的一种反应。女儿们所面对的这种社会结构本质上是对她们的一种社会制约。在这一制约下，她们无法为改变自己的命运做出努力，也在努力改善家庭福祉的过程中被束缚了双手。在集体时代中国农村的背景下，这种社会制约使得女孩子从教育中所得的无法像男孩子那样多。

在集体时代，莲荷村的年轻妈妈们很清楚地认识到这一点。而这也解释了为什么她们不仅投资自己儿子的教育，而且也为他们建立各种社会关系。因为在中国，在很多情况下，强大的关系网是一个人成功的关键（Bossen，2002；Potter & Potter，1990）。对于那些没有强大关系的农民家庭，亲戚、朋友和邻居间关系的培养变得非常必要，而这种家族关系的建立主要依赖于女性（Yang，1994）。汉英——一位集体时代的年轻妈妈——的故事提供了一个很好的例子。当我在2005年遇到她的时候，她为自己对大儿子的投资感到非常骄傲。她的大儿子当时是村委会主任，也就是说，是当时莲荷村最有权力的几个人之一，或者像汉英说的，是一个"人上人"。在2006年早期，我听说他那年退休了，获得了一笔不菲的退休金。根据汉英的描述，他们家并没有很多的社会网络可以依赖，她儿子的卓越一部分归因于他自己的才能，另一方面，她也为儿子努力疏通关系，尤其是在儿子刚开始步入社会的时候。

黄：那老大呢，老大好像没有学手艺？

汉英：老大那就在大队里混去了。搞这搞那，嗯，老大什么都做过，当赤脚医生，大队里，慢后又去，就是养了头一个，又到镇里的砖瓦厂里做会计，后来大队里又接回来，那大队里自己办的有猪场哪，又在猪场里当会计。会计搞了，又弄上去教书，教了几年书，要是一直教书，还不好了。后来又回来队里当队长，再后来才又到大队里搞啊。他们几个小的没有这个本事啊。说句实话，我的大儿子成“人上人”，我本来大字不认得一个，原来还在集体里的时候，那么穷，没得粮食，恨不得塘里的水藻都弄回来吃——哪个公社里的干部没来我们屋里吃过饭啊？

黄：真的？

汉英：还不是真的呢！这大队里，哪个没有在这里吃饭呐，公社里哪个没有来吃饭呐？那时候饿肚子，跟我的公公说的话，我的汉英，弄这么小一点鱼都舍不得吃，晒干了等来了人招待呐。哪个没来吃饭呐。说实话，要不老大怎么弄得出去啊？在某某湖管水的时候，那时候还是饿肚子呐，他一带一帮子到家里来吃饭。那太平的金标爹爹，他在管水呐，就指着老大骂，你的爸爸妈妈在家里饿肚子好遭业，你像个母狗子一带带那么多到家里，安置他们吃喝，你的爸爸妈妈好遭业。骂了两回，慢后就不来了呐。好遭业吧。他哪里在屋里待好多。他搞会计咯，管水咯，教书咯，搞队长咯，就到大队里混去了。

干部职位的获得，即使是在农村，也意味着权力。拥有权力，不仅仅使在职者自身受益，也会为其家庭和关系网中的朋友带来福利和便利。因此，农民竭尽全力帮助儿子向社会阶层的上层攀爬。这也可以理解为，他们是在为家庭未来的福利投资，而不仅是为了儿子自己。既然女孩进入上层社会的攀爬阶梯已被阻塞，而家中又缺乏劳动力，女孩成为家中的劳动力对农民来说是自然而然的事，尤其是对家中的妈妈来说，因为她们主要负责管理子女和分配家中劳动力。这些情况下，家庭中劳动如何在儿子和女儿之间分配，以及投资如何分别在儿子和女儿身上进行，出现了一个鲜明的对比。让我们回到汉英的故事。当时为了使得大儿子在实现向上流动的路上顺利前行，她让自己的大女儿退学回家照顾幼小的弟妹，她的大女儿在家排行老二。在 2006 年，我见到了她的大女儿莲梅。她对自己的妈妈充满了抱怨。但是讽刺的是，六个孩子（三个儿子和三个女儿）中，她现在是唯一给她妈妈钱的孩子。而她的妈妈在2000年爸爸去世后便一直一个人居住。在后面的第八章，我会继续讲述这个故事。

性别并不是家庭资源分配中唯一的决定因素。一般情况下，家中年龄较大的儿子会继续上学，而年长的女儿则会被要求退学回家照顾年幼的弟妹，或是参加大队劳动。但是年长的儿子并不会一直留在学校学习。在大部分情况下，当他们不想继续上学，或者按他们自己的话说，“不是读书的料”，明显无法通过读书有所成就的时候，他们也会回家参加劳动。当家庭中年长的子女回家参加劳动，消费和生产之间的冲突就会得到缓解，该家庭中的生活也会得到好转，这为家中年幼的孩子创造了更多的机会，使得包括年幼的女儿在内的孩子可以得到上学的机会。因此在我研究的第二代，即“战后婴儿潮”一代中，两个代内单元形成了。下一章将详细展开。

四、本章小结

总而言之，本章探讨了为什么集体经济给“第一代放足者”在初为人母时的生命历程阶段带来了困难，并将该情境与她们处于少女时期的经历进行了对比。第三章提到，在这代女性的少女时代，对稳定的劳动力的急迫需求反而给这些少女带来了权力和优势。这说明，在不同的历史时期，在女性不同的人生阶段，呈现了不同模式的TSOL模型及其变迁。本章发现，较多需要照顾的年幼子女导致的高抚养比，基于劳动力的分配制度，和核心家庭的涌现，所有这些都将女性置于一个在“双重任务”间挣扎的严峻境地。为了缓解困境，她们采用了两种策略：自发的家庭计划生育和对年长子女劳动力的开发和使用。一部分由于从夫居的婚姻传统，另一部分由于限制了女儿为家庭福利作贡献的社会制约，当家庭面临劳动力的严重短缺时，当时的妈妈们选择让女儿承担更多的劳动，把更多的教育机会留给了儿子。但是一般情况下，家庭中年幼的女儿会比年长的女儿有更多受教育的机会，这一点将在下一章重点分析。本章打破了家庭内/家庭外劳动的二分，采用了整体性的视角来分析年轻妈妈的劳动。本章也发现，TSOL模型主要聚焦于制度的、经济的关系，但忽视了劳动组织过程中的某些重要维度。它忽视的首要维度就是政治力量。由政治力量推行的计划生育政策和户籍政策在集体时代的农村发挥了主要的作用，极大地影响了村民劳动组织的过程。但TSOL模型没有给予政治力量足够的注意力。它忽视的第二个重要维度是人们对劳动的体察和理解。在本章所讲述的故事中，年轻母亲们对分层制度和向上流动渠道的理解，以及她们为了家庭实现向上流动而打破现有制度约束所做的努力，都从极大程度上影响了她们如何在家庭内分配劳动，以及她们为谁而努力。

第五章

分裂的一代："战后婴儿潮"中的姐妹们

近年来，不少学术作品开始关注在集体时代表现积极，号称"铁姑娘"抑或"劳动模范"的女性（高小贤，2005；金一虹，2006；Honig，2000）。然而，到目前为止，很少有研究关注集体时代普通女孩的生活。在集体经济和高度政治化的时代度过少女时期，会是怎样的情形？她们的母亲是"第一代放足者"，母亲们的少女时期正处于从小农经济向集体经济的过渡期，那这些女孩和她们母亲的少女时期有何不同？尽管两代人的初为母亲的时期都处于集体时代，但是考虑到不同的人口背景，第二代女性的经历又是如何不同于其母亲一代？最后，1983年非集体化时代的到来又如何影响了第二代女性？本章将通过研究出生于"战后婴儿潮"时期女性的少女时期和年轻母亲时期来回答以上问题。本章首先会简介她们所处的意识形态、政治和人口环境，从中指出她们如何形成"大姐组"和"小妹组"的代内单元，接下来本章会深入探索这两个代内单元各自的劳动和闲暇生活。

一、成长环境

在上文，我们已经详细介绍了集体时代的社会经济、政治和人口背景。下面会对当时的环境做一补充，而这些环境特点对于第二代女性少女时期的成长尤为重要。第一个显著的特点是"历史的代"和"生物的代"交织所形成的"分裂的一代"的现象。比如，当兄弟姐妹间的年龄差异很大，抑或是巨大的社会结构变迁发生在年长的手足度过了性格形成的关键时期，而年幼的手足尚未完成这一时期期间，这些都会导致"分裂的一代"的现象，即产生曼海姆所说的"代内单元"（Mannheim，1952）。而性格形成的关键时期（formative period）对代际的形成是至关重要的。而这两种情境都发生在了"战后婴儿潮一代"身上：由于革命后卫生医疗条件得到改善，这一代人大都拥有众多的兄弟姐妹，这就使得年长的孩子与年幼的孩子间存在较大的年龄差。最重要的是，随着集体时代的正式结束和改革开放时期的开始，此时，莲荷村家庭中较年幼的女孩正处于少女时期，而年长的姐姐们已早在20世纪60年代后期或是70年代初期走过了少女期。毫无疑问，她们成长所处的时代差异将对她们接受教育的机会、劳动、闲暇，甚至婚姻都产生巨大的影响。因此，比较好的做法是将这一代女性分成两组："大姐组"和"小妹组"，前者是在家庭中出生次序比较靠前的女孩，而后者是出生次序靠后的女孩。因为除了社会结构的变化，出生次序的差异也对她们各自的生活产生了影响。对于"大姐组"这一群体，她们大都出生于20世纪60年代之前，而到80年代早期集体时代结束时，她们都已开始拥有自己的家庭。对于"小妹组"这一群体，她们出生于1972年莲荷村第一次推行大规模的计划生育之前。而到80年代，她们仍然待嫁闺中，正要开始考虑婚姻问题。尽管本章主要研究集体时代，但为了对姐妹两个群体进行对比，我们会将时间范围延伸到80年代后期和90年代初期，以探究妹妹这一群体初为人母时的生活。由于第三部分会对后集体时代做详细的阐述，所以这里只列出一些主要的结构变化。首先，生产和分配都已脱离集体化。每个家庭都获得了使用一定数量土地的权利。其次，国家对于非农职业的管控逐渐放松，农民进入大城市谋生变得更加容易。但是在大部分情况下，农民无法享有城市市民拥有的社会福利。

第二个显著的特点是在集体时代，年轻人受到的意识形态的教育。说到性别，在当时"妇女能顶半边天"和"男人能干的事，女人一样能干，而且还干得更好"等格言的引导下，女性得到鼓励，去挑战传统的劳动性别分工模式，从而进入一直被男性占据的行业。从身体外形上，她们也被鼓励去挑战传统的女性形象（Croll，1985b；金一虹，2006）。除此之外，“性”是被主流意识形态压制的（E. Y. Zhang，2005）。在生产队里，异性之间的交流是被禁止的。但由于工作的需要，男女干部之间是不需要受到该约束制约的。年轻人，包括年轻女性，需要参加由生产队组织的政治学习、公共集会和民兵连（Jacka，1997）。他们也被号召去做好事。但是伴随着后集体化时代的到来，所有这些都渐渐松懈下来，取而代之的是“亲密关系和女性气质的辞藻”（Rofel，1999）。

最后一个显著的特点是集体时代的乡村政治。正如前面一章所提到的，公社领导和生产队领导，尤其是男性领导，在劳动组织和资源分配中享有绝对的权威。而这样的乡村政治体制则会引起裙带关系和徇私舞弊现象（Chan et al.，1984；Unger，2002）。此外，由于权力和相对优厚的报酬，当地干部的职位受到了许多村民的青睐。许多家庭竭尽全力让某个家庭成员成为干部，或至少与干部建立关系，以此来增强自己的权力。而其余家庭则试图能超越当地干部的管辖，比如说，获得一个城市户口，或者和城里人建立某种联系。在上一章，我们看到了农村的妈妈为了实现向上流动如何在其儿子身上投资。对于女儿，虽然她们不可能通过提干或者参军等办法实现向上流动，但她们可以通过间接的方式来实现这一愿望，比如，她们可以嫁给当地的干部，抑或是拥有城市户口的人。尽管嫁给城里人并不能改变农村女性的户口，可是她们至少可以因此而获得某些城市人才享有的利益，以此来改变自己的生活状况（Potter & Potter，1990）。这一点确实影响了“战后婴儿潮一代”的婚姻，也影响了她们对自己生活的规划。

二、大姐组：失与得

该部分从形式和关系两个角度来探讨集体时代期间，年长的姐姐群体的劳动和闲暇生活。她们的出生次序，以及当时的社会经济、政治和人口环境，极大地影响了她们的生活。

(一) 教室与田野

在前一章，我曾描述农民家庭经济状况在自我发掘家庭劳动力过程中的跌宕起伏，并指出，年长姐姐的劳动力往往是父母发掘的对象。我也从母亲的角度，对家庭里劳动力的管理理念进行了阐释：遵守按劳分配的准则，但因为儿子向上流动的机会远多于女儿，因此将更多的教育机会留给儿子，而将更多的劳动留给女儿。这一章则从女儿的角度来探讨家庭内劳动和资源的管理问题。

Sawada 等（2000）、Parish 和 Willis（1993）在巴基斯坦和我国台湾地区的农村也发现了类似的现象。在这两个地方，鉴于当时资源匮乏，作为家庭中年长的姐姐，她们一般会以早婚或做家务劳动的方式来帮助家庭获得更多资源。尽管集体时代的中国农村也面临资源限制的困境，但是基于劳动力而非产量的分配体制，以及对于非农职业的明令禁止，使得当时的社会状况更为复杂：农民父母不一定乐意让自己的女儿早婚，因为女儿出嫁会损失家庭的劳动力；而除了家务，年长的女儿想要增加家庭资源，最重要的方式是通过参加集体劳动来为家庭赚取工分。

至于家庭中年长的女儿是否可以上学接受教育，这在很大程度上取决于家庭的结构：如果她们有祖母可以帮助照顾年幼的弟妹，那么她们是可以接受几年学校教育的；家务并不是一个决定性的因素，因为家庭中的母亲也可以从繁重的生产劳动中挤出些时间，来解决做饭和洗衣的问题。在二十世纪五六十年代，尽管大众教育问题备受关注，但是对于那些没有其他人可以依靠，必须亲自照顾弟妹的年长姐姐，依然没有机会接受学校教育。

黄：　您读书了没有的？

玖桃：没有跨过学堂的门槛。

黄：　怎么没有呢？

玖桃：没有人引（照顾）孩子，就只准哥哥读，我就引孩子，下面就是弟弟读，下面两个小的妹妹都还读了的。那大妹妹还读了高中的呢。小妹妹呢，读书的时候，害什么病，也没有读好多书。就是我啊，学堂门都没有跨过啊。

黄：那您的哥哥和弟弟读了多少呢?

玖桃：弟弟也是读初中啊，也是没有读完，不晓得怎么没有读了。哥哥呢，他读到了六年级的，那时候读到六年级的也都还蛮少啊。他的学习成绩好得很……我呢，反正是没有读，我把孩子引大了，我把小妹妹引到两岁了，可以去读书了，我就一个劲地要去读书，人家附近的人，跟我差不多的，就一个劲地说，走，我们把你弄去读书去，我就偷偷地把孩子抱去，孩子哭得很厉害，读不成，就又把孩子弄回来。后来就一直搬家啊。就开始搬到这里来。那如果不搬到这里来，我赖着读呢，说不定还可以读个一年级二年级。看学校就在我们队里，是我们大队办的学校。

另一个女孩，所秀，很幸运地有祖母帮忙照顾年幼的弟妹，所以她拥有上学接受教育的机会。然而，她在学校仅仅待了三年，便被母亲要求辍学回家，参加集体劳动，因为当时她的家庭中缺乏成熟的劳动力，而她是七个孩子中年龄最大的。

在我访谈的13位出生于1960年之前的“战后婴儿潮一代”的女性中，有4位从未上过学，而13位女性的平均上学时间也只有两年。事实上，在此我们可以对当时家庭中年长姐姐的共同处境做一个总结：在集体时代，作为家庭中年长的姐姐，她们极有可能被要求为了家庭的收入作出奉献和牺牲，或者回来照顾年幼的弟妹，又或者回来参加集体生产，而代价则是她们宝贵的受教育机会。尽管当时她们的年龄并不大，但她们对于家庭的贡献是很大的，有时她们的劳动力甚至可以完全改变家庭的经济状况。让我们回到所秀的故事。所秀当时被要求辍学回家参加集体生产，是因为家庭劳动力短缺，家里挣的工分不够支出，因此欠了生产队的债。而在所秀回家参加劳动一年后：

所秀：我回来做了一年啊，家里就不超支了。

黄：　后来条件就好一些了？

所秀：嗯，就不超支了呐。进了40块钱，爹爹高兴得不得了啊，用手捧回来的。（笑）

黄：　40块钱的收入？

所秀：就是把吃的什么都扒了之后，纯进40块钱。

黄：　等于说纯收入？

所秀：嗯。

许多既有研究都强调，集体时代是一个重要的时代，因为在这一历史时期，家庭中年轻女孩所做的贡献变得可见了，因为工分是以个体为基础进行计算的（Huang，1990；Potter & Potter，1990）；然而女孩们无法控制自己的收入，她们的收入一般落入家长的手里供全家使用（Potter & Potter，1990：126；Jacka，1997：33）。这或许会令人沮丧，但我的信息提供者也认为，将收入直接分配给这些女孩似乎是不可行的，至少在莲荷村是行不通的。因为首先，年末分配到各个家庭的收入属于净收入。也就是说，该收入是每个家庭当年获得的总收入扣除整年的谷物消耗和日常花费后的余额。由于谷物消耗是以家庭为单位，而非个体进行计算，所以想要计算出女孩一年消耗的谷物量是困难的，而要准确计算出她们的净收入也就是困难的。换句话说，除非她另立门户，自己做饭，否则想要她独自控制自己的收入是不现实的。在大部分情况下，对于抚养比高的家庭，如果年底能有一点净收入而不是超支，已经是够幸运的了。但是一般说来，女孩子的工作和贡献是她们自己家和集体都承认的。事实上，很多第二代女孩的母亲都公开承认，感谢她们大女儿们的牺牲，否则家里无法渡过那时候的难关。

当时，在集体劳动中表现积极的女孩，也就是大家口中的“先进女孩”或者“铁姑娘”，会比普通女孩获得更多的认可。她们一般尚未结婚，因此不会受到养育子女的约束（Croll，1985b；金一虹，2006）。在进一步讨论前，我们有必要来回顾一个“铁姑娘战斗队”前队员汉凤的故事。

汉凤：一般的，等于十几个姑娘，我们当时组成了一个“铁姑娘战斗队”啊，在我们公社里还是蛮有名的啊。那时候，我们湖里没有牛吃的青草啊，都是割的草给牛吃，到了冬天里草量就不足，我们就去这南湖里割草啊。我们十几个姑娘，在这里新湖十队。生产队里不放心，就用两个年纪大的带过来，带过来，在那里割草啊，割了半个月啊，晒干了之后才拖回去。我们十几个姑娘在生产队里算是可以的。有什么事的时候，哎呀，领导就说：“把他们突击队里的搞起来！”（笑）

黄：有什么紧急任务或者是大的任务？

汉凤：嗯。

黄：那时候你们突击队有没有什么荣誉啊或者说？

汉凤：荣誉，当时在县里不是市里，我记得有一次，下的雪比较大，曾经记载了一次的，就是看这个体制变动了之后，那个记者还在不在。

黄：哦，就是当时曾经有个记者报道过突击队？

汉凤：对对。报道了突击队。我们去的时候，那时候下的雪蛮大啊，我们十几个都去了的。我们去了还用照相机照的。

黄：您那时候觉得是出于一种什么样的心情啊？当时突击啊，或者完成各种各样的任务，您觉得是出于可以拿工分呢，还是出于一种荣誉感，所以干劲蛮足啊？

汉凤：哪有啊。比方说呢，这一片棉花啊，这几天要突击锄一遍草啊，那上工，就比一般的组要上得早一些。收工要比别人收得晚一些。再一个，棉花要在6月份啊，7月份的时候，出现一种三类苗，一类苗、二类苗、三类苗，三类苗就安排到突击队里去，施肥啊，搞那样的。

黄：比较难的任务就安排给突击队？

汉凤：嗯，比较难的任务就安排给我们。

黄：　那你们得的工分是不是比别人的多呢？

汉凤：得的工分还是按照当时的报酬。还有一次，收割的时候，收割的时候啊，别人晚上收工了，突击队里就在人家屋里，帮忙别人做屋啊，扒草，把草扒完了，总是上十点了，哎呀，那个搞什么无名英雄啊，那里还有谷没有割，几个人就去割谷去 。

黄：　就是不要别人知道啊？

汉凤：嗯，搞无名英雄么。就偷偷地把那一片谷都割了。那时候是还蛮好玩，一二十岁的姑娘么，我小一些啊，十七八岁啊，人家有的一二十岁啊，二十一岁啊，二十二岁啊，在一起，说搞就去搞了。（笑）

黄：　您现在想起那时候的事情，觉得有什么感受？

汉凤：觉得蛮好玩啊。

很明显，“铁姑娘”所追求的并不仅仅是工分。对于这些尚未结婚的农村女孩，她们不会对抚养家庭，以及劳动和照料家庭所形成的“双重负担”有过多想法。她们的劳动激情受到前面提到的意识形态宣传的鼓舞，其他村民的认可和关注，尤其是各级领导的认可。她们试图通过挑战传统的性别区分观念来证明自己，从而在她们的劳动生活中脱颖而出。

（二）“那时候还蛮好玩的！”

值得注意的是，虽然无论是“铁姑娘”还是普通女孩，都很少有机会接受学校教育，要辛勤劳作，还常常受饥挨饿，但是她们对自己女孩时光的描述都是欢快的。因为当时的集体劳动体制和依据年龄和性别进行劳动分配的方法，使得她们有机会与同一生产队的其他女孩一起玩耍和结交朋友。所秀是这样描述的：

黄：　你们那个时候，姑娘们蛮好在一起玩，玩什么呢？

所秀：做事么，有什么玩的呢？就是在一起做事。平时在一起玩呐，那时候也没有什么活动什么家伙的。我才开始搞事的时候，那一个大队还成立文艺宣传队啊，还跟他们搞搞那样的活动啊，唱唱歌啊，跳跳舞啊，排排节目啊，等大队里开会的时候，还可以表演表演节目啊，搞的玩一玩呐。我记得那时候排《心中的太阳红艳艳》，还叫我领舞。我那时候刚从学校里回来，就搞搞那样的，还唱唱歌啊。队里开开会啊，就算是活动。其他的时候，就是在队里一个劲地哼哼地做。就像在一起玩得好啊，栽秧啊，割谷啊，像栽秧啊，今天在哪里栽啊。像我们家，隔对面就隔得有点远啊，人家都还在东边那里住啊，好，假如说，今天在我们门口下的秧田啊，要在我们门口栽秧，她们头一天晚上就都跑到我们家里来睡啊。我那张床啊，就比这张稍微宽一点啊，自己做的架子床么，我爹爹打（做）的笆子在下面垫的，就自己用刺槐树凑的那个床，还是蛮宽。6个姑娘横着睡一床，睡到半夜的时候就起来怀（移栽）秧。那我妈妈还起来做饭给我们吃呢，就煮点糯米啊，或者用两个鸡蛋花一抛啊，这就是非常非常好的呐，在那个时候。

黄：　怎么半夜时候就起来怀秧呢？

所秀：那个时候，抢季节的时候，看哪个做得多一些呐。

黄：　都是那个时候起来怀？

所秀：嗯，要怀个把两个小时了，天才亮。

黄：　那怎么看得见呢？

所秀：看得到，就在田里摸。有时候把蛇都怀的捏在手里。

黄：　啊？

所秀：水蛇嘛，咬了人一会会就消了的，又不会怎么样。反正我记得那时候怀秧，不是怎么那个呢？大概要怀四五百个秧了，天才会亮。你想想。该一天到晚栽的田多啊。就是起床起得早。晚上又还一摸摸到很晚。起早摸黑的时候，都是在怀秧。因为看不见啊。晚上怀的，都是用来第二天栽啊，抢就抢的那么一点时间。抢不亮的时候，晚上天黑的时候。为了争那点工分，看是按照计件么。年轻人跟年轻人一起啊。

黄：　哦，计件就是比如这6个人在一起……

所秀：嗯，比如这6个人在一起，看那天队长宣布的要栽哪几个田，男的就去那一片整田，我们女的就去那边抢田栽。抢田啊，她们年纪大的随便怎么都没有年轻人会抢啊。后来我们结婚了，就抢不过这边人家年轻人了。（笑）抢的方法，就是最多提三个秧把子，或者两个秧把子，假如这一片田，这一块我觉得划得来一些，就把秧把子往那个田的角落里一放。放在角角落落的地方，放在别的地方，人家赶槽啊就要赶跑啊。快点跑，就把这个田抢着了。这个田划得来我就把这个田抢下，那个田划得来，我也把那个田角落里放两把。

黄：　人家看到了……

所秀：人家看到了，她就赶紧再去抢别的田啊，两把秧就表示那个田别人抢了，你就不用抢了。他那分好多小组呐，一个队，青年组有几个，中年组也有几个，还有老年组。反正自己抢了的心里有数的。我们这6个人啊，我们大概可以栽多少田呐。头一天就把田，队长先就说了的，要整的那个田，我们就抱着那些亩数放。反正你绝对不会说没有田栽的。因为分了工的，不晓得好多人。队长就是安排的，专门安排呐。安排你有好多男的整，好多耕田啊，好多赶槽啊，好多是专门赶肥的，这都分好了的。要栽秧的人要有田栽的，那安排的顺序都搞好了的，就抢着栽。那个时候，在一起玩，就那么回事。那就算是在一起玩一玩。玩一下啊，讲一下啊，或者有时候休息啊，一起上上街（逛街）啊，这就算是朋友。

黄：　上街干什么呢？

所秀：上街照相啊，那个时候还是蛮喜欢照相的，都是照得那么一点短的，三角八分钱一张，都照得那么短一点。那时候都是那样的，再不就是全身的，弄个包包一挎啊。那就是年轻人的活动。

黄：　那就是时髦的了？

所秀：嗯，那就是时髦的了。要么就是一天到晚在一起做事。（笑）

歌舞宣传对于当时的女孩来说是一种全新的体验，自然会引起她们极大的关注。对于农村的女孩，城市的街道不仅是赚钱的场所（例如，像她们妈妈那代人一样卖木柴），而且是一个花钱、消费和赶时髦的佳地。在聊天中，我也被告知，如果一个男孩和一个女孩被介绍相亲，见面之前互换照片在当时非常流行。除了照片，数量有限的革命题材类电影和当地的戏曲也是他们追随的对象。

在这样背景下的劳动过程是富有乐趣的，即使是对于那些积极分子。在女孩子们做了匿名的“英雄事迹”后，观看领导和村民脸上困惑和茫然的表情也是一种快乐。而对于更容易耕种的稻田的竞争也是一件充满欢乐和笑声的事。从以上汉凤的故事，我们可以发现，除了自豪感，乐趣也是她争做一个积极分子的重要因素。

除了劳动的乐趣，女孩间纯真的友谊也使得那段时光成为一段美好的记忆。集体劳动，尤其是根据年龄和性别进行劳动分配的分配方式，扩大了女孩们的社交范围，使她们不再局限于家庭内部间的交流（Davin，1988）。她们一起劳动，交流情感，一起赶时髦。这也是当时“结拜姐妹”现象非常盛行的原因。集体时代女孩间的友谊甚至在婚姻变革中发挥了至关重要的作用。20 世纪 70 年代，莲荷村新兴起了一种婚前仪式。较之第一代女性面临的处境，例如，男女双方大喜之日前不能见面，一种新的相亲形式，“当面”（即男女双方见面）成为一种必要形式。接下来，便是“看家”（即女方前去观看未婚夫的家，或是在入赘婚姻中，男方前来观看未婚妻的家），以了解对方家庭的状况。如果男女双方对彼此都有好感，那么接下来便是“叫老人”（男方带着礼物拜访女方的父母，或是在入赘婚姻中，女方带着礼物，前去拜访男方的父母）。如果该过程也是一帆风顺的，那么接下来男女双方便会步入婚姻的殿堂。在大部分情况下，女孩子的密友们都会陪着她走过这些流程。尽管女孩的伙伴没有决定性的影响，但是她们的意见会深刻地影响女孩是否接受这个男孩。朋友是女孩们从"当面"到结婚这个过程中分享快乐和分担忧虑的对象。

黄：　那时候队里有没有一起玩得好的？

淑春：有啊，我们有七八个玩得好的。要是哪个谈了朋友要"看家"啊，我们都一起去。要是哪个出嫁的话，就都一起买东西送啊，都一起送去人家去啊。

有些人甚至在婚后将和小伙伴的友谊发展成为拟亲属关系：

黄：　那时候有没有跟您玩得好的姑娘？

莲梅：有啊。

黄：　都是哪几个呢？

莲梅：跟我差不多的，就我们自己屋里的几个，华儿啊，虫儿啊，小儿啊，我们这几个都在一起。玉儿啊，桔儿啊，都是那一班的。那桔儿，也嫁到这里来了，跟我当亲戚来往了这么多年，到现在才没有了。

或许是因为婚后需要为更优越的生活苦苦奋争，或者是因为后集体时代面对的充满功利色彩的生活环境，又或者是因为婚后每天需要面对纷繁琐碎的生活小事，尽管这些女孩抱怨她们少女时期为娘家做出的牺牲，但是她们却对集体时期的少女生活充满了无限的怀念。曾经拥有亲密伙伴的女孩，在婚后因为自己繁重的家庭责任，而不得不在几年后结束这段珍贵的友谊，这反而加深了她们对于以前生活的想念。

(三) 婚姻、分家和子女照料

这部分主要考察集体经济和劳动体制，以及各种人口特征，如兄弟姐妹的数量、年长手足和年幼手足间的年龄差异、孩子的数量等因素，一起形塑了“大姐组”的婚姻、分家实践和孩童照料状况。我们也会探讨这些因素如何导致这些女孩的少女时期和年轻妈妈时期有别于其母亲那代人。

1. 同村婚姻与“嫁入城镇”

我们已从上文得知，除了劳动，婚姻也是集体时代的农村女孩改善自己本身和家庭生活质量的一种方式。从这个意义上说来，婚姻不仅意味着建立新的家庭，还意味着为女孩自己和她们的娘家带来更多的权力和机会。在某种程度上，这很好地解释了为什么在《中华人民共和国婚姻法》(1950 年颁布）推行 20 年后，违反年轻人意志的类包办婚姻依然存在，同时也解释了为什么“大姐组”中的女孩和同村男孩结婚或者嫁入城镇的比例持续上升。

在我访谈的 13 个“大姐组”女孩中，有 4 个的婚姻是没有征得她们自己同意的。而这些姻缘都是打着为娘家好、为弟弟好的名义缔结的。在这 4 名女性中，凤仪本来已经有了心仪的对象，但她的哥哥嫂子都不同意她嫁给那个男孩。最后，凤仪也没能嫁给那个男孩，而是和一个哥哥嫂子安排的男子结婚了。莲梅的妈妈则主张将她嫁给她自己娘家一个亲戚的儿子，声称“别把我娘家的关系丢了!”我访谈莲梅的时候，才弄清事情的来龙去脉。原来当时，莲梅不愿意嫁给自己妈妈安排的这个男孩，因为他是家里的老大，为人内向木讷，按照莲梅的话说“不会说什么好听的话”。而且，他下面还有好几个弟弟，家里负担重，肯定以后的日子不好过。所以虽然她母亲一直让她答应，但她还在犹豫，表示不愿意。但在 1978 年底，那个男孩来接她到自己家玩几天。因为本来是远亲，而且她的妈妈也一直鼓励，所以就去了，但没想到这次走亲戚决定了自己一生的命运。因为是自己母亲的娘家，所以除了那个男孩家，附近还有几家是亲戚。她一般白天在他们家吃饭，但晚上到附近其他亲戚家过夜，因为那家有跟她年龄相仿的女孩。但有一天，晚饭后，那个男孩的父母突然把她和那个男孩锁在一个房间里了，第二天早上才开门。这夜过后，不久，她发现自己怀孕了。我问她："那个时候这是不是这就意味着你只能嫁给他了？"她说："那个时候，我没得选择。如果是现在的话，我肯定有办法想。"我问："你能想什么办法？"她说："老子用药打胎！"但是那个时候，她没有办法可想。在肚子大起来之前，两家就把婚事商定了，她很快嫁了过去。如今，三十多年过去了，她仍然对这段婚姻不满。她也不满自己的母亲，因为对方家里当时的做法肯定是经过自己母亲默许的。另外两个女孩，淑春和玖桃则是被她们的母亲或者祖母要求嫁给同一生产队的男孩，虽然她们自己的内心是不情愿的。其中淑春的婚姻也是不幸福，婚后几十年里，她和丈夫都是剑拔弩张的关系。一度关系差到他们已成年的女儿都说，"你们干脆离婚算了！这样过大家都难受！"

事实上，集体时代的同村婚姻比例很高，这是很令人惊讶的。在很长一段时间里，同村或同姓婚姻是一个禁忌；而自 1949 年以来，这种情况得到了改变，可以说是革命以来比较大的社会变化之一了（Parish & Whyte，1978）。在莲荷村的一个前生产队，从 20 世纪 50 年代到 80 年代早期，就有八对夫妻本来就是该队的村民。这八桩婚姻牵涉到 16 个家庭，而整个生产队也只有 30 户人家，所以这个概率是很高的。在广东省的曾埠村也有类似的情况：在 1979—1981 年，生产队中 21%的婚姻属于同村婚姻（Potter & Potter，1990：200）。

这种现象是如何产生的？集体劳动制度是第一个成因：集体劳动为年轻人创造了一起相处和互相了解的机会。然而，在仔细研究以上八对夫妻的背景后，我发现，单单集体劳动制度并不能解释这一现象。首先，集体劳动是根据年龄和性别分配的，这就使得当时的男孩和女孩几乎没有机会一起工作。其次，上文提到，依照当时的主流意识形态，异性间的交流是不被鼓励的，当然只存在一个例外，就是男女干部由于工作的需要，可以与异性进行交流。在莲荷村也可以看到这样的情况：麦孜当时是工分记录员，而后来成为她丈夫的男子是同村的，是生产队的会计。他们几乎每天一起工作。因为会计的工作是计算每天每个农民完成的工作量，而工分记录员的工作是将会计的计算结果记录下来。玉华是当时的妇女队长，而卫新是生产队副队长，因此他们有很多机会可以一起工作。他们属于自由恋爱。但是对于更多的普通农村女孩，她们的婚姻则来自家庭的压力。但是为什么，尤其是在《婚姻法》和新的婚姻理念推行了20年后，陈旧的包办婚姻模式依然是许多年轻人的困扰。让我们先听听淑春的讲述。

黄：　您是好大的时候结婚的？

淑春：21岁。

黄：　您跟您老公是一个队里的，是人家介绍的还是？

淑春：是人家介绍的，是我的大大（姑姑）。哎呀，你说起那啊，我都生气。原来他们，那我的婆婆（奶奶）在的，给我当的家。我那时小啊，根本不懂事，哪里晓得什么恋爱啊，什么？人家就把他弄去我们屋里去了，哎呀，我左又为难啊右又为难，后来就答应了。

黄：　就是说家里的老的希望你们答应？

淑春：嗯。我那原来又不做主，都是我婆婆他们当家。他们那个的。

黄：　那原先在一个队里么，肯定认得啊？

淑春：认得是认得，我们话不多说啊。

黄：　都是年轻人么，怎么不说话呢？

淑春：哎呀，我们都不缠男孩子说话。

黄：　哦，一般女孩子跟女孩子在一起说话？

淑春：嗯。

黄：　你们谈恋爱谈了多少时间？

淑春：谈了一两年啊。

黄：　那谈的时候，原来还有什么当面啊，叫老人啊，看家啊？

淑春：我们没有哪个搞那样的，就接去玩了一下。

黄：　接去他们家里？他们那时候是在徐湾子住啊？

淑春：嗯。

黄：　那好近啊？

淑春：（笑）我婆婆就说近啊，近啊好照顾我弟弟他们啊，还可以照顾他们一下，是那样，才把我放在这附近的，不然的话，怎会把我放在这附近呢？

黄：　您那时候自己还是不愿意？

淑春：嗯，不愿意，是不愿意。

黄：　那时候自己就说，因为自己谈恋爱了，和跟自己玩得好的女孩啊，觉得关系和她们有什么不一样？

淑春：没有什么不一样，她们还有的在先谈的，我谈得蛮迟。

黄：　那时谈恋爱，您觉得您找男朋友有没有什么标准？

淑春：我那时候反正是什么也不知道，不晓得别人知不知道什么。反正我婆婆他们说同意啊，我就同意了。也没怎么说，后来要说退啊搞啊，他们不准退啊，就没有退的。

黄：　您怎么觉得不好呢？

淑春：在一个队里啊，那说起来，唉，那现在过去了的事，说起来没有意思，不说了，说了就是吵架，真的。

此外，淑春也提道：

好气人啊。我们原来好受他们的踩啊。我们两户人家最受气的。就是我爸爸和叔叔他们。他们原来最欺负我们两家了的。没有当官的。现在好自由了啊。又没有哪个管啊，自己想玩就玩啊，想做就做。原来在队里的话，你迟一点点了的话，又要给你扣工分啊又要干什么啊。现在不晓得好自由。又不怕哪个说了，又不怕哪个给我把工分评少了。那时候工分评的又少。

讲到这里，一切都不言而喻了。淑春，作为家里最大的女儿，为什么会被要求嫁给同一生产队的一位青年？两家在地理位置上仅仅相距 50 米。

因为淑春即使出嫁后，依然距离自己的娘家很近，一方面，她可以继续照顾年幼的弟弟妹妹，而更重要的是，她的婚姻可以为自己娘家带来新的势力，这样就可以抵抗来自村里干部的欺负，抑或是生产队中由于职权关系造成的其他不公待遇。基于其他地区的民族志研究发现，将女儿远嫁到他方而非本村，从互助合作和劳动力交换的角度考虑，有助于扩大原来家庭的社交范围（Potter & Potter，1990：205）。然而这种论断并不适用于集体时代。在集体时代期间，人们每天的日程是被安排好的，人们的劳动是集中进行的，生产队干部，尤其是男性生产队干部，享有绝对的领导权。在这样的情况下，一个家庭中的女儿，尤其是年长女儿的同村婚姻（因为年长女儿的婚姻将更早地使家庭受益），其实是一种“外交”策略，一种增强自家势力的“外交”策略。而这也是集体时期的同村婚姻比远嫁他乡更受欢迎的原因。

在集体经济和乡村政治的影响下，扩大家族势力的需求一方面推动了同村婚姻的发展，另一方面，也增强了村民与处在社会阶层优势地位的人（如干部，抑或是持有城市户口的人）建立婚姻关系的渴望。在本章的开始部分，我们分析了农民可能获得城市户口的方法，并同时指出，相对于男孩，女孩获得城市户口的机会是非常渺茫的。相较于努力成为一名当地的干部，抑或是参军入伍，女孩通过自己的婚姻来提高自己的社会地位似乎是更为现实的方法。然而出嫁到城镇也只是少数女孩敢于幻想的事情。一般情况下，一个农村女孩出嫁到城镇，并不一定就可以获得城市户口（赵耀辉、刘启明，1997）。根据我的观察，在性格重于外貌的集体时代，那些在公众场合和政治事务中积极主动的女孩要比普通女孩更有可能引起城镇男孩的注意力。在莲荷村中，李群的妹妹就是这样一个女孩：

> “我妹妹很积极的。她接受了党的教育，入了党。她真没有种好多田。先是在大队里教小学，后来参加工作组，在别的大队开展运动。后来在公社的供销社里卖东西。到快30岁的时候，她嫁（给）了水产公司的一个工人。”

对于大多数的普通女孩，想要嫁给一个城里人，并不是一件容易的事。然而，其中一些女孩会以似乎有些"委屈自己"的方式来实现自己的这个心愿：

> 所秀：那时候，我们那一带有好多，人家不晓得是乖一些还是什么，就找那就业的，找单位上有残疾的，残婚的啊，我不像那么想。我就觉得那样做好像是满丢人的一种做法，像把自己降了一等。

不管怎样，嫁给一个有城市户口的人，确实可以给那些女孩的家庭带来一些福利。例如，他们可以得到一些原本只对城市居民出售的商品。仅凭这一点，就足以让其他村民和干部羡慕不已。而村中的干部，也不再轻易地刁难这些女孩的家人。

2. 计划生育、分家和子女照料

上文提到，尽管第一代和第二代女性在自己初为人母时的时代背景均为集体时代，然而两代女性的经历却相去甚远。而原因就在于她们各自的人口特征存在较大差异。例如，第二代女性会拥有为数众多的兄弟姐妹，她们的兄弟姐妹间会存在较大的年龄差距，但她们自己的子女数量有限。

首先，相对于第一代女性，第二代女性拥有较少的子女，这就使得她们家庭中的抚养比没有那么高，而这一点也进一步影响她们婚后对家庭的管理。前文提到，尽管之前计划生育政策在中国农村的推行扶摇不定，但是当第二代女性处于育龄期间，大约在20世纪70年代中期，此时计划生育政策的执行逐步变得严格起来。这不仅意味着她们至多拥有三个子女，同时也意味着子女之间的年龄差要至少为四岁。同时，从公婆的家庭的角度来讲，媳妇的加入，对于一个原本劳动力短缺的家庭，无疑是一个可喜的转变（Croll，1985b：60）。由于被抚养者—劳动者比不再那么严峻，子女少意味着需要的照料工作也少，这使得年轻一代的核心家庭在当时受到了大家庭的欢迎。这似乎是一种双赢的境地，第二代女性此时会与其婆婆分工合作：婆婆会选择待在家中，照顾孙子孙女，同时负责全家的家务；而年轻的妈妈则和其他家庭成员参加集体劳动。而这也解释了为什么有些女性称，她们与公婆一起生活了七年，甚至十年后，伴随着1983年非集体化时代的到来，她们才与公婆分家，独立生活。

其次，由于第二代女性这一代人拥有众多的兄弟姐妹，这一点使得情况更加复杂，也缩短了她们与公婆一起生活的时间。对于其丈夫属于家庭中的长子，而丈夫拥有众多兄弟姐妹的女性来说，情况更是如此。在这样的大家庭中，尽管媳妇是新增的劳动力，但是不再那么年轻的婆婆仍然希望为家庭赢得更多的工分。由于她们尚有年幼的孩子，所以大家庭中的抚养比依然是比较高的。在大部分情况下，当自己年幼的子女放学回家后，婆婆会将孙子孙女交给他们来照料，自己去忙家务，甚至参与集体的劳动。这种临时改变孩童照料者的做法，反而经常使得年幼的婴儿或是刚刚会行走的孩子处于无人看护的境地。所秀提到她的女儿就几次三番地掉到水里。

黄：在集体里的时候，那您搞事（干活）去了，哪个在家里引小孩呢？

所秀：搞事婆婆子在家里引啊。要么说婆婆子喜欢偷偷地搞事呐，她只要是星期天，孩子们、叔子们不上学啊，就把孩子交给他们，她自己去搞事啊。就是因为她偷偷地搞事，大姑娘小时候掉了几次在水里，差一点淹死。就是那个事啊，她又喜欢偷偷地去搞事的。她爸爸喜欢说，我又不让他说的。你想，这么大个家，家大口阔，你看，小叔子、小姑子，好多啊，没有人做事。像我还在娘屋里的时候就是呐，弟弟妹妹多了，家大口阔，没有人做事。来这里来，又是的。婆婆子去引孩子的话，就公公做啊，我们两个人啊，大姑子做，四个人做，就有一多半的人吃闲饭。还有四五个不做事的。婆婆子在屋里引啊，不是星期天她就没有办法得，不是星期天她就必须在屋里引啊。在屋里引，只要是星期天，她就做事去，叫他们引。他们又不负责任的。大姑娘刚刚学会走啊，就掉到水里了。掉了三回，多危险啊。

> 一回，掉在门口的那个水葫芦池子。每家每户门口都挖的那么一个池子啊，她又喜欢玩水的，一弄就崴到那里去了。他们又不注意的，只想玩他们的。

因此，两代间的劳动力交换存在着不平衡，这就引起了年轻一代心中的不满和愤懑。这一点增强了他们从大家庭中分离出去的决心，而这一决定有时会引起两代人之间激烈的冲突，甚至影响日后他们直接的关系。莲梅的丈夫是长子，他们在婚后有时候甚至都吃不饱，因为她的丈夫有五个年幼的弟妹。他们要分家的要求惹怒了丈夫的父母，所以当时莲梅的婆婆拒绝照看她新出生的女儿。当然婴儿的性别也是其中的一个因素：莲梅的公婆对于他们的第一个孙辈是女孩不是很满意，而这种看法反过来也激怒了莲梅。后来，莲梅的公婆决定用她超额完工得来的奖金去给他们自己还债，却没有征求莲梅的意见。莲梅知道后表示拒绝，而这引发了两代之间巨大的冲突：她的公公试图拆掉他们住的屋子，而当她的丈夫试图去阻止时，她的婆婆把他的手咬得鲜血淋漓。冲突的顶点发生在莲梅生了二胎之后。她的二胎还是女儿，但孩子从小就生病，需要不断跑医院。莲梅送孩子去医院时，希望婆婆能帮她照看大女儿，但被拒绝了。后来小女儿死在了医院里。这件事让莲梅决心不再和他们往来。两代人隔阂了多年，到老一辈年老时，莲梅也不愿意照顾他们。

但是无论如何，孩子总归需要人照看。向娘家求助是当时这群女性普遍的解决方法。如果她的母亲需要在家中照看她弟弟的孩子，那么多看一两个孩子也无所谓。作为年长的姐姐，她们一般都会有年幼的弟妹。如果没有更好的办法，她们只能把自己的孩子交给自己的弟妹看护。当然，丈夫的弟妹本来也是选择之一，但由于夫妻二人对于分家的要求破坏了和公婆一家的关系，所以丈夫的弟妹们往往会拒绝提供帮助。华蕾丈夫的妹妹最初会帮助他们洗衣服和照看孩子，但是在他们分家有了自己的核心家庭之后，即使他们仍然和大家庭生活在同一屋檐下，此时丈夫的妹妹不仅拒绝帮助他们，而且还会把洗衣粉锁起来，拒绝给他们使用。华蕾别无选择，只能把自己的孩子交给娘家的弟妹照料。另外，同村婚姻也为当时的女性带来了便利，她们可以方便地把自己的孩子交给母亲或弟妹照看。例如，淑春会在每天早上把孩子带到娘家，然后在晚上将孩子从娘家接回自己家中。

除了两代劳动力交换之间的不平衡这一因素，集体解散也加速了年轻夫妻从大家族中分家的脚步。对于后一种情况，我们将在下一部分进行详细的阐述，因为这其中主要涉及“小妹组”的家庭。对于“大姐组”，集体解散后颁布的新土地政策成为年轻夫妻要求分家的最后推动力。根据国家政策，每个家庭拥有半亩土地作为私有，剩余的土地将会根据家庭成员的数量，承包给各家各户。新土地政策的实施，在很大程度上促使潜在的分家意识演变成切实的分家行动，因为私有的半亩土地是以户为基础分的，并且不用交税。

三、小妹组：得与失

现在让我们把目光转向第二代女性中的“小妹组”这一群体。首先，我们先来了解一位叫萍芳的女性的生命故事。

（一）萍芳的生命故事

萍芳生于1969年，是家中六个孩子中的老五，有三个姐姐，一个哥哥，一个弟弟。她的大姐上了不到三年的学，就被父母叫回来参加集体劳动。两个小姐姐到五年级的时候也被叫回来做事了。家中排行老二的大哥一直读到高中。萍芳小学毕业后初中读了一年。她自己不想去上学了，因为一次考试，她犯了几个简单的错误，被老师嘲笑了。最小的弟弟初中毕业，但没有考上高中。萍芳从学校辍学回家后没有种地，因为家里父母和几个姐姐已经提供了充足的劳动力。那时候大哥也读完高中回乡种地了。1983年，集体解散了，她爸爸就在大队部那里开了一个点心铺子，萍芳就在那里帮忙。一年以后，她爸爸回家，把点心铺子交给萍芳打理。点心铺子一年能给她们家带来约2 000元的收入，比家里其他成员挣的合起来都多。她在大队部认识了一些也在那里做生意的女孩，和她们关系不错。她们中有的做裁缝，有的理发，也有在小卖部卖东西的。她们平时都在一起，聊八卦、吃零食、赶时髦。她们挣的大部分钱是要上交给家里的。即便如此，她们的零花钱还是比那些在家里务农的女孩多一些。在那时，她们算是村里最时髦的一群女孩了。

到18岁的时候，她的大姐（那时候早已经出嫁了）催她找男朋友。那时候也有不少男孩子在大队部那里做生意。像萍芳她们这样的女孩的家人就很忧心，担心自己的女儿跟那些男孩发展出什么关系，让家里蒙羞。因此，有一个固定的男友会比较好。很快，有一次，萍芳的大姐家盖房子，她去帮忙。一个叫东平的男孩看见了她，央求萍芳的大姐、姐夫给他们俩牵线做介绍人。东平是萍芳姐夫家那边的亲戚。两年后，当萍芳20岁，依据《婚姻法》可以结婚了，他们俩结了婚。东平是家中老四，上面一个哥哥两个姐姐，下面一个弟弟一个妹妹。不到一年，他们俩想跟父母分家。此时东平的大哥早已经成家分出去了。至此，三件大事：嫁最小的妹妹、给父亲养老和给母亲养老，在三个儿子间进行了分配。最后，根据抓阄的结果，东平他们要给父亲养老。至于房子，东平父母盖的砖房估价5 000元，平分给东平和他尚未成家的弟弟。最后，弟弟决定还是住在原处，给了东平夫妇2 500元，让他们搬出去自己另行盖房子居住。一年后，拿着这2 500元和从东平大姐及萍芳娘家借的1 000元，以及一年内他们夫妇俩挣的钱，他们在离老房子一百米之外的地方，盖了自己的房子。

（二）学校教育和非农职业机遇

"小妹组"在出生次序上属于家里比较小的孩子。而且，她们的少女时期逢上集体制度的终结，这给了她们比"大姐组"的女孩更多的教育机会和从事非农职业的机会。首先，由于她们年长的哥哥姐姐帮忙缓解了家庭对于劳动力的急切需求，她们在年幼时则不需要为了家庭的生计而劳动。其次，她们在1978年改革开放前后才步入自己的少女时期。这一时代背景为她们提供了从事非农职业和学习特定技能的机遇。

根据“大姐组”和“小妹组”两个群体自己的描述，后者比前者拥有更高的受教育水平。根据我收集的七个妹妹的案例来看，她们的平均受教育时间为七年，这一数字要比姐姐群体的两年高出很多。同时，许多年长的姐姐会被家庭要求辍学回家以参加集体生产，而家庭中很少有妹妹会面对这样的要求。一般只要她们自己想要上学，家中是不会有人反对的，除非是她们自己因为学习成绩不好而主动决定辍学。

即使她们辍学回到家中，也不会被父母急切地要求参加生产劳动。如果她们年龄尚小，无法从事农业生产，她们则会在家中待上一两年，帮忙做饭、洗衣服，准备猪菜，或者帮忙照看哥哥姐姐家的孩子。然后，她们会去学一门手艺，如裁衣、理发、糕点制作，等等。她们也可能会在县城的工厂中打零工，又或者给某个个体户打工。她们可以享受到改革开放带来的种种机遇，而这些对她们的姐姐们来讲已为时已晚，因为在改革开放到来之前，她们就已被培养成标准的、从事农耕的农民。在第七章，我们将一起探讨这一迥异的人生经历会如何影响这两个群体婚后的生活。

（三）婚姻、分家和“三重任务”

非农职业和新的劳动组织方式也为妹妹这一群体带来了新的婚姻实践、分家模式，以及新的照料子女和家务劳动的安排方式。伴随着集体劳动制度的废除，当地干部也渐渐失去了自己曾经的权威。而曾经一度盛行的借助女儿的婚姻来增强自家势力的“村内结亲”策略也变得无足轻重。而非农职业为年轻男女创造了更多相处的机会和空间，婚姻自由越来越成为年轻人的追求。“自谈”（男女双方自己决定是否开始一段恋爱关系）的比例在上升，不过大多数情况下，他们仍然需要媒人在中间穿针引线，完成从开始到结婚的一系列仪式。但是，婚姻自由也为父母带来了潜在的忧虑，正如萍芳的故事。婚姻自由很容易将女孩置于不利的境地：万一女孩在婚前怀孕该怎么办？以前，在集体时代，集体劳动使得男孩和女孩几乎没有时间约会。由于几乎没有自由活动的机会，他们当时的约会地点被限制在各自的家中，这样便会受到父母的监管。而现在，他们可以控制自己的约会时间，而非农职业为他们提供了各种各样的、超出父母监管范围的约会场合。这一切都促使父母要求他们的女儿严肃地对待自己的恋爱关系，且尽可能早地结婚。在第六章，我们将详细地讨论，当代中国农村的婚姻自由如何使第三代女孩（“计划生育”政策下的第一代）处于一种危险的愉悦当中。非农职业和夫妻之间的感情将深深影响妹妹这一群体的婚姻。在某种程度上，恰恰是以上两点重塑了家庭中惯有的劳动性别化分工（例如，丈夫帮忙做家务）。这些将会在第七章详细阐述。

1983 年，集体化的结束所带来的新的劳动制度和非农职业机遇再一次推动了分家的浪潮。首先，曾经的两代劳动力交换策略再一次受到挑战，甚至已不可能实现：一方面，婆婆更急于到自己的田地里劳作，而无暇待在家中照看孙子（女）；另一方面，集体的废除所带来的劳动灵活性为年轻的妈妈创造了自己照料孩子的机会。而且，基于土地产出，而非劳动力数量的分配体制，以及子女数量有限，使之前不平衡的“受抚养者—劳动者”比例不再困扰年轻的夫妇。这反过来也意味着年轻夫妇无须再因子女的免费照看问题而与大家庭生活在一起。

而且，在集体制废除的同时，集体为农民建房砌墙的福利也随之结束，这一点也引发了分家。在集体时代，集体会为村民建房提供劳动力和材料的支持，而村民自己要提供伙食。但是在 1983 年集体制废除后，新婚夫妇不得不依赖于自己的力量建造新房。莲荷村一贯的做法与萍芳的故事类似。老一辈人建造的老房子经过评估，得到一个确定的价格之后，在几个儿子间平分。一般老房子归最小的儿子所有，他会以现金的形式支付属于哥哥的份额，因为他往往是最后结婚的。对于哥哥，除了从弟弟那里获得的现金补偿，他们自己仍然需要积累资金，才能建起自己的新家。他们从大家庭中分离出去得越早，也就可以越早地为自己的家庭奋斗。换句话说，建房已成为引发分家的主要因素。对于年轻一代人的决定，当时的村民在内心是理解和体谅的。银花几乎在结婚一年后便想分家，但是她的公公和婆婆是不乐意的，因为当时银花的丈夫是家中主要的男性劳动力。后来，一个村民问她的公公："你给他们盖房子吗?"她的公公说："我没那个能力。"然后那个村民又说："那你还不让他们分家！让他们分吧，他们有自己的日子要过!"在改革开放时期，年轻夫妻对于分家的要求不仅是一个普遍的要求，而且是受到同情和道义支持的。

集体制的废除所带来的非农机遇也在某些方面促使年轻夫妻与大家庭分家。年轻一代在非农工作过程中相遇相爱，这种夫妻之情淡化了儿子与老一代父母间的感情，也进一步缩短了年轻夫妻与大家庭一起生活的时间。萍芳在婚后不到一年便与公婆分开生活，这在当时是正常的。而对于娇红，她甚至在结婚前便提出了分家，这也并非不正常。此外，由于年轻夫妻拥有娴熟的技术和非农工作的经验，在市场经济中，他们比自己的父辈拥有更强的赚钱能力（阎云翔，1998）。当年轻夫妻为赚钱积极构思各种新想法时，与大家庭生活在一起反而成为他们将新想法付诸实践的阻碍。当年轻一代意识到，他们只能从父母手中获得结婚的费用和老房子的一部分之后，曾经预期的两代间的平衡再次被打破。所有这些现实因素都使改革时期的两代分家成为一种正常现象（王跃生，2006）。

伴随着分家速度的加剧，老一代在家中照看孩子和负责家务，在吃用上依靠年轻一代的思想观念，已变得不具可行性。对于"小妹组"，赚钱的机会与家务、照顾孩子之间的矛盾变得更加尖锐：一方面，她们需要照顾子女和做家务；而另一方面，市场经济下的各种赚钱机会深深地"诱惑"着她们。可以说，所有这一切构成了她们的"三重任务"。这些冲突和矛盾如何影响她们的劳动，以及劳动的性别分工？本书将在第七章解答这些问题。现在，先把焦点集中在子女照顾这个问题上。

以上提到的各种冲突和矛盾使对年幼子女的照顾不稳定，因为没人是固定的照料者。照料任务是否繁重，在一定程度上也取决于孩子的大小。一般情况下，当这些孩子还是乳臭未干的婴儿时，他们的妈妈会亲自在家中照顾。而集体制废除后劳动时间颇具灵活性，这使年轻的妈妈可以这样做。另外，一些女性告诉我们，农业不挣钱。因此，有时候，她们会放弃种植一些经济作物，如棉花或者菜籽，而在家中照看孩子。她们的另一个主要求助资源是她们自己或者丈夫的侄女，尤其是当侄女们放暑假的时候。在这里我们会看到一种非常有趣的互惠关系："战后婴儿潮"一代的兄弟姐妹间存在较大的年龄鸿沟，因此，当年长的手足需要帮手来照看他们的孩子时，他们年幼的弟弟妹妹可以伸出援手；而当曾经的年幼手足需要人来照看他们的孩子时，此时他们哥哥姐姐的孩子已经长大，可以帮助他们照看孩子了。

四、本章小结

总而言之，"历史的代"与"生物的代"交互影响，造就了集体时代"大姐组"与"小妹组"的"分裂的一代"的现象。这进一步影响了这两个群体的少女时期和初为人母时期的生活经历。采用 TSOL 模型的整体性视角，本章分别探讨了这两个代内单元的女性"谁在做，做了什么，是为了谁"的问题，发现她们的经历是不同的，但又彼此相关。在集体经济中，作为家庭中年长的孩子，"大姐组"的少女时代缺乏上学的机会，并且不得不为了家庭而辛苦劳作，这使她们的少女生活和其母亲一辈比较相似；而对于家庭中出生次序靠后的妹妹们，1983 年集体制的废除，为其创造了更多受教育和参加非农工作的机会。伴随集体制消失的还有干部群体所享有的绝对权威，以及令人紧张的政治环境。农村家庭不再试图借助"妹妹"群体的婚姻来增强自家的势力，而这种企图心在"姐姐"群体的婚姻中是昭然若揭的。非农职业为"小妹组"的婚姻自由价值观创造了更广阔的践行空间。与此同时，两个群体所共有的人口特点，如手足众多、子女偏少，加速了年轻夫妻与大家庭分家的步伐，从而形成了核心家庭涌现的局面。集体制的废除，进一步加速了这一历史进程。而较大的年龄差距使两个社会群体在照顾子女的问题上达成了一种互惠关系：年幼的妹妹群体帮助姐姐群体照看子女，而当自己也有了孩子需要别人帮忙照料时，哥哥姐姐家中已然长大的子女，尤其是女儿，可以提供帮助。本章再一次表明，政治力量，尤其是计划生育政策和经济改革政策，在劳动组织过程中至关重要。但这些在 TSOL 模型中是有些受忽视的。

第三部分

改革开放时期（1983—2013）的劳动、闲暇和性别

在莲荷村，集体制度在1983年正式结束，也标志着改革开放时代的正式开始。本研究所关注的第三代，是在改革开放时期成长起来的、自身的出生受计划生育政策影响的第一代，文中我们称之为“计划生育一代”。在这一时代，社会经济和人口背景如何影响当时女性的劳动和闲暇生活？另外，处于不同人生阶段的女性又是如何分别走过这一历史时期的？这是本部分将解答的问题。基于历史时期和个体人生的交织，该部分将展示几代人的多个生命历程阶段：该部分将研究“计划生育一代”的少女时期、初为人母时期，并沿着上一章，继续探讨“战后婴儿潮一代”的母职状况，焦点则集中于性别间的权力关系。该部分也会对第一代女性以及第二代女性中的“大姐组”的晚年生活给予阐述。最后，该部分将对改革时期各代女性的闲暇方式进行比较。不过，在深入讨论前，我们有必要先来了解一下改革时期的社会经济、政治和人口背景。

对于改革浪潮中的农民而言，最重大的改变莫过于土地和劳动制度的变化。截至1983年底，全国98%的生产队都接受了家庭联产承包责任制，尽管土地依然归集体所有，但每个农民家庭可以以家庭人口为核算基础，以签订合同的方式承包一定量的土地，获得15年或者更长时间内的使用权。此时的农业生产任务由每个家庭独立组织完成。对于产出，除了根据合同将一定量的农业产出按照合同约定的价格出售外（即“交公粮”），农民可以拥有剩余的农业产出。改革初期，农民的确是受益的。除了种地和家庭副业之外，国家鼓励农业实现多样化和专一化，从而提高农业收入(Croll，1985b)。与此同时，乡城迁移政策放松，农民得以到城市寻找工作机会（Entwisle & Henderson，2000）。家庭副业和“庭院经济”（即在家庭庭院中从事的经济活动，而非农事）尤其受到妇联的倡导（Jacka，1997）。学术研究也欢迎改革给农村女性带来的新的劳动机遇，大量研究主要聚焦于家庭副业、“庭院经济”、乡镇企业、农业及城镇的非农产业中所出现的新的两性关系（Jacka，1997；Judd，1994）。

然而，中国农民在改革中的受益远不及城市居民。首先，“人多地少”的老问题非但没有解决，反而变得更加棘手。原因一方面来自后革命时期，“婴儿潮”导致的人口剧增，另一方面则来自国家为了发展工业对农业土地的征用。其次，更重要的是，一系列的“城市优先”政策拉大了城乡居民的收入差距。这些政策的宗旨在于开发农业，以加速实现工业化。例如，以利于城市为目的的价格剪刀差政策扭曲了市场价格结构（Knight，1995）。利于中央财政的税费改革加大了地方政府向农民征税的动机，其结果是加大了各种杂费的比重，加重了农民的负担，从而使种地无利可图（周飞舟，2006：7）。此外，在公共物品上，中央政府的资金或物资投入的受益对象主要是城市居民，而农民则需要自己为自身的医疗、教育和养老等买单。

另外，营利性的经济活动，例如，家庭副业和“庭院经济”，并不能在长时间内保证高收益，因为成功的生产模式会吸引更多的生产者，从而引起价格下滑（Jacka，1997）。更重要的是，自20世纪90年代以来，在中国深入推进市场化的进程中，乡镇企业生产产量下降，能提供的职位减少（Field et al.，2006）。即使乡城迁移政策些许放松，农民可以到城市寻找工作机会，但是他们并不能改变自己农村户口的身份，因此并不能找到一份包含相关福利的正式工作。这一点使他们成为弱势群体，在城市中成为二等公民（周其明，2000）。在20世纪70年代后期到1985年短暂的黄金时代过后，中国农民被飞一般的中国经济列车越落越远。国际上可接受的合理城乡居民人均可支配收入比是1.5倍。在中国，1980年，城市居民的人均可供支配收入是农民的2.5倍。在1985年，该比例下降到1.86，但在接下来的几年持续上涨，并在2002年首次突破3，达到3.11，并在2007年达到顶点3.33倍。之后的几年持续在这一水平，直到2014年，首次下降到3倍以下，达到2.92倍。2017年城乡居民人均可支配收入比维持在

2.71倍（中国经济网，2015；中国经济网，2018）。

巨大的城乡和地区发展不平衡给予了农民，尤其是贫困地区的农民改善自己生活的动力，特别是改变他们在城市中作为二等公民身份的动力。在前一部分，我们曾提到，集体时代中，农民要获得城市户口、变成城市居民的可行路径主要有提干和参军（在军队提干或转业后提干）并入党获得共产党员的身份。在改革时期，这两种途径，尤其是后者，即使并非不可能，但实施起来也是极其困难的（Potter & Potter，1990）。1978年高考恢复，新生招募以考试成绩为考核要素。此时，努力学习，以考入大学，从而将自己的农村户口转成城市户口，成为农村年轻一代改变自己及社会地位，甚至整个家庭生活质量的主要（如果不是唯一）途径（翁乃群，2009）。然而，由于农村教育事业的投入非常匮乏，这不仅导致农村青年需要面对糟糕的学习环境，而且也加重了农村家庭的教育负担。在当代中国，教育和医疗被视为导致农民普遍贫困的两个主要因素（孙立平，2007）。

从上文，我们可以看到，迈入21世纪后，城乡居民收入比逐步下降。这应该跟一系列政策的施行有关。首先，2006年1月1日，国家全面取消农业税，减轻了农民的负担。其次，2006年9月1日，修订后颁行的《中华人民共和国义务教育法》明确规定："实施义务教育，不收学费、杂费"；2007年春天，这项改革被推广到全国农村；同年秋季，全国农村义务教育在免交学杂费的同时，还免收教科书费，这减轻了农民子弟九年的部分教育费用。最后，2009年政府开始实施的新型农村社会养老保险，将基础养老金、由农民缴费和政府补贴组成的个人账户养老金相结合，对农村老人的养老有一定的帮补作用。

在人口政策方面，影响最大的应该是"计划生育"政策的全面推行。但"独生子女"的政策在农村的推行中受到了一系列的阻力，最终农村的"独生子女"政策更改如下：如果第一个出生的孩子是女孩，农民夫妻可以在四年后生育第二个孩子；如果第一个出生的孩子是男孩，那么该夫妻之后则不能再生育第二个孩子。该修订版的人口控制政策自1988年在中国农村广泛推行（Davin，1991）。这样一来，理论上讲，农村家庭中孩子的性别结构应该是这样的：一半家庭只有一个儿子；四分之一家庭拥有一个女儿和一个较小的儿子；另外四分之一家庭拥有两个女儿。根据我在汉水县的观察，也存在因政策实施过程中的不稳定所导致的例外情况，甚至还存在少数的违规现象。但总体上来说，“计划生育”政策贯彻得比较彻底。

所有这一切构成了改革时期农村女性的社会经济和人口环境。本部分不仅探索几代女性的多个生命历程的不同阶段，而且还会对几个女性群体进行比较。例如，第六章主要研究“计划生育一代”的少女时期和初为人母时期的生活；第七章则对第二代和第三代女性的母职状况进行比较；第八章研究第一代女性（甚至包含她们的母亲一代）和第二代女性中“大姐组”的老年生活；第九章则比较了三代女性在改革时期迥异的闲暇生活。

第六章

“计划生育一代”已长成：改革开放时期的女孩们

1979年，“独生子女”政策在中国实施后，新出生的一代人被称为“计划生育一代”，如今这一代人早已长大。改革时期的社会经济和人口环境（正如上文所述）如何影响她们的少女时光，以及之后她们初为人母的生活？她们的这两个人生阶段相较于其妈妈一代和祖母一代有何不同？通过研究计划生育一代女性的以上两个人生阶段，本章将对以上两个问题做出回答。文章会分别从她们的教育、劳动、闲暇及婚姻几个方面进行分析。

一、“跳出农门”：教育和性别平等

谈及第一代女性和第二代女性中的“大姐组”的受教育问题，我们目睹了其孱弱的地位；而由于所处时代背景的优势，只有“小妹组”享受了更多的教育机会。那么在改革时期，特殊的社会经济和人口环境又给第三代女性带来了怎样的影响呢？在进一步分析以前，让我们先来看看一个莲荷村女孩夏晴的故事。

（一）夏晴的故事

夏晴出生于1986年，有一个出生于1983年的哥哥。她7岁时开始到位于另外一个村子的中心小学就读。事实上莲荷村以前是有一所小学的，但因为村里的学生越来越少，镇里决定在比较中心的一个村子建一所小学，供邻近十个村子的孩子就读。几乎所有学生都是农村来的。夏晴上学后，不需要帮父母做任何家事。她妈妈总说：“在家里你不用做什么事，好好读书，考高分就行了！只有‘跳出农门’，要不你没有什么别的出路了！一辈子待在这农村里是没有什么希望的！”从夏晴上小学开始，类似的说教一直伴随着她。不仅父母讲，在学校里，老师也这样讲。

小学三年级时她就开始住校了，因为老师认为她属于有希望的学生，成绩比较好，要住校多学点知识。住校补课当然是要花钱的。她说她曾经想当一名科学家，但这个梦想随着课业日渐繁重逐渐消失了。在初中时，老师教育他们的是：这三年你们要做的唯一一件事情就是考一所好高中；在高中时，老师又教育他们说，进高中的意义就是上一所好的大学。父母说着同样的话，周围的亲戚也是如此。同样的说教周而复始，夏晴说她也变得越来越实际，不再有什么梦想。

在高中，除了农村孩子之外，也有了城里的孩子，因为这个高中是面向整个县的。许多城里的女孩开始赶时髦，男孩子则沉迷于网络游戏。那些成绩实在太差的孩子基本上都回家不读了。夏晴学习非常努力，在班上也名列前茅。但高二时，她突然例假异常，每个月有几天总是血流不止，伴随着腹部的剧烈疼痛。随后她总是觉得头晕，记不住东西。这严重影响了她的学习，眼看成绩越来越差，不得已，她决定休学一年去治病。休学的那一年，父母带她到处求医。这是记事起，她在如此长的一段时间里和父母待在一起，之前从10岁起她就开始住校了。也是人生第一次，她和妈妈分享这么多的感情和观点。之前，她总是觉得妈妈重男轻女，偏爱哥哥，因为当她和哥哥争执时，妈妈总是站在哥哥那一边，不过爸爸总是站在她这一边。1998年，她的哥哥15岁，初中毕业。他成绩不好，没考上好的高中，而且即使是普通高中，学费也高得吓人，每年要2 000元，生活费每年2 000元。

但他们家那时候每年的纯收入是6 000元。而且，夏晴也在上学，她的成绩比哥哥要好得多。思量一番，哥哥决定不读了。回家后他在家里待了五个月，帮着做点简单的农活。那之后他就去给一个中医做学徒。在那里待了三年，但那个中医给了很多中医书给他读，他觉得好不容易不要上学了，还要读这么多书，觉得让人头疼。于是他不想干了，转而跟着他的叔叔学室内装潢。后来又到深圳的厂里去打工。夏晴在身体好一些之后就返校了，但之后病又复发。她很绝望，一遍一遍地跟父母说，不想读了，回家算了。最后她妈妈都同意了，但爸爸没同意。也正是因为爸爸的坚持，她没有辍学，坚持到高考。几年后的一次父亲节，她给爸爸准备了礼物卡片，写着："如果不是爸爸，我就没有机会改变自己的命运了！"

在村里，有几个女孩子跟夏晴是发小，关系很好。但她们成绩不好，早早就辍学到东部或者南方打工了。每年春节，她们都打扮得花枝招展地回来。但夏晴觉得跟她们的距离越来越远了："我跟她们再不是一个世界的了！"我碰到她的时候她正值高三。我问她，如果考不上大学的话，她准备怎么办。她说她有想过这个问题，但不知道答案。索性几个月后就传来消息，她考上了武汉的一所不错的大学。尽管她的父母也为高昂的学费担忧，但他们非常高兴，因为这么多年的努力有了回报：女儿终于"跳出农门"了，成了一个城里人，再也不会像他们一样在地里吃苦了。

(二) 农村教育性别平等：背景和文献

首先要说明的一个不争的事实是，在"计划生育一代"求学的时期，中国农村教育性别不平等的程度正持续下降。一些大规模定量调查显示改革开放以来中国教育平等最大的差异是城乡差异，而不是性别差异。历年的人口普查数据记录了普查进行时农村女童和男童在校的比例，为从一个纵向的角度考察农村教育性别不平等的改善提供了很好的数据。根据1990年人口普查1%抽样数据、2000年人口普查0.95‰抽样数据和

2010 年人口普查数据，1990—2010 年，10～18 岁的中国农村青少年在校率逐步提升，性别间差异逐渐缩小。并且，2010 年的普查数据显示，虽然 10～12 岁的农村男童在校率高于同年纪的女生，但 13～14 岁二者的在校率基本相当。15～18 岁的农村女孩的在校率甚至高于同年纪的农村男孩（见图 6-1）。

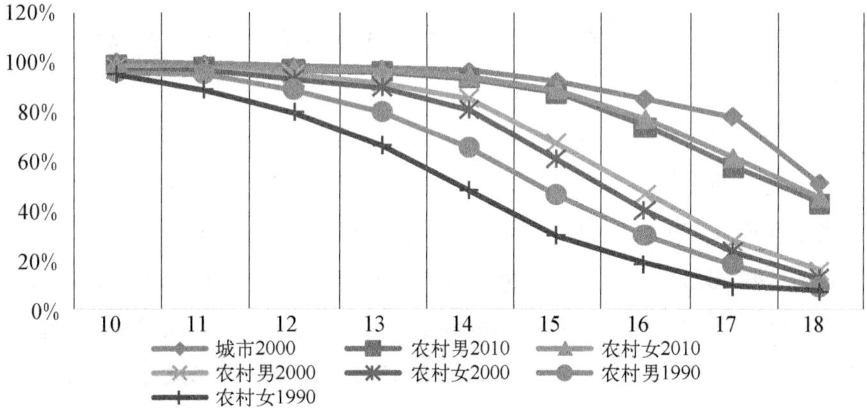

图 6-1　1990 年、2000 年和 2010 年分年龄和性别的 10～18 岁青少年在校率

来源：来自 1990 年人口普查 1%抽样数据、2000 年人口普查 0.95‰抽样数据和 2010 年人口普查数据。1990 年和 2000 年的数据参考了郑真真、牛瑞琴：“从两次人口普查结果看中国的教育发展”，载《人口与经济》第 4 期。

但到底是什么原因导致了这种趋势？是什么因素促进了农村教育的性别平等？目前主要有“结构路径”和“意义路径”这两种解释路径。“结构路径”主要是从宏观的结构层面给予了解释。比如，农村本身基础教育的扩张、国家和地方层面推进性别平等的措施等（Hannum & Xie，1994）。近期研究聚焦在家庭内部，探讨受宏观结构和人口政策影响的家庭在资源约束的情况下会如何分配资源，以及其背后的原因。比如，兄弟姐妹人数的减少促进了中国教育性别平等的提升（叶华、吴晓刚，2011），以及同胞性别结构效应（包含同胞性别结构、出生顺序和出生间隔年限等变量）对中国教育性别平等的影响（Paine & DeLany，2000）。这些成果丰富了我们对家庭内教育资源分配决策影响因素的理解。但单单关注结构性因素，可能会导致两个问题：一是无法区分在城乡二元结构下城市和农村居民对“教育”赋予的不同意义，这显然也会影响农村家庭内教育资源的分配；二是这些成果倾向于将中国的“父权制观念和文化”看作一个外在的、影响教育性别平等的因素，但没有注意到家庭内教育资源分配的过程及其变迁本身会反过来影响和形塑“父权制观念和文化”（吴愈晓，2012）。“父权制观念和文化”和“家庭内教育资源的分配策略”都是流动的，并且互相影响。农村近期出现女儿在父母养老中的作用逐步增加等现象都说明了“父权制观念和文化”不是铁板一块（唐灿、马春华、石金群，2009）。

另一种解释路径“意义路径”则是将目光放在村民对“受教育是为了什么”这个问题的理解上。Lynn Paine 和 Brian DeLany（2000）、澳大利亚学者任柯安（Kipnis，2011）、美国学者饶海蒂（Ross，2011）和德国学者 Helena Obendiek（2011）都注意到中国农村存在一种教育渴望，即父母尽全力，哪怕举债也要供子女上学的现象。Lynn Paine 和 Brian DeLany 在山东、饶海蒂在陕西、Helena Obendiek 在甘肃，以及人类学家翁乃群和同事在西南四个村子都发现，“上学读书”对于农村的孩子来讲，其功能不仅在于增加知识，更多地在于提供一个改变“农村人”的身份，成为“城里人”，从而能够分享城市居民享有的各种社会福利的途径。在西南四村中，实现向上流动被归结为“如何走出去”的问题，而教育成为村民“出去的通道”（翁乃群，2009）。正是在这种背景下，农村有了“教育渴望”，父母希望自己的子女、不论男孩还是女孩，都能够通过高等教育实现向上流动。

除了对“农村教育性别不平等的程度下降”给予关注外，也有一部分研究注意到，虽然教育平等问题的改善是有目共睹的，然而一部分研究结果也表明，在某些地区，涉及农村的教育问题时，女孩子弱势的地位，以及农村父母对儿子的偏爱，并未发生多大变化（Ross，2005）。教育中的性别平等存在着两面性。较低的婴儿出生率改善了婴儿的成长环境，然而，也同时给女孩子带来了重重困扰。根据当时农村的计划生育政策，如果一个家庭的第一个孩子为女孩，该家庭一般都会尝试再生育一个孩子。因此，在当时的农村家庭，极少数家庭中只有一个女儿。这也意味着女孩享受的家庭资源较少，因为她们必须与家庭中的另一个孩子分享（Y. Zhang et al.，2007）。还有一些调查结果显示，增长的教育费用引起的沉重的经济负担，以及依靠儿子养老的传统观念都深深地影响着农村父母，使得他们将更多的资源投资于儿子的教育上（Li & Tsang，2003；Y. Zhang et al.，2007）。

本研究认为需要结合“结构路径”和“意义路径”，尤其是关注在农民的意识中，“教育”对于实现向上流动、改善孩子个人和家庭的生活境遇的意义。

（三）“皮鞋还是草鞋”：高等教育作为改革时代实现向上流动的渠道

在第二部分，我们已经提到城乡二元化给了农民极大的冲破农民身份束缚的藩篱，从而获得城市身份的强大动力。在集体时代，向上流动的渠道主要包括基层入党提干和当兵之后入党提干。除了这些直接的渠道，还有一些间接的渠道。比如，和城里人结婚，虽然无法马上实现户口的转换，但可以改善生活水平，被认为是实现了向上流动。但前两种方式主要对男性可行，最后一种方式主要是针对女性。到改革开放时代，前两种方式基本上已经不可行了。此时，到城里打工，不论男女，虽然没有带来身份的改变，但相较于收益较低的农业，也不啻为一种能改善生活的方式。有不少研究都指出，在改革时代，年轻农村女孩通过自己到城市打工增加了现金收入而实现了在家庭中的增权（empowerment）（H. Zhang，2007）。另外，“上嫁”之路仍然敞开，但并不容易成功，因为有研究表明，在改革开放时代，外来媳妇所嫁入的一般都是当地较为贫困的家庭。外来媳妇可能通过婚姻获得了一个城市户口，但经济生活并没有实现多少的向上流动（沈文捷，2007）。和“上嫁”“打工”相比，在改革时代，“读书读出去”（接受高等教育）是实现向上流动最可行的路径，并具有不同的意义。据Barbara Entwisle 和 Gail E. Henderson 的研究，中国农民工给“劳动”（labour）、“打工”（employment）和“（真正的）工作”（real work）进行了排序，他们认为只有具有城市居民身份的人所做的、享有该身份所享有的相应福利的“工作”才是“真正的工作”，才是真正值得追求的（Entwisle & Henderson，2007）。而农村人获得这种“真正的工作”的途径，在改革时代就只有“接受高等教育”这一途径了。

在改革时代，“接受高等教育”之路变得更加顺畅，使农村的父母和一些学者都认为它是农村青年“跳出农门”的“唯一途径”。作为对此“唯一途径”的回应，农村父母开始以极大的热情投入孩子的教育。高等教育和其作为农村青年向上流动的渠道的重要性不断被农村父母和老师提及。在访谈中一位前莲荷村小学的老师说，她通常用“皮鞋”和“草鞋”之间的差异来形容考上和没有考上大学的生活，以此来激励孩子们上学：“你以后是想穿皮鞋还是穿草鞋？想穿皮鞋的话，就好好读书，读出去！”“皮鞋”和“草鞋”的隐喻事实上反映了农民对城市和乡村的巨大差异的理解。父母很认同老师的这种说教。我问农村父母对自己孩子未来的期望时，没有人愿意自己的子女仍然待在农村或从事农业。在他们看来，最理想的途径是通过考上大学获得一个城里人的身份和一份“真正的工作”。

(四) 性别和农村家庭内教育资源的分配

除了上述向上流动渠道的变化，我们还需要看到社会经济的变化所起的作用，即上文提到的“结构路径”所指出的各种结构性因素。如同其他农村地区一样，供养一个孩子直到大学的教育成本比集体时代高了许多，以至于许多父母在调研过程中诉苦“供不起”。在这种背景下，他们如何决定家庭内教育资源的分配？

高等教育作为一种向上流动的渠道，和提干、参军最大的差别在于：它是以学生的成绩为选拔基础的，受家庭资源的影响，但它不像提干、参军一样只对男性开放，它对男女都是开放的。这就极大地影响了农村父母对子女教育投资的策略。在莲荷村，一个基本的观察是父母会将教育资源投资给学习成绩好的、更有希望“考出去”的孩子，不论男孩还是女孩。而父母的这种行为实际上提高了教育中的性别平等水平。正如在夏晴的故事中，她的家庭并不富裕，她的父母，尤其是她的父亲，坚持要求夏晴继续求学，而让她的哥哥辍学回家，因为她更有希望学有所成。除此之外，学业更好的孩子不需要做太多的家务，他们唯一的任务是努力学习，并获取高分。这与她们祖母一辈，甚至她们母亲的童年形成了鲜明的对比，因为曾经她们祖母或母亲的唯一任务是劳动。在其他农村家庭，我们也可看到父母将经济资源投资于更有学习潜能的孩子的案例。在莲荷村有一对姐妹，由于两个孩子一起上大学，当时她们的家庭经济状况是非常糟糕的。但是她们的妈妈说，现在她们姐妹每人的月收入相当于农村家庭每年的收入。有一年“五一”假期，姐妹两人共同出钱，请父母到江浙沪一带旅行。这段经历在莲荷村被大家谈论了很长时间。而这无疑增强了父母对女儿教育的期望，尤其是那些没有儿子的家庭。

在改革时代的莲荷村，35 个年轻人先后成功地“跳出农门”，其中 12 个男孩，23 个女孩。在这 23 个女孩中，有 4 个是从“唯女户”出来的，剩下的全从“一女一男户”或“一男一女户”出来的。在这 19 个女孩中，2 个女孩的兄弟也是中专生或大学生；5 个女孩的兄弟初中毕业后没再上学；剩下几位的兄弟仍在上初中或高中。访谈中其他父母透露，他们会把更多教育投入放在女儿身上，因为女儿的成绩好一些。那 35 位考上中专或大学的学子绝大部分家里都不富裕，他们的父母都在某个阶段从当地信用社贷款或找亲戚朋友借钱供他们读书。将有限的资源投给学习成绩好的孩子，不管男孩还是女孩，背后的收益都是较大的。首先，是一种真正的“城里人”的身份及其背后附着的福利。其次，是一份“真正的工作”，这份工作比务农收入高，比打工轻松。最后，“城里人”身份的获取意味着可以在城市里永远定居，而“打工者”通常只是城市里暂时的过客，到时候还是会回到农村，对女孩尤其如此（Connelly，Roberts，& Zheng，2010）。访谈中莲荷村的母亲们提到，在儿子和女儿之间，她们反而更希望女儿能“跳出农村”。“女娃在农村太苦了！”她们说。这就是为什么夏晴的母亲会对她一直有“读书是你唯一的出路！”这样的教导。我采访的其他女孩也坦言，她们自小也是接受父母类似的教育。而这也说明了，为什么在夏晴的故事中，任何低等教育仅仅是教育阶梯中的一节，其目标都是最后那至关重要的一次攀登：高考。

农村父母的这种期望影响了近期乡村教育的发展。比如，他们对职业教育普遍不带乐观态度，只有孩子的正规学校教育之路走不通时才考虑职业教育。另一个例子是20世纪90年代末期“中专”教育的突然衰落和“高中”的兴起。在20世纪80年代到90年代，“中专”是农村子弟梦寐以求的一条出路。和只有高中生才可以考的大学相比，初中生就可以考“中专”，家庭的教育投入少、周期短，并且“中专”出来就可以获得城里人的身份并分配一份正式的工作。2000年前与“中专”的兴旺相对比的是农村“高中”的萧条，甚至最好的农村初中学生都以考上“中专”为志向，高中是考不上中专之后的选择。但所有这些在20世纪90年代末发生了改变。从90年代后期开始，“中专”毕业生不被分配工作了，要自己找工作。1999年开始的高校扩招，降低了大学的门槛，使得1999—2003年大学录取率大幅增长（Wu & Zheng，2008）。中专文凭的价值受到极大挑战，使得原来打算考中专的初中生改变计划去上高中考大学。这造成20世纪90年代后期中专的急剧衰落，而2000—2008年普通高中净录取率在经历了一个长期的“瓶颈期”之后实现了翻番（Ross，2011）。这个变化事实上在莲荷村也能看出来。1999年之前，莲荷村5个年轻人考取中专，2人考取大学，实现了“跳出农门”；而1999年之后，6个没有考取好高中的年轻人上了中专；同期共22人上了高中并考上了大学。莲荷村的历史变化和前面所述的全国趋势是一致的。

但毕竟通过读书实现“跳出农门”的男女青年是少数。资源如何在不走“考学”这条路的孩子间分配？事实上，这受诸多因素的影响，如子女性别的构成和家庭的经济条件。对于既有儿子又有女儿的家庭，如果他们的孩子学习成绩都不是很好，此时如果家庭经济状况允许，父母会支付高昂的学费，让他们都进入技术学校学习一种技能。如果是儿子，父母会让他们去学习室内装修、开车、修车、理发或是厨技；而如果是女儿，父母则会让她们去学习理发或者剪裁。但是，如果家庭中缺乏经济资源，那么以上任何学习机会会优先考虑儿子。因为儿子被视为结婚后抚养家庭的人，而女儿则终究要依赖于丈夫。这种看法导致的一个后果就是离开学校的男孩多开始学习技术，而女孩子要么在工厂的流水线上工作，要么做服务业。然而，在只有女儿的家庭中，女儿之间的平等程度会高一些。

更重要的是，我们需要批判地来看待对高等教育进行这种意义赋予背后所折射出的农村教育导向，即农村的教育是以城市为导向的，和农村社会文化高度分离，因此难以为农村社会文化发展培养人才、提供知识和技术资源。这种外向型（精英型）的农村教育是城乡二元体制造成的一个结果。饶海蒂认为，中国农村的教育正在被“边缘化”：虽然父母希望女孩子能通过读书走出农村，国家也试图透过各种方式提升农村中教育的性别平等（如“春蕾计划”），但在这二者背后的逻辑，是一个“发展主义”的逻辑。父母希望女孩子受过教育之后改善自身及家庭的生活，而国家期望受过良好教育的农村女性成为国家发展的推动力及更好的妻子、母亲，但没有考虑到女孩本身的需要。这种发展主义的“教育热望”使得在家庭经济条件有限的情况下，父母主要以女孩的学业成绩，以及她未来所受的教育是否有利于获得一份稳定的工作来决定是否投资在女孩的教育上。女孩子需要付出数倍于男孩子的努力来证明自己是“值得”父母这种教育投入的。而那些成绩不好的女孩，很早就离开了学校，但男孩子却不需要这么做（Ross，2011）。

(五) 高等教育仍然是一个向上流动的“梯子”吗?

近些年，这个情形又有所变化。最主要的是，高等教育作为一个向上流动的“梯子”的效果似乎并不那么明显了。研究显示，随着1999年后高等教育的扩张，以及大学生录取率的上升，高等教育所带来的回报已经降低了。首先，大学毕业生就业难在近些年已经成为一个社会热点问题。劳动力市场上的残酷竞争和“关系文化”的影响，使得社会资源并不丰富的毕业生，尤其是农村生源的毕业生找一份好的工作更难（Wu & Zheng，2008）。并且近年的研究显示，重点大学农村生源的录取率持续走低，目前农村学生主要集中在第二、三类院校，从这些学校出来的学生在就业市场上通常无法和那些毕业于更好的高校的学生竞争（H. Li et al.，2015)。

其次，即使农村生源的大学毕业生能够找到一份工作，近十几年来城市高涨的住房价格和攀升的生活成本，也使得他们中的相当一部分人很难在短期内，从物质层面上回报父母当初对他们的教育投资，这尤其是中西部欠发达地区农村生源的大学毕业生所面对的情况。那些通过大学意图实现“农村人”向“城里人”身份转变的学子在婚姻市场上也同样面临劣势。近几年关于“凤凰男”和“凤凰女”的影视作品及网络讨论彰显了这点。和“凤凰女”相比，“凤凰男”面对更大的压力，因为受“从夫居”传统的影响，男方是被期望准备“婚房”的。“教育”作为一种向上流动渠道的功能的减弱，已经开始削弱了农村父母对子女教育的热情。“教育无用论”重新开始在农村，尤其是贫困地区蔓延（人民网，2013)。在如今的莲荷村，父母仍然希望孩子能够通过考大学考出去。但当家庭条件有限时，父母已不再像以前那样宁可举债也要供孩子读书了。近期看到的一些例子，父母更愿意儿子学一些实用的技术，而更愿意女儿能通过高等教育“跳出农村”。但不管怎样，学习成绩、家庭的经济条件仍然是决定农村女孩能否获得适当教育的重要因素。

二、非农劳动、贞洁和汗水

上文提及，学习成绩的好坏将莲荷村的“计划生育一代”女孩划分为两个群体：大部分女孩留在农村，继续持有农村户口；而其他女孩则考入大学，毕业后在城市中拥有正式的工作，享受只有城市居民才享有的社会福利，将自己的户口由农业户口转为非农业户口。在本部分，我们将主要研究留在农村的女孩，探究她们的劳动机会，以及附着在某些职业上面的道德意涵。

这些女孩即使学习成绩不好，必须结束学业返回农村，也极少有人会留在家里种地。这主要出于两个原因：第一，家庭田地有限，父母两人已足以处理农事。根据莲荷村村主任的讲述，在 2004 年，全村约 450 个家庭，1 600 个村民种植着 2 211 亩田地，这意味着平均每人种植约 1.38 亩的田地，或者平均每个家庭种植约 4.91 亩的田地。该数量的田地完全可以交给两个成熟的劳动者处理。第二，也是最重要的，农业盈利很少，这在前文已提到过。没有父母再希望自己的孩子在土地上待一辈子。此外，自改革以来，非农性质的工作已对农村女孩完全开放。

因此，当时大部分女孩一旦离开学校，便从非农性质的工作做起，主要包括“服务行业”和“体力劳动”两种。在当时农民的观念中，前一类工作比较轻松，然而其中很多工作却是靠“吃青春饭”的。典型的包括美容美发、餐馆服务员或其他休闲场所的服务员，例如，舞厅、公共浴场或者桑拿浴场、酒吧等。当然，并不是所有在这些场所工作的女孩都会牵涉到出卖身体等行为中去，但在莲荷村村民的眼里，这些地方都不是好地方，充满了污浊之气。而这种印象是如何形成的，后文会提及。在当时的农民看来，“体力劳动”一般指的是在工厂工作。所谓工厂，可能在大城市，也可能在汉水县，既包含了生产电子产品、玩具、服饰和鞋子等的大工厂，也包括生产小饰品等的小型家庭作坊。尽管“体力劳动”类的工作会更加艰辛，而报酬可能也相对更低，但是农村父母更希望他们的孩子去工厂工作，尤其是到大工厂中工作。因为相对于服务场所，大工厂的工作环境更加“干净”和可靠，集体宿舍和有制度的生活使那些女孩在一个陌生城市的生活更加安全。

当我在莲荷村的时候，当地村民，主要是一些中年妇女，正在热议一个叫大艳的女孩。大艳刚从福建打工回到家里过年。她在福建据说做的是美容美发。那次她给家里父母带回了 2 000 元钱（相当于一些家庭半年的收入）。她的一个亲戚那时候在村里偶然透露大艳去市里买机票了，说过完年要坐飞机去南方。那时候是 2006 年左右，2 000 元在莲荷村是笔不小的数目。坐飞机也是绝大多数村民想都不敢想的事情。于是村民便向她的家人打听她是做什么的。当听说是做美容美发时，很多人脸上露出了然的神情。好几个中年妇女背后说：“说都不用说，肯定是在那种刀子剪子都没有的理发店里工作的!”“不然，她怎么能一年就赚这么多呢?!”村民嘀咕。后来，我对大艳进行了访谈，了解到，她工作非常努力，因此很快从一个小助理升职到专业美容师。而这 2 000 元，是她辛苦攒下来，拿回来给父母还债的。真相是什么，我们无法确定。但后来或许大艳的妈妈知道了村民的议论，就不再让大艳去福建了，也不让她出门打工。她妈妈发话说，“要出门打工可以，你先把婚结了!”那之后，大艳开始相亲。其实，在她讲给我的故事里，她在福建曾谈过一个很帅的男友。对方结过婚，还有一个小孩，但离婚了。她还带着这个男子回过莲荷村。后来男友不上进，喜欢赌博，两人争吵得厉害，就分手了。很快，大艳接受了一个亲戚介绍的男孩，家离莲荷村不远。两人很快就结婚了。大艳后来告诉我说，婚后她经常跟老公说“我说我好后悔结婚啊，我不喜欢结婚!”结果她老公说：“你这种话当着我的面说可以，但不要当着我爸爸妈妈说!”婚后大艳在汉水县的某家美容美发店干过，但觉得报酬跟在福建的时候没法比。2006 年她给我算过一笔账：

大艳：汉水这边工资太低了，没有那种兴趣搞的。

黄：　一般多少钱?

大艳：底薪两百，洗头一块五，洗脸两块。不像福建那边洗脸就是三块，加背部的油压就是八块。在这里洗脸加上颈部护理才两块钱！要洗差不多三个小时，才两块钱！我在那边的话，洗一次脸就是三块钱，做颈部护理就是八块钱，再做背部油压就又有八块钱，加起来快二十块钱了。

黄：　差不多是这里的 6 倍。

大艳：嗯，你说，没有那种积极性啊。客人来了，我根本不想搞啊，一个月才多少钱？我洗脸要洗六七十个，六七十个也才一百多块钱。你说哪里有积极性？我第一个月搞完了，我只拿了四百多块钱的工资。

正是这笔账更让我倾向于相信莲荷村村民对大艳的各种猜测是没有根据的。但不得不说，不论如何，在莲荷村村民的眼中，美容美发就是一个被“污名化”的行业。跟这个行业沾边的，按村民的话说，是“不成器的”。大艳妈妈要她结婚的做法，正是要把她从这种境地中解脱出来。后来，因为在汉水实在不好挣钱，大艳跟她老公结婚后就又去了南方。

汉水的小餐馆服务员也是广受村民诟病，且被诟病得更严重的一个行业。20 世纪 90 年代，在连接汉水和市里的高速公路沿途，涌现了大量的小餐馆。这些小餐馆的顾客主要是长途货运司机，当然这些司机绝大部分是男性。餐馆间的竞争是激烈的，因此，除了努力改善自家的菜谱，很多餐馆会雇用许多年轻的女孩来吸引顾客。我上高中正好途经这条路。于是，每次月底的假期（每月月底两天）在往返汉水和市区的长途客运车上，我都会看到沿途的小餐馆门口，穿着暴露的年轻女孩，一条腿立在地上，另一只脚踏在一个凳子上，招徕来往车辆上的潜在顾客。在村民的议论中，那些进入这些餐馆的男顾客，会被带上楼，接受进一步的服务。有时警察会突击检查这类餐馆。来自莲荷村的一个餐馆女老板曾经被捕，并被罚以重金。一方面由于警察的查抄，另一方面，也因为出现了新的休闲行业（例如，公共浴室、桑拿浴室、足浴室等），21 世纪伊始的几年里，这类餐馆生意渐渐变得惨淡。在这类地方工作的女孩，或许只有少部分从事卖淫活动，但全部都会被村民认为“有问题”，不想跟她们有任何牵连。在莲荷村，一个女孩与邻村的一个男孩自由恋爱，但男孩的母亲死活不同意两人的婚事，因为女孩的一个姐姐曾在这种小餐馆工作过，她就认为他们家的女孩都有问题。

大部分的女孩成为南方或东部某个工厂中的“打工妹”，也有一些在汉水县的纺织厂或者食品加工厂里做事。既有的很多研究都对“打工妹”糟糕的工作环境进行了描述：较长的工时、拥挤的宿舍、和有害健康的物质的接触、普遍存在的职业病，等等（Pun，2000；Tan，2000）。但是就我在汉水县看到的状况来看，似乎内陆地区的工厂环境更加恶劣。在莲荷村，我遇到几位在汉水的纺织厂工作的女性。她们说，当初她们花了很长时间来适应夜班制度。机器发出的震耳欲聋的噪声，车间地板的灰尘和热度都让她们难以适应。她们中很多人会经常在家中吃猪血，因为据说猪血有清肺的功效。但是，对于她们，最大的问题是工资发放制度：每月工资的发放是在特定的日期，但是只要工作时间少于一个月，则本月的工资累积到下月一起发放。同时，工人在离职前，必须提前一个月告知工厂的负责人；否则，她们工资的累积部分不会被支付。一般这些女性不会离职，除非她们再也忍受不了，或是遇到一些突发状况，要求她们立刻离职。而此时她们本月在工厂的工作时间往往不满三十天，她们本月的工作就变成了免费服务。

在2005年底，一个名叫秀丽的女孩找到我，问我是否可以帮她讨回工厂拖欠她的工资。她在那家工厂做了近一年，但近期发现自己的心脏出现了一些问题。她去看医生，被诊断为心律失常。她又坚持工作了一个月，然后提交了辞职报告，但是将近两个月过去了，她依然没有收到自己的工资。我和她一起到纺织厂，在门口，我混在出去吃晚饭后回来上夜班的女工中走进大门。如果让门卫发现我不是该厂职工，他不会让我进去的。秀丽带我去见她们的人事部经理，该经理是由武汉投资者派来的一名中年妇女。我声称自己是秀丽的亲戚，受秀丽的嘱托，来要回尚未偿付给她的工资。我讲述了秀丽目前的生活境况，并强调说，她在离职的前一个月已经提交了辞职报告，完全符合厂里关于离职的规定，但为何还是被拖欠工资两个多月之久。后来我问到了工作合同问题，然后被告知，公司很愿意与工人签订劳动合同，因为公司更希望员工具有稳定性。但是，工人们不喜欢签劳动合同，因为她们更喜欢来去自由。可是，后来秀丽告诉我，她们开始在这里工作的时候，从没有人提到劳动合同的事情，她连听都没有听说过。我向那位女士提了一些国家劳动法保护劳动者权益的内容，然后要求看一看工厂的生产和工资支付方面的制度，但是被拒绝了，说是这些内容属于工厂机密。我所有可以获得的资料仅是一份工厂的招工广告。广告上提道：工厂可以提供将近1 500个职位，并计划在不久的将来加倍扩张；工厂生产和生活管理规范；党支部、共青团和工会均已成立；薪酬支付准时；是一份稳定可靠的工作；等等。或许我的干涉产生了效果：两周后，秀丽拿到了她的工资，但是由于之前的病假而扣除了很多。但是，令我吃惊的是，作为汉水县最大的工厂之一，该工厂的运营基本上没有遵守劳动法的规定。没有劳动合同，工人对工厂的规章制度完全不知晓，而这些制度几乎完全是由工厂制定的。其中一些制度过于模棱两可，以至于工人诉诸无门。在秀丽的事件中，如果我没有展示我懂得一些国家劳动法，知道工人享有一些权利，我认为工厂是不会支付拖欠工人的工资的。后来令我惊讶的是，我遇到很多曾经在这家工厂工作的女士，但是截至当时，她们仍然有一些工资未被支付。我鼓励她们要回被拖欠的工资，但是她们觉得会很麻烦，想就此算了。我不禁想，不知这个工厂的多少利润来自拖欠的工资。

与中国南部和东部的工厂相比，似乎在内陆的投资更容易将女工置于不利的境地。一方面，谭深已经指出，当地政府并不想在强力推行国家和省级保护工人利益的制度后，失去来自国际的资本投资（Tan，2000）。内陆地区，情况尤其如此。在这些地区，由于交通条件差，资金资源非常少，因此当地官员急切寻找资本投资。另一方面，“经济奇迹”意味着，东部和南部的工厂在全世界的目光之下，尤其是国际非政府组织和国内外观察员的观察对象，在某种程度上，这些组织和人员扮演着监察者的角色；但是内陆地区的工厂，零零散散地分布着，并不被任何人员和组织关注，这就使得这些工厂更容易忽略工人的权利和福利。一位叫腊梅的女孩在深圳工作过，她说她所在的电子厂每月为员工举办生日聚会，工厂也有装备不错的茶水间；而在汉水县的纺织厂中，工人在闷热的车间工作时，甚至连干净的饮用水都没有。

三、外出打工、早婚晚婚共存、婚前性行为

由于汉水县的工业化水平有限，许多村民必须外出寻找工作机会。根

据当地县政府的数据，在 2005 年，18～35 岁的 54%的农村人口外出到大城市打工，而这其中包括将近 3/4 的女性。而这反过来极大地影响了当地的婚姻市场，进而影响当地青年的恋爱和婚姻。本部分将研究外出打工和计划生育政策对第三代的男性和女性造成的不同影响，而这些又如何进一步影响了他们的恋爱生活和婚姻实践。

(一) 汉水县：新娘短缺、早婚和婚前性行为、晚婚

在性别化的职业培训、当地和国家劳动市场，以及当地性别比失衡等因素的共同影响下，汉水县出现了“新娘短缺”的现象。上文提到，如果家庭资源有限，男孩比女孩更有希望获得职业培训的机会。此外，“适合”男孩的职业培训比女孩更多样化和更具实用性。学习室内装修、驾车、修车、理发和厨艺的机会多留给男生，而女生多学习理发和缝纫。这就意味着，年轻的女孩无法做到技术傍身，多数情况下只能依靠自己的青春和灵巧的双手。男孩学得的技艺在当地市场中更具竞争力，而女孩具有的灵巧双手恰恰是中国南部和东部地区的工厂所需要的。谭深（1998）的调查也显示，在南部地区，女孩比男孩更容易找到工作。而在汉水县，上文已提到，在 2005 年，18～35 岁的农村人口中，超过一半的人员外出打工，而其中 70%以上为女性。另外，当地性别比失衡现象较严重，农村人口中女孩少于男孩。根据 2000 年的第五次人口普查，湖北省的出生性别比例为 108.59，这之后逐年上升，到 2010 年达到 124.09。之后几年，经过治理，湖北省的出生性别比有所下降。2015 年全国 1%人口抽样调查结果显示，“十二五”末湖北省出生人口性别比为 114.6，仍然高于全国平均水平和国际正常标准（余宁，2016）。高企不下的出生性别比进一步恶化了当地婚姻市场新娘缺乏的境况，引起了当地年轻人婚姻问题的新变化。

首先，早婚似乎重新兴起，而伴随早婚的是婚前性行为的流行。从 1949 年起，早婚的现象渐渐稀少，甚至消失，人们更倾向于晚婚（Tien, 1983）。可是，在当代的农村地区，之前的改变似乎被新的婚姻模式打破了。在我住在莲荷村的那段时间，有幸受邀参加了几场婚礼。我注意到大

部分新娘看上去非常年轻，而且有一些新娘很明显已经怀孕。一天，我被当地一位村民娇红请到她家做客。她正在招待她丈夫新婚的外甥及其妻子吃中饭，这是汉水县的一种习俗，即年轻夫妇结婚以后，男方的近亲邀请他们到家里吃饭玩耍，算是认亲。这对新婚夫妻看上去很年轻，而且新娘明显已经怀孕。后来娇红告诉我，结婚前，新娘已在新郎的家中住了将近六个月，现在已有三个月的身孕。新郎在高中毕业后，学习了室内装修。在遇到新娘时，他正在汉水县工作。新娘当时刚从高中毕业，正在汉水县学习理发。他们很快建立了恋爱关系，一段时间后，女孩搬到了男方家居住，因为男方的家距离女孩学习理发的沙龙店更近。在这个故事中，我推测出，新娘的年龄不到 19 岁。我感到很惊讶，因为女性的法定结婚年龄是 20 岁。娇红断言，这对夫妻尚未领取结婚证。根据娇红的说法，他们的婚礼得到了村民和亲戚的认可，这就足够了。后来，在我的调查中，我的确遇到两对夫妻在结婚时并没有领取结婚证，因为他们尚未达到法定结婚年龄，而且他们事后也没有想起来去补办结婚证。有一对的孩子都已经快 10 岁了，还没有领取结婚证。

父母，尤其是母亲，在儿子的婚姻中扮演了积极的角色。后来，我遇到了那位新郎的母亲。当我们谈到婆媳间的关系时，她骄傲地告诉我，她与媳妇的关系非常融洽。好几次她们外出走在街道上，路人都以为她们是母女。她提到，当女孩刚刚成为她儿子的女朋友，初次来到他们家中时，她买了不同的零食，如苹果、橘子、瓜子、饼干等，并观察女孩最喜欢吃什么。下次她会把女孩喜欢吃的那种零食多买一些。然后我问到，让女孩婚前和她儿子一起住是谁的主意，她没有直接回答，只是说，女孩到他们家一起住，工作更方便。因此，我猜测，作为母亲，即使她没有鼓励，至少默许自己的儿子与女朋友婚前居住在一起；而她作为婆婆，也愿意，甚至可以说是喜欢和女孩住在一起。在与村民的聊天中，好几次碰到一些母亲询问，是否有合适的女孩可以介绍给她们的儿子。很明显她们已经意识到，她们的选择并不多。一个叫大明的男孩和女朋友分手了，因为他对那个女孩已经没感觉了。但是他的母亲委托一位熟人帮忙说合他们。他的母亲很担心，因为听说邻村的一位母亲迫切希望那个女孩成为她的儿媳妇。

父母的恐惧造成的结果常常有以下几种：首先，让儿子尽可能早地采取措施与一个女孩确定关系。这就引起了早婚的盛行，尤其是相对于女孩来说的早婚。许多男孩在相同或相近年龄段的女孩中找不到合适的人选时，他们会将目标锁定在年龄更小的女孩身上。莲荷村的数据显示，生于1972年之后的22位女性中，7位在20岁之前结婚。据说，最小的新娘15岁。而且，莲荷村村民计算年龄习惯用虚岁，过生日也是采用虚岁。换句话说，不少女性可能在17～18岁就举行结婚典礼了。那个最小的新娘实际年龄可能才14岁。其次，婚前性行为是为了确保女孩最终成为男孩的新娘。正如阎云翔开展实地调查的下岬村（2002），婚前性行为在当代的莲荷村也是盛行的。在刚才提到的22位女性中，有11位在婚后不到8个月便生育了她们的第一个孩子。而实际的婚前性行为比例会更高一些，因为一些人会采取避孕措施，从而避免在无准生证的情况下生育所导致的罚款。我赞同阎云翔的观点，夫妻间日益加深的感情是其中一个因素，但是同时我认为，新娘短缺引起的恐慌也促成了这种现象。

但是在很大程度上，至少在2010年以前的莲荷村，婚前性行为对农村女孩来说，是一种具有危险性的愉悦。一方面，失去贞洁的女孩会被贬低。一个新娘在一个男人身上失去了她的贞洁，却嫁给了另外一个男人，这对于她的娘家和夫家来说，都是一种羞辱。因此女孩的父母，尤其是她们的母亲，一般会教育她们“要坚守住自己的最后一丝防线（贞洁）”。但是男孩的父母却会默许，甚至鼓励婚前性行为。如果男孩和女孩最终真的结为连理，当然皆大欢喜；如果没能结婚，婚前性行为会给女孩及其家庭带来较大的麻烦，但对男方没有影响。一个莲荷村的女孩带着在打工的地方认识的男友回来结婚，因为女孩怀孕了。一进家门，就被她母亲打了一个大耳光，虽然两人要结婚，算是皆大欢喜的结果，但在女孩的妈妈看来，毕竟仓促办婚礼来遮掩大起来的肚子，在同村人面前丢了自家人的脸。而且，一个女孩如果和男孩发生了关系，即使她最后与那个男孩成功结婚，但是在两个家庭商谈婚事时，也会使自己的家庭处于不利的境地。大部分情况下，当谈及礼金、嫁妆和婚礼安排时，若双方无法达成一致意见，取消婚约会被男方用作威胁的工具。这样的争吵往往以女方的妥协而结束。

另一方面，更多的男孩成为“剩男”或者晚婚，因为对新娘的激烈竞争导致周围的适婚女孩极少。这就形成了一种恶性循环：女孩越少，意味着“剩男”结婚越晚，但是男孩年龄越大，他们找女朋友也变得越难。事实上，在家乡剩下的男孩，并不受有外出打工经历的女孩的青睐，因为这些女孩会觉得那些男孩眼界太狭窄。到后来，这些男孩娶媳妇的标准会一再降低。莲荷村有一家有两个儿子。在给大儿子“操心”（即给孩子成家立业）之后，再无余力给小儿子小勇成家了。最开始，小勇的父母还比较介意他“嫁”到女方家做上门女婿，所以别人介绍这样的人家时都没有答应。到后来，能看上他们家的女孩越来越少。小勇的妈妈急得到处托人介绍，说不一定要初婚的，离婚丧偶的都可以，只要没有带着孩子。到后来，这个条件也放宽了，说只要带的是女孩，不是男孩，都可以。因为，如果女方带一个男孩嫁过来，今后这对新婚夫妇就要给那个男孩盖房子成家立业，这绝对是很大的负担。但最近的消息是，别人给小勇介绍的都是带着男孩的离婚或丧偶女子，他一直不愿意，所以年近四十，一直单身。

（二）汉水县之外：远嫁、晚婚和危险的浪漫

外出打工经历和这些女孩所从事职业的性别结构，也影响了汉水县外出人员的恋爱和婚姻。首先，这些外出人员的婚姻市场势必扩展。遇到来自全国各地的人们，意味着他们的选择范围不仅限于汉水县。在很大程度上，“老乡”或“同乡”是农民工社交网络中的一大内容（谭深，1998），这个群体为年轻女孩寻找伴侣提供了主要途径。可是，“老乡”是一个灵活的概念。在湖北打工者中，同为汉水县的人员关系可能更亲密。但是，当与全国的打工者相比较时，来自湖北的人员或许与相邻省份的人员感觉更熟悉，如四川、湖南和河南等。大艳谈到了她与四川前男友的相遇：

黄：　你们两个是怎么认识的呢？又不是做一行的。

大艳：被老乡介绍的。我想那叫作一见钟情吧，其实我不相信一见钟情呢，不过不知道怎么在自己身上发生了。一见他还是觉得有点好感，反正觉得，怎么说呢，毕竟四川话跟我们的讲起来都差不多，等于说这是家乡人。就觉得好亲啊，什么话都可以讲。

在莲荷村，一些女孩是在外出打工时遇到她们的伴侣的。有趣的是，几乎所有的伴侣都来自湖北的其他地区，或是像四川或河南这样的邻近省份。在很大程度上，相似的方言和生活习惯促成了这一现象。学者 Delia Davin 曾担心如此规模巨大的乡城劳动力流动会使贫穷的内陆省份的女孩远嫁给经济发达的沿海地区的男性，从而给内陆造成“新娘短缺”的现象（Davin，1999）。在 1990 年前，这种担忧是有道理的，因为 1990 年的人口普查显示，“婚姻”是当时农村妇女迁移的首要原因（Fan，2000）。但 2000 年的人口普查则显示，超过 2/3 的 15～44 岁的农村女性流动的首要原因是“打工”而不是“婚姻”（Liang & Ma，2004）。2005—2013 年在莲荷村，我没有看到一个例子显示莲荷村女孩因打工嫁入比较富裕的打工地的。这可能出于两个原因：一是她们在打工地点的社交网络往往只限于“老乡”或工友；二是广泛采用的宿舍制使得工厂或店铺是这些女孩主要的生活空间，因而难以有机会和当地的男性交往（Pun，2007）。另外，劳动力流入地，如浙江、广东和福建的方言完全不同于中部地区，这则成为外地女孩嫁给当地人的一大障碍。比如，在与第一个男朋友分手后，大艳遇到一个福建省当地的男孩。这个男孩对大艳非常好，但是大艳拒绝了他。

那时候我说，再怎么样，我都不会找那边的人。因为我听蛮多人说，福建的、广东的人，接了媳妇的话，生了一个姑娘，还要再生，要生个儿子。我就不是那样的人，在我的心目中，我就比较喜欢姑娘，我不会说喜欢儿子。我说在那里再好都不行。两个人语言也不通。我说我要找的话，也要找我们湖北的，要不就跟我们挨着的、差不多的，四川的、湖南的、贵州的，讲话我能听得懂，这一点都好一些。所以我一直在外面，我都没有说去找那个。那时候，我妹妹去的那一年，人家当地有个男孩子，真的对我好好呵，不理他！我妹妹还是说，人家对你那么好，你怎么不理他呢？我说嫁这么远，我怎么办啊？（笑）想回去一趟都好难呵。

根据 Fan 和 Li 的调查，那些借助婚姻转移到较富裕的广东农村地区的女性，主要来自邻近的广西农村地区，这两个地区的人们说着相同的方言。她们的目的在于通过婚姻实现迁移。尽管那些来自其他地区的女性主要在打工过程中与未来的丈夫相遇，但他们的婚姻基于彼此的感情（Fan & Li，2002）。

可是，外出打工也造成了打工女孩的晚婚。有外出工作经历的女孩普遍要比家乡同年龄的女孩结婚要晚（谭深，1998；郑真真，2002）。首先，在城市中她们见识和学习了很多，这些开阔了她们的视野。她们已经无法再适应农村的生活，不仅是物质生活，而且也包括感情和关系方面。她们并不想很快回到家乡，建立家庭。她们认为汉水县的生活是无聊的。回到家中，她们一直推迟自己的婚姻。如果没有找到合自己心意的伴侣，她们甚至拒绝考虑结婚的事情。曾丹家中只有两个女儿，她是老大。她的母亲在几年前去世，而她的父亲有点残疾。父亲和亲戚希望她可以入赘一个女婿来支撑这个家庭的门户。一个邻村的男孩愿意给他们家做上门女婿。这个男孩据说比较可靠，但比较木讷，寡言少语。尽管曾丹对这个男孩并没有感情，但是为了让可怜的父亲高兴，她答应了这门亲事。当她在南方的一个城市打了一年工之后，她不想再违背自己的意愿，要求退婚。但是她的父亲强烈反对。她的父亲威胁说，她想退婚可以，但要自己拿钱给男方家里，赔偿他们过去一年送到自己家的各种礼物。这笔赔偿金是一大笔钱。曾丹回到南方，打了一年半的工，攒钱支付了赔偿。最后，她和那个男孩分手了。现在她和自己新交的男朋友开了一家小型的理发店。这个男孩是她打工时遇到的。

重要的是，相对于在汉水县内工作、嫁在同县的女孩，外出打工使得外出女孩的恋爱和婚姻更加复杂。因为了解一个来自完全不同背景的人会更加困难。很多农村女孩都希望通过婚姻实现向上流动，从而改变自己的生活，但有时候她们会因此落入圈套。小芳在市里的一家餐厅打工时，遇到了一位年轻的当地公务员。他追求小芳，并许下山盟海誓。但是当小芳发现自己怀孕后去找他，他却消失了。后来小芳家人才得知，那个男子是已婚的。最后，小芳在姐姐的陪伴下，去外地的一家医院做了流产手术。但不巧，她这次怀孕是宫外孕，手术差点让她丢了性命。村里另外一个女孩在南方打工时也遇到了令自己心仪的男友，来自四川。但两人同居后才发现该男子原来是结过婚的，处于分居状态，还没有办理离婚手续，而且还有一个几岁的女儿。在大城市的恋爱挫折令一些农村女孩对自己未来的婚姻感到沮丧，这使得她们一再推迟结婚，或是草草接受一桩自己并不满意的婚姻。总之，外出工作为农村女孩提供了寻找真爱的机会，但是也产生了遭遇失望和伤害的可能。

（三）入赘婚姻：艰难的选择、新郎短缺和乡乡迁移

本部分主要研究入赘婚姻，并探索外出打工和计划生育如何共同影响了这种婚姻类型。让我们以一位叫海静的农村女孩的故事开始。

> 海静的父母有两个女儿：海静和她姐姐。根据当地的习俗，通常没有儿子的家庭会把大女儿留在家里招婿上门。但后来她姐姐嫁到了市里一户城里的家庭。这对村民来说，算是上嫁了，招对方做上门女婿肯定不可能。因此，招婿给父母养老的责任就落在了海静的身上。当海静在市里打工的时候，碰到了一个男孩，虽然他家是农村的，但家境不错。他们彼此有好感，但海静很快发现该男孩是家中独子，她于是快刀斩乱麻，将这份好感压抑住了，因为她知道，对方绝对不可能到她家里做上门女婿。后来她到浙江打工，在那里碰到了她现在的老公。对方是四川人，家在山区，正好想以后到条件相对好一些的湖北农村落户。他们很快就回湖北结了婚，婚后不久有了女儿。他们俩

将出生后不久的女儿留给了海静的父母，重返浙江打工。

上文提到，从理论上来讲，因为政策的影响，当代农村家庭只有女儿的比例增加，这大大增加了对入赘婚姻的需求，因为没有养老金或者养老金很少，农村的老人仍然主要依靠家庭养老。从这个意义上讲，与第四章中提到的第一代女性的入赘婚姻相比，第三代女性的入赘婚姻主要是一种依情况而定的保护性措施，而非一种制度性的举措。第三代中选择入赘婚姻的所有女孩都来自没有儿子的家庭。她们对婚姻的选择源于道德习俗，而非经济压力。然而由于大部分男孩所在的家庭只有一个儿子或是一个儿子、一个女儿，没有父母愿意让自己唯一的儿子入赘到女方家里做女婿。这就造成只有女儿的农村家庭无法找到合适的女婿。虽然我们无法取得莲荷村入赘婚姻市场实际的供需数据，但是根据我的观察，需求很大，供给却非常有限。供需失衡和劳动力乡城迁移的现实为这种家庭的女孩带来了不小的麻烦。

首先，她们面临巨大的压力，因为她们不能自由地选择自己的人生伴侣，她们的未来伴侣必须愿意入赘到她们家中做女婿。这些男孩往往家境更贫困。外出打工扩大了婚姻市场，但也使选择更艰难。我遇到几个女孩，当时正因为父母的心愿和自己不一致而产生了冲突。最后，一些人遂了自己的心愿，选择了自己倾心的伴侣，却不得不嫁出去而留给父母一个“空巢家庭”。在莲荷村我就碰到一家，两个女儿都嫁出去了。我跟回娘家来玩的小女儿聊天的时候，她就说，现在自己的父母就认为自己是真正的“孤老”（孤寡老人）了。虽然她说她和姐姐不会不管父母的，到父母年老一定会赡养他们，但在父母及许多村民的心里，她的父母以后就是没有依靠的。还有一些女孩，遂了父母的心意，但可能迎接自己的，是一段不幸福的婚姻。如果家庭中的姐姐，可以借助婚姻进入城市，那么赡养老人的责任就从姐姐身上转移到了妹妹身上，正如海静的姐姐。此时，妹妹则无路可逃，必须放弃自己的心意，正如海静。

其次，考虑到“新郎”短缺的问题，选择入赘婚姻的女孩们如何找到适合自己的人生伴侣？这时，乡城间的劳动力迁移和乡乡间的迁移则扩大了婚姻市场，给准备入赘婚的女孩有更大的选择范围。湖北省的其他地区，以及与汉水县相比，经济和地理位置处于劣势的邻省，如四川、河南和贵州的农村地区，都在选择范围内。前面我们已经提到，由于汉水县是“鱼米之乡”，拥有便利的交通，已经成为上述邻近农村地区的农民前往另一个农村的选择目标。此外，因为迁移距离短，迁移成本是低廉的。而相似的方言使得在他乡的居住生活更容易。一个迁移家庭的普遍做法是购买一座当地农村家庭的房子，并且获得该家庭之前所承包的土地的承包权。由于要卖房子的户主一般要迁到镇上或者汉水县城，甚至市里，所以他们一般要开始从事非农产业，也不需要再种地了。在莲荷村的其中一个小组中，一共有 36 户人家，其中 6 户人家是最近几年从四川搬到这里的。而这些迁移过来的家庭为当地的女孩带来了可以入赘的单身男孩。

还有一些例子是单身男孩先自己从湖北其他地区、四川或者河南过来，寻找需要入赘女婿的家庭。有的是被之前已经在汉水县扎根的老乡介绍给合适的女孩和家庭，还有的是在汉水先打一段时间的工，等找到合适的结婚对象之后，就在汉水成家。我遇到的女士之一——小群告诉我，她的丈夫来自鄂西的一个小镇。她丈夫的哥哥之前已经入赘到一个当地的家庭，他是被哥哥带过来的。而来自汉水县的女孩在外打工的时候，也有可能遇到合适的结婚对象。正如海静的故事中，她在浙江遇到了她的丈夫。当时他们两人都在浙江打工。而那个来自四川的男孩恰好想入赘到湖北安家。他们结婚后，她的丈夫就在附近的一个村子找到一座房子，因房主已搬到镇里做生意，要把房子卖掉。他就介绍他尚在四川的父母和弟弟一家买下这栋房子，把户口全部迁过来，再将房主名下的土地承包下来，正式成为这个村子的一员。这种情况下的迁移，因为户口是从农村到农村，只要对方村子愿意接收，是不存在很大难度的。当然，这一系列的迁移可能对当地的婚姻市场产生影响。至于这个影响是积极的还是消极的，取决于新来者的性别，以及他们追求的婚姻类型是入赘婚姻还是外嫁婚姻。

四、合作家庭：一种新型的家庭形式

除了童年时期的经历，外出打工和计划生育对于第三代女性成为母亲后的生活也有着深刻的影响。这其中涉及婚后的工作选择、家务安排及子女照料。首先，开始出现一种新型的婚后家庭形式。与“战后婴儿潮”那代人不同，这些于计划生育时期出生的年轻夫妻，并不急于分家，好去快速建立属于自己的小天地。他们坚持与父母或公婆住在一起，这主要是基于以下几个原因的考虑：第一，计划生育使得许多家庭拥有的是独生子女。既然无论如何，照顾父母是他们自己的责任，他们觉得无须分家。第二，也是最重要的原因，因为孩子数量较少，“计划生育一代”的父母在他们成家以后依然比较年轻。很多人也就四十出头，或者近五十岁。因此，他们的身体还足够硬朗，这样他们不仅可以为家庭做一些辅助性的工作，甚至还可以承担起家庭的主要任务。第三，上文也已提及，计划生育导致入赘婚姻更加流行。这种婚姻形式下，分家的可能性更小。因为入赘婚姻的目的就是为了照顾年老的父母。

根据 Potter 夫妇的研究，家庭户的关键特征是共同花销，共同饮食起居，住在一起并不构成家庭的基本要素（Potter & Potter，1990：215）。朱爱岚则提出，在中国农村，比较盛行的家庭形式是“主干家庭和核心家庭的混合，偶尔有扩展家庭，但扩展家庭的存在通常是暂时的”（Judd，1994：prefatory note）。可是，朱爱岚的研究是基于“战后婴儿潮”一代处于适婚年龄阶段的人口环境。而随着“计划生育一代”成年，以及外出打工的影响，家庭形式已经发生了变化，尤其对于已婚的“计划生育一代”和他们的父母或公婆来说，一种新型的家庭形式逐渐盛行，我们姑且称之为“合作家庭”。

一个“合作家庭”通常由三代人组成，即一个核心家庭、丈夫的父母或（入赘婚的情况下）妻子的父母。然而，“合作家庭”与传统主干家庭不同，因为由于打工等安排，并非所有成员都可以每日共居。从这个意义上来看，Potter夫妇或许会质疑，这是否是一种真正的家庭模式，因为从饮食起居的角度分析，这的确属于“主干家庭”模式；但从家庭财务安排的角度看，这种家庭模式更像是两个核心家庭的组合。在这里，年轻一代保管自己的收入，而老一辈人也保有供自己花销的收入来源。财务安排因代际分工类型和两代收入水平而异。从代际分工来说，一般老一辈人会选择留在家中负责照料土地和家务，而年轻人则集中精力从事一些收入更高的非农工作，可能是在老家，或者到外乡打工。由于非农劳动的收入比农业劳动的收入高，这种合作分工的家庭往往比其他只依靠农业的家庭更富有。从中我们可以观察到，“合作家庭”有两种主要类型的财务结构：“大账户与小账户”和“两个大账户”。

“大账户与小账户”主要见于此类家庭中：至少有一个孩子在老家工作，而老人除了农业以外没有其他收入来源。虽然农地主要是老人在种，但农业收入进入负担整个家庭生活费用的大账户，由户主（通常是子女）掌握。子女的非农收入也进入大账户。老人依靠大账户来支付他们主要的食物开支，但他们也保留一个“小账户”，这个“小账户”的钱通常来自子女赠予或者老年夫妇自己通过开垦荒地等方式获得的小笔收入。这个“小账户”主要用以支付老夫妇自己的个人消费，如吸烟、休闲或社交生活等。石春在汉水县的一家纺织厂工作，她的丈夫是上门女婿，在福建打工。她的父母负责农事，并将各种庄稼和农业副产品的收入上交给她。而每年他们会卖一只初生的牛犊，这笔收入进入他们的小账户。他们会用这些钱买香烟、玩麻将和购买走亲访友时带的礼物。而所有其他家庭费用，甚至是一袋洗衣粉，也是由石春付钱，尽管石春的妈妈才是主要负责洗衣服的人。

“两个大账户”的分配模式一般存在于以下两种家庭：一种家庭是年轻夫妻外出工作，不操心农事；另一种家庭是年轻夫妻仍留在家乡劳动，但是他们的父母除了农业之外，还可从其他渠道获得可观的收入。在前者的家庭中，父母在家负责农事，自然负责保管从农副业中获得的收入，而年轻夫妻在外工作，保管自己的收入。海静和她的丈夫在浙江打工，而他们的父母则留在农村老家种地。他们家实行的就是“两个大账户”的分配模式。在后一种情况的家庭中，尽管年轻夫妻帮助农事劳动，并保管农业收入，但他们的父母还可从其他非农工作中获得相对可观的收入。林莉的婆婆平时会到各处收集废品，而她的公公会在农闲时到建筑工地打零工。尽管农业上的收入由林莉夫妻保管，但是林莉说，他们父母的光景要比他们好得多。在生活费用方面，以上两类家庭对费用的承担分配并不是非常明确。除了自己种植的谷物和蔬菜，他们会自觉地在生活费用中寻求一种平衡。比如，海静决定重新装修他们的房子，最终他们夫妻和她父母各自承担装修费用的一半。她将自己年幼的女儿留在老家，由父母照料。女儿的教育费用和零钱，都是由父母支付；而海静夫妻每年春节回家时，会给家里购买新家具。而在林莉的家庭中，如果她发现这次的洗衣粉是婆婆买的，那么下次她会买盐或者其他生活必需品。这两类家庭看上去更像是两个独立家庭的简单组合，但是他们一起饮食起居，而且在户口簿上也是一个家庭。

但需要注意的是，一个“合作家庭”中，一般父母仍然足够健康，尚可承担一些农事劳动。而当父母逐渐变老，无法承担太多的农活，或是双亲中有一方去世后，这样的“合作家庭”就会转变成一个真正的“主干家庭”。“合作家庭”的宗旨是将家庭成员的挣钱能力最大化，并将两代人间的家庭冲突最小化。

五、本章小结

总而言之，改革时期的乡城隔离、教育改革、外出打工和计划生育赋予了第三代女性一段特殊的童年和年轻妈妈经历。这一系列的政治力量在这代人的劳动结构中扮演了重要的角色。而在某种程度上，“重男轻女”的社会思想已有所改变。由于高等教育成为农民获得城市户口和提高自己社会地位的唯一途径，学习成绩好的女孩会成为父母教育投资的优先考虑对象。即使这种现象只会发生在少数女孩的身上，并且是中国复杂的社会转型不经意间带来的结果。人们对自己劳动目标的理解和观念再一次在劳动分配中扮演了重要的角色，这是 TSOL 模型遗漏了的。换句话说，始料未及的劳动结构变动仅通过 TSOL 模型是捕捉不到的。人口和土地间的冲突，以及中国的改革开放为当时的女孩提供了更多的就业机会。然而，有些机会可能会使她们被污名化（将某些行业的工作和出卖肉体联系起来，不管是不是真的两者之间有联系）和被资本主义剥削。由于外出打工和计划生育政策，恋爱和婚姻也成为一件复杂的事：早婚和晚婚、“新娘短缺”和“新郎短缺”在汉水县成为并存的现象。而相对自由的恋爱和婚姻也有可能变成危险的愉悦。除此之外，外出打工和计划生育促成了“合作家庭”的出现：这是一种新型的婚后家庭模式，可以使家庭的劳动分配达到最优化，并且使两代间可能发生冲突的概率最小化。不过多数情况下，它仅是一种暂时的家庭模式。

第七章

各人事不同：改革时期的性别、代际、劳动分工和农业发展

本部分的开头已经说明，改革开放时期是三代女性共存的唯一时期。但是她们为什么有着截然不同的经历呢？本章的任务是对同处改革时期的“战后婴儿潮一代”和“计划生育一代”在婚后家庭内部的劳动分工进行探讨。虽然面临相似的社会经济环境，但是由于不同的家庭元素，例如，所处的生命历程阶段、教育水平、家庭结构等不同，也使得她们有着迥然不同的生活。上述这些因素都深刻地影响着她们从事的劳动类型，以及她们在家庭和社会生活中的权力关系。在某种程度上，本章是第五章和第六章的延续。首先，本章会简单介绍两代人面临的相似的社会经济环境；接下来，文章会深入探讨不同的家庭元素如何影响了两代人的生活经历。同时，本章也会讨论这样的劳动分工形态将如何影响农业的发展。

在对第三部分的介绍中，我已经阐明了农村女性在改革时期面临的外部的社会经济环境。简单说来，第一，在集体制废除后的几年，农业是很难营利的。这要归根于城乡隔离政策和工业化进程中农田数量的缩减。第二，类似于家庭副业和“庭院经济”之类的经济活动，尽管之前受到政府的鼓励，是农民的营利方式，但是长期来看，这些经济活动并不能保证很好的收益。此外，伴随着 20 世纪 90 年代市场化的加深，曾经作为农民实现城市化最主要渠道的乡镇企业开始衰微（Field et al.，2006）。而且，乡镇企业的涌现多是中国东部和南部的现象，在内陆和西部地区，数量是非常有限的。因此，在地处内陆的汉水县，一个农村家庭的富裕程度主要是

由家庭成员获得的非农收入的比重决定的，即一个家庭能获得的非农收入越多，这个家庭越可能比邻里更富裕。一些切实可行的非农经济活动包括：在家乡或其他地区做小生意；从事无技术含量的手工劳动，比如，在建筑工地打工、在汉江沿线的码头做搬运等；从事有技术含量的职业，例如，司机、砖瓦匠、室内装修、木匠、理发师等，以及在县里的工厂打工；等等。一般说来，非农职业比务农收益更好；有人员从事技术劳动的家庭会更富有。可是，一个人从事什么样的工作，是一个复杂的问题。这会受到个人的受教育程度（既包括学校教育，也包括职业教育）、工作经历、家庭结构和家庭中劳动分工的共同影响。本章力求通过对比三个女性群体（“战后婴儿潮一代”包含两个代内单元）的家庭劳动分工和比较她们各自家庭中的夫妻关系，来揭示这一复杂性。同时，本章也将通过代际和性别之间的劳动分工的比较来讨论这将如何影响农业的发展。

一、各人事不同：不同的家庭劳动分工类型

本节通过对比三个女性群体的家庭劳动分工类型，来揭示她们和家人在改革时期所从事的职业，并深入探究不同的家庭劳动分工模式形成的背后根源。

（一）“大姐组”：务农夫妻

在第五章，我们了解到，由于家庭中对劳动力的急切需求和自己在兄弟姐妹中的排行，“大姐组”的女性们受到的学校教育是非常有限的。我们还了解到，在集体制废除之前，她们已经被塑造成标准的农民，因此，在她们当中，结婚之前，很少有人拥有从事非农产业的经验。而这也导致了她们大部分人在之后的生活中一直从事农业。她们的丈夫有着相似的经历。作为男孩，相对于同时期的女孩，尽管在教育问题上，他们可以受到特殊的照顾，但是，如果他们不能在学校中有所收获，最终他们还是会回归农

业。当集体制被废除，各种非农职业开始涌现，他们大部分人已结婚成家，并被打造成地地道道的农民。换句话说，对于当时的他们，再来学习手工技能，或是从事非农职业，已为时已晚。

而这也解释了我们在莲荷村看到的“大姐组”一代人家庭劳动分工的状况：除了当地的干部（包括男女），夫妻间最为普遍的分工模式是，夫妻二人都主要从事农业生产。另外，在农闲时，丈夫会外出打零工。例如，到建筑工地做小工，或是到码头当搬运工。在接受访谈的13位女性中，大部分人只从事农业劳动和照顾家庭，只有一位叫萍儿的和一位叫萍芝的女士经历有所不同。萍儿曾经经营过一家杂货店，但是以失败告终。萍芝甚至经常到建筑工地做小工。萍芝之所以过得这么卖命和辛苦，是因为她碰到了一个酗酒的丈夫。其实萍芝家本来应该过得很好的。她丈夫原来在市里给一家公司开车，收入不错。但他先是出轨，和一位有夫之妇纠缠不清，结果被人家的丈夫索要赔偿。赔了一大笔钱之后，家里陷入负债状况，而她丈夫又开始酗酒。酗酒的毛病日益严重之后他也丢了工作。回家后也是整日与酒为生，对妻子和两个女儿不闻不问。两个女儿中，大女儿读完初中不久后出去打工了。小女儿的学习成绩非常好，于是萍芝不仅自己张罗家里的地、照料家务，还经常在农闲时间寻找各种非农工作的机会挣钱供女儿读书。后来女儿考上了大学，申请到了助学贷款，她的生活才稍微轻松一些。再后来，她的丈夫因长期酗酒引发疾病去世。绝大部分“大姐组”的家庭经济水平在村里基本处于平均水平，甚至是平均水平以下。这和他们中很少有人从事技术性的非农劳动有关。

（二）“小妹组”：三重任务

“小妹组”的经历有所不同。第五章提到，因为出生次序在兄弟姐妹中比较靠后，她们有机会接受更多的学校教育。集体制废除时，她们正处于人生中的青春时期，她们甚至有更多的机会接受农业之外的职业教育，并拥有更多的非农工作经验。因此，在结婚后，她们有能力并渴望外出寻找工作机会，而不是仅仅待在家中种地。无论是在小的个体商户中工作，如裁缝店、理发店、服装店、小型餐馆、杂货店，还是在工厂里工作；无论是在家乡工作，还是在其他城市，都可以成为她们的选择。这也同样适用于她们的丈夫。一般说来，作为家庭中排行靠后的儿子，他们处于一种比较有利的状况：一方面有机会接受更多的学校教育；另一方面，改革开放的到来为他们提供了更好的机会，来学习非农手工技能。因此，相较于他们的哥哥，他们更有可能从事收入更高的技术性工作，如泥瓦工、市内装修的中的大工（而不是小工）等。因此，一般情况下，他们的收入会比"大姐组"及其丈夫那个同期群的人要高，家庭经济也更富裕。

然而，如果说以上是"小妹组"的全部故事，未免太过草率。尽管她们有能力并渴望通过非农职业致富，但是她们中的大部分人并不能全心全意投入这些职业中去。她们中很多人尝试了各种各样的非农职业，但是很少有人坚持很长时间。为什么？我们可以在下面这段故事中找到答案：

当我 2005 年 10 月刚刚到莲荷村的时候，不少 30 多岁的女性都打算到镇上的纺织厂上班。村里已经有一些女性在那里工作了。她们带回来的薪资信息似乎挺吸引人的：一年能在那里拿到近 7 000 元，这在当时，甚至比有的农户一家全年的纯收入都高。村里的小红，在纺织厂工作了不到两年之后，就给家里又是装修，又是买空调。村里其他村民都说："要不是小红在纺织厂挣的钱，他们家估计买不起。"除了小红之外，另有五个女性也在那个工厂工作一年多了。

萍芳也被鼓动得心痒难耐。她和另外两个邻居——秀玉和卫英也去纺织厂报了名。纺织厂实行的是三班倒制度：白班是早上六点半到下午两点半；浅夜班是下午两点半到晚上十点半；深夜班是晚上十点半到早上六点半。每一个班次持续四天，再轮换。新手每天的工资是八元。过一段时间，等她们上手，能同时照看八台及以上的机器后，她们就可以转正，这时候就可以计件拿工资了。萍芳她们三个一起去的，而且又是邻居，所以她们的职位一样，倒的班也一样。

萍芳说，刚上班的头两天，非常难过。纺织厂的机器运转地非常快，她几乎都赶不上。“就像有人在后面拿鞭子赶你一样！”她说她头两天全身都浸在汗水里，不仅是因为车间里很热，还因为机器运转太快带来的压力。到第五天，她能同时照看五台机器了。但真正的挑战是深夜班。对新手来说，上深夜班简直是噩梦。萍芳说第一次上深夜班后，她就不舒服。她觉得头疼、胃痛。她们每餐的就餐时间只有20分钟，没有多少时间吃饭。很多人自己带饭过来，每次都在车间里匆匆扒几口。因为室内空气太热，而且空气中飘着浮尘，因此总是口渴，想喝水，但车间里没有热水供应，供应的凉水也有一股味道。因此多数人只能喝自己用旧的矿泉水瓶子带的凉水。因为要一直站着，秀玉说她老觉得腿疼。便秘是普遍的问题，即使是那些已经在这里工作了很久的员工也如此。

第一次的夜班上了两天之后，到第三天又要到上班的时间了，秀玉和卫英来找萍芳一起骑车去上班，萍芳就非常不想去了。前一天她胃疼，光买药就花了好几块钱，可不想再花钱买药了。事实上，秀玉和卫英也不想再去了，于是就回家了。她们总共在那里工作了10天。但根据纺织厂的规定，如果工作不满一个月，是拿不到钱的。于是她们三人最后一分钱都没有拿到。

实际上，当我在莲荷村住的时间久一些，我发现“小妹组”很多其他的人也在那家工厂工作了几天，后来便不再去了。例如，铁珍，出生于1971年，她在工厂做了三天便不再去了；莲荷村三组的祥珍，在那里工作了两天便回了家。一个月后，祥珍又回到了那家工厂，但是做了两天后，还是放弃了。为什么她们在工厂待不久呢？事实上，同村村民老嘲笑她们“懒”“吃不了苦”。真的是这样的吗？这些评判公平吗？为什么上文提到的其他女性能在那家工厂待了那么长时间呢？除了身体上的痛苦，还有哪些因素阻碍了萍芳她们，使她们不能在工厂长久工作？

在遇到了更多有相似经历的女性后，我发现，不同的家庭结构和劳动分工模式阻碍了她们在外工作。第五章提到，由夫妻二人和孩子组成的核心家庭成为她们这代人家庭的主导模式。此外，由于这一代较高的出生率，她们的丈夫通常不是家里的独子。换句话说，她们的婆婆通常不止一个儿子、一个儿媳。而她们的婆婆在所有子女成家立业后，自己年岁也比较大了，一般都近 60 岁了。因此，在家务和孩子照料方面，她们并不能从婆婆那里获得太多的帮助。比如，萍芳的丈夫有兄弟姐妹六个，一个哥哥两个姐姐，一个弟弟一个妹妹。这样，她需要和两个妯娌分享婆婆的帮助，如果婆婆愿意帮助的话。但到第八章我们就会看到，她的婆婆这一代人，到老了反而愿意自己老两口单过。对萍芳她们，由于丈夫有非农工作的能力和经验，而外出工作比在家务农收益更好，因此，她们的丈夫更有可能集中精力于非农职业，而把农事、家务和孩子统统交给她们来打理。

换句话说，如果这些女性还要从事非农职业，她们需要承担“三重任务”的负担。也就是说，她们要负责种地、非农的工作，同时还需要照料子女和完成家务。毫无疑问，这会给她们的生活带来很多的负担和冲突。此外，第六章提到过，莲荷村以前曾经有一所小学。但是在 20 世纪 90 年代中期，由于学生短缺，这所小学关闭了。在另一个村子建造了一所中央小学，供周边 10 个村子的学生来这里上学。中央小学距离莲荷村很远，更重要的是，每天让这些年幼的孩子穿梭于拥挤的交通很不安全，因此都需要父母每天接送。这使得家里有上小学的孩子的妈妈们的“三重任务”更加艰巨。

从萍芳的话中，我们可以看到她们的挣扎。

黄：在纺织厂做了 10 天之后为什么没有再做了呢？

萍芳：(笑) 先是太遭业（辛苦）了，特别是深夜班。我的头又疼，人恨不得要倒下来。再就是屋里（家里）没有人照看啊。孩子爸爸根本不做什么家务事的，婆婆又没有跟着我们，也不会帮个忙，都是靠我一个人的。那天，我夜里十一点才下了浅夜班回来，看到我们的牛还系在外面，没有牵到牛棚里；衣服也还晾在外面，没有收进去。孩子爸爸那天又没有出去搞装修，他在店子里打麻将，玩了一整天。他什么都不管呐。

黄：　谁接您的儿子放学呢？

萍芳：如果我不上夜班的话，我接了两次。多数时间是叫我们隔壁的关系好的接他们的孩子的时候帮忙带回来，他们骑摩托车就快一些啊。

另外，还有秀玉的例子。当她开始在纺织厂工作的时候，她的公公和他们生活在一起，她让她的公公每天帮忙放牛。但是老人放了两天之后再也不想干了，开始威胁要把牛卖掉。上文提到的铁珍，在工厂工作了三天，便被丈夫叫回了家。她的丈夫当时在镇上开拖拉机给人拉货。在此之后，铁珍还去过一次深圳，在一个由她姐夫的亲戚开的私人托儿所里做厨师。但是她只在那里做了一个月，丈夫就打电话催她回家，说是家里已经乱成一团了。铁珍说，她的丈夫没有耐心做家务和照顾孩子，所以她不可能在外工作很长时间。

但是也会有例外。有些30多岁的女性长期在外从事非农的工作，她们可以做到这一点，是因为她们可以不用承担“三重任务”中的一项，甚至是两项。她们可能不用种地，把这项任务完全交给自己的丈夫。或者整个家庭都不种田了，把农地转给村里其他农户种（一般是自己家的亲戚），然后专心从事非农工作。上文提到的小红，她出钱把家里装修了，还买了空调。她的丈夫，在村里其他女性看来，很有耐心。小红每天专心在工厂工作，而她的丈夫就负责做饭，接送孩子上下学，做农活儿。年龄也已经到30岁后期的林红，和丈夫一起放弃了种地。她的丈夫在镇上跑出租。林红就和丈夫在距离她的工厂和儿子的学校都比较近的地方租了一间房子。这样即使没有父母来接，他们的儿子也可以自己回家。而林红也可以不需要丈夫接送，自己上下夜班。还有一些极端的例子，有些女性放弃了农业、家务和孩子的照料，到大城市工作。一位叫春芝的女性，和丈夫一起到深圳打工，把他们12岁的儿子单独丢在家中，还好孩子的爷爷奶奶住得不远。当我在村子里的时候，我没能见到春芝，因为她当时在深圳。但是我见到了他们的儿子，小朋友当时正在上小学六年级。他每天骑自行车上下学，早饭和中饭在学校吃，晚饭在爷爷奶奶家吃。有次我去了他的家里，整个房间都布满了灰尘，还散发着一股尿骚的味道。我猜测这股味道来自角落的一个塑料盆，这个塑料盆是供他晚上撒尿用的，因为在这时候的莲荷村，一般农户并没有室内的厕所。这件事本身在莲荷村是普遍的，但是正常情况下，人们会在早晨清洗昨晚使用的塑料盆，以祛除味道。但是没有妈妈在周围监督他注意个人卫生问题，小男孩是不会坚持做这些的。

但是，对于大部分女性，她们还是会选择放弃外出工作的渴望，留在家中照看农田和孩子；而她们的丈夫则主要在外工作，只会在农忙时帮忙做些农活儿，甚至会完全把农活儿交给妻子。这是这群女性最为常见的家庭分工模式。

（三）子女照料和农业的老龄化："合作家庭"内的劳动分工

但是对于第三代女性，情况是非常不同的。尽管她们只比第二代女性中的妹妹群体小十岁左右，但是由于第六章提到的"合作家庭"现象，她们一般不需要做太多的农活儿，家务，甚至也不需要照看子女。这让她们获得了自由，使她们可以到家乡的城市或者异乡的城市工作，也让她们成为村民口中的"最安逸的一代"。

下面是石春的故事。石春出生于1975年，和丈夫，12岁、6岁的两个女儿，以及她的爸妈生活在一起。她是招婿婚姻，两个女儿管她的爸爸妈妈叫"爷爷"和"奶奶"，而不是我们通常以为的"外公""外婆"。

黄：　她们两姊妹从生了之后哪个带？

石春：奶奶。从生了就是的，现在都是的。一直都跟着他们，两个都是的。又不跟着我。

黄：　那你蛮轻省么。

石春：我，生了，又不要我管，这她上学啊，都是爷爷接送啊，睡啊，都是跟着奶奶睡啊，又不要我管，两个都是的。

黄：　大女儿现在也是爷爷接？

石春：她就自己搭车搭到管理站那里啊，就接回来，送的时候再送去。反正我们也不管好多，都是他们弄。

黄：　啊，那现在当爸爸妈妈好轻松啊。

石春：嗯，就是生一生，都是爷爷奶奶弄。

黄：　平时管不管？

石春：平时要钱的时候，我给点，她有时候还不找我要钱呵，有时候上学的时候我打麻将，她都找他们要钱。

黄：　哇，这有老人，生小孩子蛮舒服啊。

石春：嗯，是的，现在都是的。

黄：　那其实你从结婚之后就一直在外面搞事（工作）？

石春：嗯，是的。

黄：　田里的活搞（做）得多不多？

石春：搞的少呐。像这上三班倒的话，怎么搞？去年刚去上班的时候，田里哪里搞啊？

黄：　就都是你爸爸妈妈搞？

石春：嗯。

黄：　现在还是种八亩多田？

石春：现在还是，我们一直都种那么多田。是好多，八亩八分一。

黄：　她爸爸在外面搞事？

石春：嗯。他就是去年出去半年，今年出去了一年呵。以前这附近有电网改革的时候，他就在这附近搞啊。他反正也是在外面搞事，田里也没有管。

黄：　田里就都是她爷爷奶奶搞？

石春：嗯。

黄：　哇，你们好轻省啊，什么事都没有？

石春：哪里有什么事呵。像这去倒三班倒，衣服都没有洗过了啊。火也没有烧好多。上了浅夜班呵，早上起来了就巴不得去打麻将去，上了深夜班呵，又要睡觉，睡了大半天呵，下午起来，又想打麻将。

黄：　上班之前打？

石春：嗯。你说这上白班的话，就到这晚上啊，有时候烧烧火，有时候火都不烧啊。

黄：　都是她奶奶？

石春：嗯。衣服这时候也已经洗了啊。

黄：　真的是屋里有老人呵，要轻省得多啊？

石春：那肯定呵。假如我屋里没有老人，最起码这时候我就要洗衣服呵，马上又要烧火啊，还有孩子呵，那在外面搞不成，算是在外面搞不成的。像我们孩子这样的，还要人接送的，没有老的在，算是搞不成。

从中我们可以看出，对于第三代女性，在子女照料和农业问题的任务分配上发生了很大的变化。不像第二代女性中的“小妹组”，第三代女性有公婆或者自己的父母照看孩子和做农活儿，她们可以自由地从事非农类工作。当然，这也要归因于“合作家庭”的形成。换句话说，传统的劳动分配模式中老一辈的婆婆/妈妈待在家中照看孙子孙女和料理家务，依赖年轻一代的儿子/儿媳（入赘婚下是女儿/女婿）的收入维持生计，在当代的“合作家庭”中已经不适用了。现在的情况是，“合作家庭”中的老一辈人，不仅要照顾好孙子孙女、料理好家务，还要负责田地里的农活儿。

至于对孙子女的照料，第三代女性的父母或者公婆所付出的要比传统模式中的父母多得多：在很大程度上，他们不仅帮年轻的夫妻照看孩子，还承担着抚养和教育他们的孙子孙女的责任。也就是说，他们贡献的不仅是时间和精力，还有金钱。在石春的故事中，我们知道，除了给孙女做饭和洗衣，接送孙女上下学，晚上和孙女睡一张床之外，他们平时还会给孙女零钱。如果回到前文提到的家庭的财务模式，石春他们使用的是“大账户和小账户”的模式。两位老人只有一个属于自己的小账户，而这也是他们只能给孙女一些零钱的原因。但是对于很多第三代的女性，她们和丈夫在东部或南部的城市打工，把孩子完全丢给父母或者公婆照看。在这种情况下，除了零钱，两位老人一般还需要承担孩子们的教育费、医疗费等。至于财务模式，这类家庭一般采用“两个大账户”的模式。也就是说，年轻夫妻和他们的父母有自己单独的存款。前文提到的海静，将自己的女儿交给她的父母照管，而她和丈夫到浙江打工。海静说，他们离家去浙江前会留下些钱，但这之后就不会寄钱回来，都是家里的父母在负担女儿上学的费用和平时的零用钱。而另一位女性冬梅说，除了春节她和丈夫从宁波回家时会给父母买些礼物外，他们儿子的教育费，甚至是医疗手术费，他们都没有管，这些几乎都是由她的公婆承担的。一位婆婆凌香和自己的丈夫、一岁的小孙子生活在一起。她抱怨说，她的孙子动手术，只收到儿子和儿媳寄来的500元钱（儿子和儿媳在广州打工）。而实际上，孩子的手术花了他们足足1 100元，这还不包括后续的检查费和营养费。把自己的孩子交给父母或公婆来抚养在第三代女性中是非常普遍的。这实际上给两位老人带来了压力，他们不仅要花费精力去照看孙子孙女，更重要的是，他们还得提供金钱。所秀，当时刚过五十岁，表达了她的担忧，尽管她的儿子在广州工作，还未结婚：

> “他都二十好几了，肯定这几年就要结婚啊。我们屋里又不是像别人蛮有（钱）啊。他要是结了婚生了以后把孩子送回来让我们养呢，这是很有可能的。他们年轻人肯定要工作啊，现在的年轻人都是这样做的：孩子一生，就扔给老的来养。老的呢，肯定要好吃好喝地给孙子伺候着。我们肯定也要这样啊，要不然别人肯定说闲话的。再一个，人家的孙子孙女都有好吃的，你的没有，你心里有没有想法？我们能怎么办呢？我那天跟我的老头子说，没得办法了的话，你就只有把烟戒了，攒点钱！”

但是这样的隔代抚养会如何影响由祖父母抚养长大的新的一代呢？而

这又会如何影响三代人之间的关系？这些会影响两个老人将来的养老问题吗？在下文讨论农村老人的养老问题时，我会回过来讨论这些问题。

在“合作家庭”中，除了抚养孙子孙女，种地也主要由两位老人承担。当前，由于子女的数量有限，大部分新出现的公公婆婆还比较年轻。比如说，当他们帮家里所有的孩子成家后，他们也仅仅不到五十岁。这时的他们，身体还比较硬朗，还可以承担起农业和照顾家庭的责任。导致这种劳动分工的另一个原因是，此时的农田数量比较有限。人口膨胀导致对宅基地的需求日益增长，工业使用造成对农田的大量征用，这两个因素都造成可耕种土地日益减少。根据政策，一个家庭可耕种的土地并不会因为家庭新成员的到来而有所增加，如娶儿媳或者婴儿出生。因此两位老人完全有能力耕种这些他们已长期耕种的土地。有时候由于前述的原因，需要耕种的土地可能比以前要少。这样，长大的孩子和新的家庭成员就成为家庭中的“剩余劳动力”。在这种情况下，想要提高家庭的生活水平，就很有必要从事非农工作。而所有这一切都促成了这样一个现实，即“计划生育一代”，不管是男是女，丈夫还是妻子，都很可能离家寻求非农工作，而把种地的事情完全交托给父母或者公婆料理。

二、从“农业女性化”到“农业人口的老龄化”：人口转变和农业发展

从上文的分析可以看到不同代际的农民，对待农业具有不同的态度。在改革开放之后的几十年里，农业作为莲荷村村民赖以生存的一个主要来源，在家庭内劳动分工中经历了不同的历程。上文中“战后婴儿潮一代”和“计划生育一代”的三个人口组别和农业产生了不一样的关系：对于“大姐组”的女性，几乎无法摆脱农业，她们的生活也主要以农业和照料家庭为主；“小妹组”虽然有心摆脱农业，意图通过从事非农产业来获得更高收入，但多因为被家务和孩子照料所束缚，无法达成心愿；而“计划生育

一代”的女性，只要来自“合作家庭”，则基本上摆脱了家务、孩子照料和种地的拖累，而可以专心从事非农产业。这会对农业发展产生怎样的影响？学界关于改革开放后农业发展讨论较多的一个议题就是“农业女性化”的问题。这似乎是发展中国家普遍面临的问题。但中国面临的问题和其他发展中国家一样吗？本节会在这个“农业女性化”普遍问题的背景下来探讨改革开放以来的人口转变和农业发展之间的关系。我们先简要回顾一下这方面的研究文献，然后再在莲荷村的背景下探讨这个问题。

（一）“农业女性化”及其中国情境：简要综述

自改革开放以来，谁是主要的种地人群？针对这个问题，主要有两方面主要的观点。第一种观点主要是女性主义学者在质性研究的基础上提出的。他们认为，农村女性是农业的主要承担者，她们的丈夫将她们留在农地里，自己去城里打工挣更多钱了（Judd，1994；Jacka，1997；Bossen 2002；高小贤，1994）。这种安排的后果比较复杂。一方面，女性成为家里的主要管理者，她的贡献更为可见，这有利于提升农村女性在家里讨价还价的权力。另外，她们成为农业和家庭事务的主要承担者，这也提升了她们的自我意识和独立性。但是另一方面，她们从事劳动的时间会加长，责任会加大，这是以加重她们的身体负担和精神负担为前提的。此外，有人担忧一般农村女性的受教育程度低于男性，如果主要由她们承担农业，是否会对农业的开展、结构和农业技术的推广产生负面影响（UNDP，2003）。

关于改革开放以后中国农业从业人群的第二种观点主要是由农业经济学家提出来的。他们的结论主要建立在定量研究的基础上。他们并不认同中国“农业女性化”的观点。比如，Alan de Brauw（2003）提出，自20世纪90年代后期以来，从事农业的中国女性的比例是下降的，因此未来中国农业向“女性化”的方向发展是不可能的。学者Linxiu Zhang及其合作者认为，即使中国农业主要由女性来承担，也不会导致产量下降（Zhang et al.，2004）。De Brauw及其合作者在另外一篇较新的论文中提出，中国并没有存在“农业女性化”的问题。而且，即使女性承担农业，其结果多半是积极的，不会对农业的劳动力供应、农业产量和农业带来的收入方面产生负面影响（De Brauw et al.，2008）。

两种观点实际上都是建立在对特定农业区域的研究的基础上的，即使定量研究所覆盖的地域范围更大，但也只是聚焦在某几个特定的省份。因此，两种观点所得出的结论似乎都无法宣称说可以代表全国的状况。另外，正如 De Brauw 及其合作者所指出的那样，既有的研究倾向于把农村女性当作一个同一的群体，而忽视了内部的差异。在他们的研究中，他们注意到，在中年农村女性中（出生于 1955—1974 年），确实存在“农业女性化的倾向”。但在其他年龄群体的女性中，则不存在（De Brauw et al.，2008）。但他们没有在文章中分析各年龄群体农业参与率不同的原因。

（二）从“农业女性化”到“农业人口的老龄化”

在莲荷村的发现，正好呼应了 De Brauw 及其合作者在文中提出的关于农村女性并不是同一的群体的观点。基于前文对“战后婴儿潮一代”和“计划生育一代”的三个人口组家庭内部不同性别和不同代际劳动分工模式的分析，我们提出，莲荷村的农业经历了一个从“农业女性化”到“农业人口老龄化”的过程。这个结论主要是在对不同代际人群的劳动分工状况进行质性描述的基础上得出的。而同时期我们在莲荷村所获得的一些定量的数字，从另一个方面支持了这个结论。下面的两个表格是莲荷村村民委员会依据上级的要求分别在 1995 年和 2005 年所统计的有关村民从事非农产业情况的数据。

表 7－1　莲荷村村民从事非农工作的比例（1995 年）

	在城市打工的比例	在汉水县从事技术活的比例	在汉水县打零工的比例	全职在汉水县工作的比例	推算出的完全从事农业的比例
男/年龄（出生于）					
16～35（1960—1979）	15.0%	69.3%	8.4%	0	7.3%
36～55（1940—1959）	2.1%	7.3%	83.2%	0	7.4%

（续表）

	在城市打工的比例	在汉水县从事技术活的比例	在汉水县打零工的比例	全职在汉水县工作的比例	推算出的完全从事农业的比例
55及以上（—1940）	0	1%	46.2%	0	52.8%
女/年龄（出生于）					
16～35（1960—1979）	5.1%	8.3%	0	1%	85.6%
36～55（1940—1959）	0.1%	0.2%	0.5%	0	99.2%
55及以上（—1940）	0	0	0	0	100%

表7-2　莲荷村村民从事非农工作的比例（2005年）

	在城市打工的比例	在汉水县从事技术活的比例	在汉水县打零工的比例	全职在汉水县工作的比例	推算出的完全从事农业的比例
男/年龄（出生于）					
16～35（1970—1989）	61.3%	36.5%	1.3%	0.1%	0.8%
36～55（1950—1969）	8.7%	43.2%	40.3%	0	7.8%
55及以上（—1950）	1.2%	10.2%	6.9%	0	81.7%
女/年龄（出生于）					
16～35（1970—1989）	69.5%	12.1%	0.1%	17.6%	0.7%
36～55（1950—1969）	2.1%	2.5%	0.2%	0	95.2%
55及以上（—1950）	0	0	0	0	100%

在表7-1、表7-2中“技术活”主要指瓦工、木工、室内装修、理发师、裁缝、汽修工等，“零工”主要指在建筑工地做小工或在工厂里做临时工。这两个范畴的工作通常是可以兼顾农业的。“全职在汉水县工作”则指工作的人不兼顾农业，在农忙时不停止非农工作。将两个表格进行对比，可以发现20世纪90年代中期到21世纪初莲荷村村民从业的变化。在1995年，从事非农工作的村民比例因年龄和性别呈现较大差异：16～35岁的男子，将近70%在汉水县做技术活，36～55岁的男子中则只有7%左右的人从事技术活，但他们中超过80%的人在做零工。女性的情况类似，年

轻一些的更高比例在做非农工作。最引人注意的是绝大多数女性，不论其年龄，在1995年的时候完全被留在农村从事农业，而男子则只有55岁及以上的年龄组有一半左右的人完全从事农业，其他年龄组要么完全不做农业，要么只在农忙的时候做。换句话说，在1995年，莲荷村的农业呈现了女性化的趋势。2005年发生了许多变化，最明显的一点是在城市打工的年轻人（16～35岁组），不论男女，呈现大幅度上升，尤其年轻女性，甚至快达到70％。而完全从事农业的人中增幅较大的是35～55岁组的中年男子。换句话说，到2005年左右，莲荷的农业是由中老年人（包括男女）来承担的，呈现出较强的农业从事人口老龄化的趋势。而这个“农业人口老龄化”的趋势引起了西部和内陆许多年老农民的担忧。比如，四川、安徽和湖北的一些老农民抱怨说，现在没有哪个年轻人想要种地。十年后，他们这些老农民老了，不能种地了，到那时，不知谁会来种地（杨三军、沈翀、李钧德，2007）。而之所以会有这个趋势，是因为自改革开放以来农村人口结构的转变，以及随之相应的家庭内性别之间和代际劳动分工的模式变化而引起的。

总而言之，我们发现，尽管“战后婴儿潮一代”和“计划生育一代”的三组女性在改革时期面临相似的社会经济环境，计划生育使她们拥有相似数量的子女，但是她们却经历了迥然不同的劳动生活，并选用了不同的家庭劳动分工模式。造成这一截然不同的生活经历背后的原因，可以归结为不同的学校和职业教育，以及不同的家庭结构所致。由于受到的教育有限，“大姐组”群体主要从事农业生产，又因为她们的青春期在改革开放之前已渡过，这一组女性及其丈夫也错过了学习非农技艺的时机，只能把全部精力放在农业上，并做些临时的、非技术性的体力活。“小妹组”群体学习了非农知识，本来可以从事非农工作，但是，种地、子女和家务阻止了她们外出的脚步，因为她们的家庭一般是核心家庭，只有她们和丈夫两个劳动力。她们中大部分人会选择待在家中，做农活儿，照顾家庭，而让她们的丈夫在家乡或到其他大城市从事非农的工作。而这就使得中国农村在20世纪80年代到90年代中期，出现了农业女性化的现象。但是自从90年代中期，计划生育出生的一代逐渐长大。新结婚的夫妻和他们的父母组成“合作家庭”，有父母或者公婆帮助他们做农活儿，照顾子女和料理家务，年轻夫妻可以到外面从事非农的工作。而这又导致了“农业人口的老龄化”，并出现了由外公外婆或者祖父祖母隔代抚养长大的一代人。

三、耙子和篮子？丈夫和妻子间的现金收入差距

不同类型的家庭劳动分工模式造成了夫妻间的收入差距，这将是本部分的研究内容。文章首先会综述现存的相关文献，接下来会对三组女性家庭中夫妻间的收入差距进行平行式的讨论。一些女性主义学者担心，集体制的废除会将回到家庭从事农业劳动的女性再次置于男人拥有领导权的父权制之下，这些所谓的“家长”会对家庭中的婚姻和生育等实行强权控制（Andors，1983；Croll，1983；Davin，1988）。但是很多学者表示，事实并不像预期的那么糟糕。基于对山东省 20 世纪 80 年代末到 90 年代初的三个村庄的观察，朱爱岚表示，对于家庭成为女性受压迫的核心之地的严重性，实际上被夸大了。她认为出现了新的劳动形式，如家庭副业。这些副业生意由女性经营，她们享有较大的自治权。而那些在乡镇企业工作的女性则主要受到乡级或镇级政府的管辖，而政府的领导人一般是男人。因此，她总结说，农村的女性在家庭中相较于以前可以享受更大的权力，而主要的压迫来自外面的世界，因为在外面的世界中，男人是统治者（Judd，1994）。

我基本上赞成朱爱岚的观点，但是我认为有必要进行深入的探索。首先，关于调查地点，她选择的是山东省。在这里，工业化水平相对较高，家庭副业和乡镇企业比内陆和西部地区更盛行。这一点可能会使得当地的女性卷入的权力关系不同于内陆和西部地区。而且，朱爱岚并未对家庭中的性别和权力关系做太多的讨论。此外，她的观点形成的核心人口基础，是已婚的“战后婴儿潮一代”。但我认为，伴随着“计划生育一代”的成

长，家庭内部的权力关系会发生改变。最后，如我在前文强调的，即使是“战后婴儿潮一代”，内部也存在着某种差异。在本节，我们将会探讨，家庭劳动分工将会如何分别影响夫妻间的收入。

在莲荷村，传统的夫妻间的劳动分工模式被比喻成“耙子和篮子”的关系。丈夫是“耙子”，负责从外界“抓”钱，而妻子则是“篮子”，负责将钱放进篮子里，并合理使用每一分钱，避免任何的浪费。人们认为，夫妻间良好的合作会打造一个幸福的家庭。可是社会主义革命将这种形式的劳动分工打破了：妻子也成为“耙子”的一部分，也可以挣钱。但是，问题在于，谁挣得更多。

在改革时期，对于上文提到的三组女性，一般说来，“大姐组”和她们丈夫的收入不存在太大的差距。因为夫妻两人都参加农业劳动生产，为家庭生计做出了相似的贡献。尽管一些丈夫会通过打零工获得一些额外的收入，但这并不会造成夫妻间较大的收入差异。而且，当他们外出打工时，家中的农活儿都由他们的妻子承担。另外，在任何情况下，家务和子女的照料都是由妻子承担的。

可是对于“小妹组”群体，她们对家庭生计的贡献，则无法与其丈夫相比。上文提到，尽管该组的大部分女性曾努力尝试外出工作，但最终还是待在家中，负责种地和照顾家庭。而她们的丈夫则外出从事非农类的工作。我们已经知道，谈到收益，农业是不及非农类工作的，因此，她们的丈夫一般会为家庭带来更多的现金收入。当然也存在特例，就是丈夫留在家中负责种地，照料家庭，而妻子则外出从事非农类的工作。还有一些女性，她们的丈夫从事比如包工头或者自己做生意之类的工作，能给家里带来更大的收入。这种时候，她们家里一般种的地会比较少，留够口粮田，有的人甚至完全不种地了。而这样家庭的女主人一般把家里照顾好就可以了。毫无疑问，这些女性受到了村庄中其他女性的极大羡慕，因为在她们眼中，“她们不用怎么做事。她们每天要做的事情就是洗衣做饭接送孩子，然后就是打麻将！”换句话说，在这一类型的家庭中，丈夫是家庭收入的主要来源，而妻子则是家庭管家。夫妻之间的这种劳动分工更类似于传统的

“耙子和篮子”模型。

与“小妹组”群体相比，大部分第三代女性可以为家庭的经济做出更大的贡献。而且，她们的非农类工作也可以使她们获得比第二代更多的收入。在子女的哺乳期，她们或许会放弃非农工作一段时间，但是当孩子长到一两岁，甚至在年纪更小时，她们会回归工作岗位。由于“合作家庭”模式的存在，她们可以享受更多的灵活性，而她们中每个人的情况也具有更大的差异性。一般情况下，她们的丈夫有某种技术，或是经营某种生意，可以获得比她们更多的收入。但是有时候，由于妻子双手利落敏捷，收入也有可能高于丈夫。这一代女性实际上会受到前两组女性的羡慕，因为她们可以摆脱和远离烦琐的照顾子女和处理家务的任务，而专注于非农工作。

四、本章小结

总而言之，整体性视角为我们提供了更好的机会，以此来剖析改革时期三组女性劳动分工类型的差异性和关联性。少女时期的学校教育和职业教育，以及婚后的家庭结构，都造成了她们在改革时期不同的劳动生活，而这进一步引起了夫妻间收入的差异。一般而言，有限的教育使得“大姐组”群体不得不依附于农业；而对于“小妹组”群体，虽然接受了足够的非农教育，且在婚前从事过非农类的工作，由于受到核心家庭这个家庭结构的影响，她们不得不回归家庭。因此，她们只能在家中负责种地和照顾家庭，而把外出从事非农工作的机会留给丈夫。这样的夫妻劳动分工促成了“农业女性化”的社会现象。而对于大部分的第三代女性，“合作家庭”的出现，使她们免于农业、子女照顾和家务这些烦琐的任务，而可以专注于非农类的工作。但是，这样的劳动分工也引起了社会上对“农业人口老龄化”和农村中由祖辈抚养长大的一代的关注。而莲荷村的农业发展也经历了一个从“农业女性化”向“农业人口老龄化”的转变。与各自丈夫对家庭经济的贡献相比，三组女性所提供的贡献不尽相同。一般说来，“大姐组”与她们的丈夫对家庭经济的贡献是大致相同的，虽然夫妻二人的收入都不高；而“小妹组”的收入则一般低于她们的丈夫。至于第三代女性，或许她们的收入没有丈夫高，但是从比例上来讲，她们对家庭经济的贡献要大于“小妹组”群体。而且，正如我们之前提到的，就完全的收入金额而言，她们的收入也高于“大姐组”群体。

第八章

劳作的老人：农村中的代际契约、养老和性别

一、引子

本章以一个老妇冬英的故事作为开始。

2005年碰到冬英时她78岁了。当我请她给我讲讲她的生活时，她的讲述充斥了眼泪、抱怨和悔恨。当她提到最近20年的生活经历时，尤其如此。她有五个成年子女，三个儿子，两个女儿。在农村，农民最重要的事情就是给所有子女成家立业。1983年，冬英56岁、她老伴62岁的时候，她最小的儿子成家了，算是完成了这辈子最大的事。这之后，两位老人和最小的儿子一家过了两年。他们一直希望小儿子一家能搬出去自己建屋另过，但心愿一直未成现实。起初的几年里，两辈人同吃同住同劳动。但两年后，在一个十分炎热的夏日下午，冬英顶着烈日去野地里给自家水牛割草时，小儿子和儿媳在家午睡。她心里很气，瞬间决定和小儿子分家，她和老伴单过。在同住的两年里，冬英和老伴劳作得非常辛苦，但小儿子和儿媳仍旧时不时抱怨，说他们在自己的婚事上没尽力，没有全心全意为这个家。在她决定分家之后的八年里，冬英和老伴虽然和小儿子一家同住一屋檐下，但他们另起灶头，吃自己的饭，为自己劳作。几个儿子匀了一小块地给他

们种，产点口粮。忙月时，有时候女儿和女婿们会回来帮忙。收割季节时，冬英会出去在地里拾穗，回来打谷子后有多余的就卖掉。闲月时，她到处溜达捡破烂，分拣后卖掉。同时他们也尽可能给几个儿子搭把手，比如，照看孙子孙女或放牛。单过的八年间，除了自己吃用，他们攒下了一千块钱和五百公斤粮食。

但一切在1993年骤然生变：冬英的老伴上吊死了！老头之前一直身体壮实，能耕能耙。但1992年，他偶然发现自己得了心脏病。那年他的胳膊也出了问题，疼得几乎无法劳作。两个老人陷入了前所未有的恐慌，害怕再也无法自己供养自己了。出于这种恐慌，老头建议冬英和自己去跟儿子们过，两人轮流住在三个儿子的家里。但冬英拒绝了。经过多次磋商，老头留下来了。冬英安慰他说他的病是命中注定的，没有事的，因为算命的曾经说他会在她后面死，而她是要在62岁的时候死掉的。她甚至开玩笑地说，如果她62岁死了，留下他一个，三个儿媳没有一个会对他好，因为他和她们全都吵过架。老头把这话当真了。没几天，当冬英出去放牛的时候，老头在家自己上吊死了。

他们的儿子知道老头和老太太有点钱。等冬英的老伴一下葬，他们的大儿子就跑到他们的房间里，在没上锁的箱子里找了一通。他找到了他们的存折，提出要和其他两个弟兄平分，而母亲开始在他们三家轮流过。冬英除了哭，什么事都做不了。后来还是她的妹妹——儿子的小姨阻止了他们分钱。最后，存款保住了，冬英开始一家七天地在三个儿子家里轮流住。这种不稳定的生活很难过，冬英非常后悔没有自己单过。最初的两年，她一家待七天，在哪家时就在哪家吃住和干活，她做家务、在地里劳作、放牛。但能让三个儿子儿媳都满意真的很困难。因此时不时有争论。第一年，她的二儿媳和她打了一架，因为当她从二儿子家搬到三儿子家时，她想把女儿给自己买的香烟带走。二儿媳对她大吼大叫，把她赶出了家门。冬英伤心欲绝，但为了长远打算，决定还是忍气吞声。

但一年后，她实在无法容忍她的二儿子和二儿媳。她说，他们非常小气刻薄，当她住在他们家时，他们不容许她给其他两个儿子做任何事情。“你吃我的饭，你就是坐在这里没事干，我也不想你帮他们两家做事。”二儿子和儿媳如是说。这迫使冬英离开他们，开始在大儿子和小儿子家轮流住。就这样，六年过去了。大儿媳和小儿媳时不时也埋怨她，说她做事不勤快。最后一件事情的发生，成为压倒一切的最后一根稻草，使得冬英决心离开儿子们的家，自己单过。事情是这样的：她小儿子的儿子九岁了，但孩子满口污言秽语。冬英叫小儿子管教他一下。小儿子于是打了儿子一顿。但小儿媳冲出来骂她：“你高兴了吧，你个老B!”冬英和她吵了一架，最后不得不彻底离开。

2005年我初次遇到她时，她已经自己单过了四年。她自己买了个锅，在小儿子家厨房的角落砌了一个土灶。她捡棉花、拾穗子、捡破烂，然后再卖掉。她说她非常后悔没有一开始就单过。如果那样的话，她能攒更多钱。女儿们有时候给点零花钱或给她买衣服。她老伴的一个侄子，是家族中唯一通过当兵、提干，最后变成城里人的成员，在她老伴去世后，每年给她一两百块钱。但她自己的三个儿子，从来没有给过她一分钱。2003年她最小的儿子和儿媳去城里打工，冬英把他们的菜园子开垦成一块棉花田。2004年，她卖棉花得了三百块。2005年，小儿子在忙月回来把冬英种的棉花卖了，得了四百五十块，一个子儿也没给冬英。

当我问冬英她接下来的打算时，她说她只希望自己能悄悄地死掉，不要得卧床不起的病，因为她不指望在她病的时候，儿子儿媳们会给她任何妥善的照料。不过她说她也不难过，因为她没有全心全意为儿子儿媳们服务，她也不指望他们能好好待她。

本章将关注一个特殊的生命阶段：老年。在这一章，分析的视角将与前面几章有些许的不同，因为“养老”和“代际契约”作为一个非常重要的话题，是与“劳动”话题紧密联系在一起的。由于“养老”受到了广泛的讨论，本章的论证将建立在既有研究成果的基础上，但是却与之前的学术成果有所不同。本章试图从老人们每天劳作的视角来理解“养老”，并通过提出“她们做什么和为谁而做”，以及“谁为她们在做什么”的问题，来揭示代际互惠合作中变化的机制。我认为，“劳动交换”已成为两代人互惠合作体系的重要部分，并深刻地影响着中国农村的“养老”制度。自20世纪早期以来，不断变迁的劳动制度，以及不同时期人们对劳动的感知和评价，都与不同的养老模式紧紧相连。本章不同于以往学术作品的地方在于，将“养老”这一议题置于国际环境的背景下，以历史的视角来重新审视这一议题。

二、背景

由于全球约有三分之二的老年人口分布在发展中国家的农村地区，因此过去几十年来，越来越多的学者和政界人士开始关注这些地区的养老危机问题。对于这场危机，存在两种不同的看法。一种可以称为“现代化和老龄化论”（modernisation and ageing thesis），认为发展中国家的农村正在经历工业化和城镇化，而与之相关的寿命延长、生育率降低、从农村到城市的劳动力流动、传统大家庭的瓦解、养老金制度的缺失等，都造成了农村养老危机（Tout，1989；Stloukal，2001，2004）。由于缺少福利和养老金制度，发展中国家农村地区的养老都基于血缘关系，依靠善意、责任、互相帮扶的传统起作用（Glucksmann，2006a：64）。因此，养老危机的背后是赡养责任感的削弱与互惠制度的崩溃。另一种看法研究了亚洲多国农村的代际契约，即亲子两代在其生命历程的不同阶段提供互相扶持，比如父辈抚养子代、子代奉养父辈的制度。在此基础上，该看法虽承认存在养老危机，但认为传统家庭中的代际契约并未瓦解，而是经过重新商榷和阐释，形成了新的互惠关系（Croll，2006：482 - 83）。这一争论引发了一个问题：当代中国农村的情形如何呢？

对于这个问题，没有一个单一抑或简单的答案。首先，与其他国家的农村社会相比，中国农村老龄化的问题似乎面临着更大的挑战。其一，在过去的二十年里，中国老龄化人口极速增长。自20世纪90年代末以来，中国已经进入了“超老龄化”阶段。预计到2020年，全球约有四分之一65岁及以上人口（约1.67亿）来自中国（United Nations，2013）。与城市地区相比，中国农村人口老龄化现象更为显著。2008年，中国农村和城镇老年抚养比/高龄依赖比分别为13.5%和9.0%，未来这一差距还会继续扩大（Cai、Giles、O'Keefe & Wang，2012：2）。其二，2009年开始实施的新型农村社会养老保险，将基础养老金和由农民缴费、政府补贴组成的个人账户养老金相结合，具有一定的创新性。但研究表明，此种计划并没有得到农村居民的极大青睐，因为很多农民认为该计划成本高、收益低，具有很强的不确定性（Jacka，2014：196）。由此可见，农村养老和城市养老的来源明显不同，前者主要依靠自身劳动和家庭供给，后者则主要依靠养老金（Cai、Giles、O'Keefe & Wang，2012：45－64）。

其次，从历史的角度来看，自20世纪早期工业化和城市化进程的初始阶段以来，在不同的历史时期，中国农村代际间的互惠机制和社会的养老安排便呈现出不同的形式。一些人曾经或者现在面临着“养老”危机，而其他人或许境遇稍佳。造成这一差异的原因在于影响养老安排的结构层面的因素和个体层面的因素的影响不同。在结构层面，类似于养老保障制度、劳动制度、财产体系、文化和人口方面的变化这些因素都起到一定的作用；而在个体层面，家庭结构、子女（尤其是儿子）的数量、居住方式、身体状况、家庭经济状况，以及最为重要的是，人们对于劳动的感知和评价，都起到了关键的作用。由于以上因素的变化，两代间的互惠机制也处于转变中。本章的任务是：从历史和比较的视角，顺着中国农村工业化的进程，即20世纪早期到当前，来追踪代际互惠机制和养老安排的变化。这里的“比较”是从两个层次上进行的：一个是宏观，一个是微观。在宏观层面，本章试图研究在中国农村养老中照料供给制度从“小农经济”到“集体经济”，再到“市场经济”这三个经济和劳动制度中的变迁。而在微观层面，文章宗旨在于审视每一代养老制度的细节。然而，由于我们无法获得集体经济之前的关于养老问题的案例，微观层面的比较将在三组老人（尤其是女性）之间展开："第一代放足者"女性的母亲一辈，她们在集体经济时期度过了她们的晚年；"第一代放足者"，她们在改革开放之后进入老年；以及"战后婴儿潮一代的"大姐组"，她们是刚刚步入老年的农村老人。由于第一组女性都已离世，因此关于她们的养老故事，主要来自第二组女性的叙述。文章通过审视三组女性（及其和丈夫）不同的养老安排，来总结出她们分别在哪里，并且以何种方式获得养老资源。该资源既包括身体上的照料，也包括经济上和情感上的支持。本章首先从宏观层面，介绍中国农村养老的照料体系自 20 世纪早期以来发生了怎样的转变，以及有关这一议题的既有学术研究。接下来，文章会从微观层面来探究社会结构的转型，尤其是劳动制度的变化，以及个体层面的种种因素，特别是人们对于劳动活动的认知和评价的变化，如何影响每代人的养老安排，以及其后的代际互惠、代际契约的机制是怎样的。文章还会关注中国农村养老问题中的性别差异。

三、理解中国农村的代际契约和养老问题及其变迁：一个综述

事实上，自 1911 年封建帝制的土崩瓦解，中国农村养老制度所处的曾经/当前的社会环境发生了很大变化。1911 年之前，传统的中国以父系制为特色。在这样的家庭中，老者掌控着家庭财产，抚养子女，并负责将家庭财产转交给已婚的儿子并获得子女的照料和孝敬。当然，所谓子女的孝敬，既包括对老者身体上的照料，也包括经济上的扶持。当然这里的家庭资产主要是指土地资源。除了老者对家庭资产拥有掌控权这一因素，以"孝顺"为主导的儒学思想也为这样的社会风貌提供了意识形态上的基础。而传统的社会精英分子会以儒学思想教诲普通百姓，这样就保证了"孝顺"这一道德观念的传承和延续。因此尽管没有社会福利可享，双向的代际互

惠机制和代际契约一直沿用，从而满足了年轻一代和年长一代各自的需求（Whyte，2003）。

然而现代历史中一系列的改革运动所带来的巨大的社会变革，使城市地区曾经的代际契约所特有的功能在很大程度上被国家设立的机构所取代。国家机构为孩子一代提供教育、工作和住房条件；而养老金和退休金制度则为父母一代的老年生活提供了保障（Whyte，2003：11）。在农村地区，20 世纪 80 年代早期，在集体经济废除之前，根据粮食定量分配制度，粮食的分配以家庭成员的数量为根据，并不对人员的年龄和性别做考虑，这样就保证了家庭中的老人也可以获得生存的粮食；而对于那些没有任何家人可以照顾他们的老人，20 世纪 50 年代新成立的“五保户”制度则为他们的生存提供了保障。他们可以从集体中获得粮食、衣物、安葬费、医疗及住房条件（Dixon，1982）。而重要的是，尽管儒学思想被严厉批评，代际互惠仍然被高度提倡和认可（Whyte，2003）。这一提倡的执行获得了集体组织的保证，要知道，集体组织实际上控制着每一个农村家庭。

但是伴随着集体制的废除，上文提到的各种福利也不复存在。一方面，粮食定量分配制度终止，农村老人赖以生存的任何粮食必须由他们自己耕种获得，或者是由他们的成年子女提供。另一方面，20 世纪 50 年代后期，改善后的医疗条件使大部分老人拥有成年子女，因此他们不符合“五保户”的救助条件。而且国家也没有为他们出台新的福利保障制度。而更为重要的是，与被废除的集体制一同消失的是来自国家的监督，这为每个农村家庭提供了充分的自由来安排他们自己的生活。尽管当政者强调代际互惠，甚至制定法律来保障其得以实行（1979 出台的《中华人民共和国刑法》和 1982 年出台的《中华人民共和国宪法》都提出要惩罚那些不赡养父母的人），但是对于农村的老人，当子女拒绝赡养后，却几乎不会求助于法律（Zhang & Goza，2005）。因此，改革时期中国农村老人晚年的幸福安康主要依赖于他们自己、成年子女的善良和孝心，以及两代人的互惠。

基于当代中国城市和农村的数据，城乡的养老问题出现了相对的结果：在城市，亲密的代际关系仍然存在。来自成年子女（不论是儿子还是女儿）的支持，仍然是城市老人养老的主要支持力量（Whyte，2003）。而在农村，与城市的老人相比，农村老人受到来自成年儿子一方的照料明显下降，而女儿的作用却在逐渐上升（Yan，2003；Zhan & Montgomery，2003）。有学者认为，老人已经成为中国农村地区最被边缘化的群体，他们的生活水平低得令人震惊。因此，在中国的农村地区，养老问题正面临一场危机（郭于华，2001）。既有的学术研究表明，制度性因素是造成城乡养老差异的重要原因。制度上的城乡差异，如农村地区历来无工资和养老金，被认为是造成城乡养老差异的原因。一些学者认为，从夫居的传统使得女儿很难照料自己的父母；而集体制对劳动的集中使得父母很少有资产可以传递给子女，这使得年轻一代更具独立性（Whyte，2003）。

综合来看，在农村社会转型的大背景下，主要有两种研究“中国农村养老”的方法，即结构的方法和文化的方法。人口统计学家和定量社会学家普遍采用结构的方法，主要侧重于结构要素及其变化对农村代际契约产生的影响。这些结构因素包括国家关于农村养老的政策；成年子女可获得的资源，如收入、就业情况、与父母的距离远近、时间；可供养年迈父母的成年子女的人口特征，如家庭结构、家庭规模、兄弟姐妹数量、年龄、教育和健康状况等。而社会人类学家和质性社会学家经常使用文化的方法，侧重在社会经济、人口结构和政治局势发生巨大变化的背景下，研究“孝道”文化内涵和代际交换伦理及其变化。比如，郭于华和阎云翔认为，传统的代际互惠制度已经崩塌，年轻一代不再认为他们应该无条件地为父母养老。他们希望从父母那里得到回报，特别是在以平等交换原则为主的市场经济理念主导下，他们甚至渴望等价回报。显然，由于财力和体力有限，父母无法满足这些要求。因此，父母能从子女那里获得的支持也相应减少了（郭于华，2001；Yan，2003）。阎云翔进一步提出，中国农村的个体化进程和市场经济中“超功利个体主义”的发展，都将导致农村儿子不再那么孝顺（Yan，2003：233）。

这两种方法有一点是共同的，即都将农村老年人视为一个同质的群体，往往忽视农村老年人内部的差异。结构的方法很少关注健康、年龄、收入、就业、养老金状况、行动水平和丧偶状况对养老安排的影响；而文化的方法则忽视了老年群体内部的差异。这种忽视也导致了一个结果，即研究中，往往将农村老年人视为“被照顾者”和“靠别人养的人”，而忽视了其能动性。

性别视角下的研究则试图通过引入更多代际契约方面的细微差别来弥补这些不足。有些研究强调老年女性在养老中所处的不利地位。这一方法后来被斥为一种“悲惨”视角，因为这种霸权的观点认为所有的老年男性比所有的老年女性都处于一种更有利的地位，而忽视了性别之外的其他的社会地位特征，也忽视了性别关系对老年人生活的影响（Arber、Andersson & Hoff，2007：147－148）。因此，一些学者提出需要重新考虑老龄化、性别及其他结构性基础（如阶级和族群）之间的联结，并将与养老安排有关的权力关系理解为动态的互动过程（Russell，2007：173－174）。这种方法往往强调老年女性所具有的“能动性”。比如，基于对中国西南农村老年妇女的研究，Tamara Jacka 认为，她们并不是被到城里打工的家人抛弃的“留守老人”，而是积极的、能干的劳动者，她们对自己家庭贡献非常之大。因此，Jacka 提出，我们需要将研究的重点从她们的“脆弱性”转向“能动性”（Jacka，2014：188）。本章沿袭了这一新的方法，强调了农村老年人的内部差异和他们的能动性。本章尤其观照了很少被学术界特别关注的农村老年男子的养老生活。

另外，很重要的一点，现有的研究很少对儿子和女儿对父母不同的赡养投入进行解释。在很多情况下，女儿会比儿子向他们年老的父母提供更多的物资和情感支持，但是她们的所得却远远少于儿子。因为除了嫁妆，女儿不享有实际的继承权。除此之外，由于集体化这一因素，年老的父母可以遗留给儿子的财产大大减少，而这被广泛认为是导致养老危机的一个重要起因（郭于华，2001；阎云翔，1998；Whyte，2003；Yan，2003）。但是，这并不能解释当前年老的一代，曾经对其父母赡养情况的差异。他们父母的晚年恰好处于集体化时代，如果他们当时手中有一些财产，最终也会归集体所有。实际上，截至目前，很少有学术作品研究集体时代的养老状况。一个来自“放足第一代”的妇人曾提到，即使在集体化时代，生活水平非常低，但当时他们的父母仍然比现在的他们受到更合理的照料和更多的尊敬。因此，将集体时代和后集体时代划分开来，探索时代发展中的差异性是很有必要的。当前年轻一代相对较好的经济状况表明，如果他们肯很好地照顾年迈的父母，似乎并不会花费他们过多的金钱。事实上，我们会发现，在很多情况下，年轻一代有能力支付其父母的养老费用，但是他们却不愿意支付。为什么呢？而且，“养老”的含义并没有在现有文献中得到澄清。从现实的意义上讲，“养老”指的是满足老人晚年生活中的各种需要。住房、食物、医疗费、衣服，用于家庭用品和休闲娱乐的零用钱都应列于其中。因此，通过研究“老人的什么需求被谁满足了”的问题，我们可以以一种合理的方式来看待农村老人的养老问题。

因此，本章将另辟蹊径，采用历史比较的视角，来研究代际契约机制及其变化。为实现此研究目标，本章会分析养老模式和代际契约如何在时代的长河（集体时期、改革时期，分为1990年之前和1990年之后时期），区域（城乡）和性别（儿子和女儿分别作为赡养者，丈夫和妻子分别作为受赡养者）三个因素的影响下而逐渐发生变化。如上文所述，本章强调老人不仅是“被照顾者”，同时也是“劳动者”的角色，来研究老人为其晚年生活和其成年子女付出了怎样的努力，以及他们的成年子女又为他们做了什么。本章会分析劳动制度和家庭因素，如家庭结构、子女数量（尤其是儿子）、居住方式、身体状况、经济条件等的相互交织，如何影响老人和其家人的劳动方式，进而影响他们的老年生活。考虑到家庭因素，本章还会考虑家人对于老人劳动的感知和评价如何影响老人的养老安排。本章以历史时间为顺序，以集体时代为起点，进而转向改革时期，在这一时期，会对“第一代放足者”和战后婴儿潮的“大姐组”的养老模式进行比较。

四、集体时期的代际契约

对于中国农村集体时期的养老问题，当前的学术研究很少提及。除了上文提到的无子女的老人可享受一定的社会福利之外，这一时期的农村老人主要依赖于他们已婚的儿子和儿媳。这一代的农村老人，在土改之前，一直在为基本的生存而奋斗，而在 1956 年，他们被要求将自己拥有的土地，或是从土改中获得的土地，交回给集体，此时正是他们的子女开始成家的时候。因此将丰厚的家产转交给下一代的传统在他们这一代戛然而止。这一点得到了被访者的认同。在我访谈的案例中，许多第一代女性回忆说，分家时，他们在公公婆婆那里几乎没得到什么。一些人甚至说，分家后连一口锅都没有。他们自己存了粮食卖了，才买了一口二手的烧菜锅；有的是分家后从娘家借了一口锅，开始自己小家庭的生活。

尽管父母可以转交给子女的家产微乎其微，但是老人依然可以获得足够的尊敬和照料。我访谈的很多第一代女性对当下的社会现状感到痛心。她们回忆说，即使之前的生活水平比现在低很多，老人的权威在社会主义时期（20 世纪 50 年代早期到 70 年代后期）被削弱，但是她们父母那代人比现在的她们受到更多来自家人的尊敬和关心。对于居住方式，更多的是两代人共同生活。尽管在前文我提到，已婚的儿子与父母一起生活的时间自集体时代起开始缩短，但是当父母帮所有子女成家立业，步入老年之后，老人又和儿子及其家庭生活在了一起。形式可能多样：老人或许分别与不同的儿子生活在一起，也或许轮流与不同的儿子生活。根据我的受访者的描述，空巢家庭是非常稀少的，她们都声称在物资和照料方面都对得起自己的公婆。其中玉珍说，她的婆婆在 20 世纪 70 年代得了中风，是她喂婆婆吃饭，给婆婆洗澡，每天背着婆婆进进出出。这样的生活持续了六年，直到婆婆去世。

集体时期，老人没有家产传给下一代，而长者的权威在这一时期也遭到了重创，但是家人对老人的照料何以如此长久？除了集体组织要求赡养老人的压力，我认为，家庭中的劳动分工和特殊的集体劳动制度都有助于维持两代间的互惠。在集体劳动制度中，绝大部分的生产和分配都是由集体公社控制的，农民几乎没有任何的灵活性。正如第四章提到的，男人一般集中精力于集体劳动，而女性和年幼的孩子们则承担起所谓的“三重负担”：集体劳动、子女照料和家务处理。集体劳动中严格的作息时间，再加之繁重的任务，使当时的女性身心俱疲。在这样的条件下，与公婆一起生活实际上是一个双赢的选择：年老的父母可以帮助年轻的夫妻照顾子女、料理家务和处理一些简单的农活儿，而父母同时也可以从子女那里得到相应的照料。年轻工作妈妈的生活质量，在很大程度上，取决于家中老人的帮助。那些有婆婆帮忙照看孩子、料理家务，甚至有公公为集体看牛来挣取更多工分的女性，会受到其他村民极大的羡慕。所以，集体时期的老人一般会受到他们儿子，尤其是儿媳的感激和优待。玉珍说她非常感谢自己的婆婆，因为在集体时期，她的婆婆全力帮她照看年幼的孩子。此外，我认为，成年儿子的数量也使老人能够全心全意帮助年轻一代。由于在1949年之前健康条件非常糟糕，集体时期的老人一般最多只有两个成年的儿子，甚至更少，这就大大降低了因照顾老人的问题而在儿子间产生纠纷的可能性。在接下来的这一部分，我们会发现，这一点成为改革时期老人的一个大问题。

五、“最不幸的一代”：性别视角下“第一代放足者”的劳动和养老

“第一代放足者”中的老人一直声称，他们是“最不幸的一代”。正如某些媒体和学者描述的那样，他们的生活状况在很大程度上反映了中国农村的养老危机。本节揭示了这一群体的现状、维系代际契约的方法，以及与之相关的权力关系，之后对代际互惠变化的原因进行分析。

从本章开头冬英的故事，我们可以看到，两代间互助合作的和谐画面已经发生了改变：代际互惠不再顺利，而随着女儿承担越来越多照顾父母的责任，代际契约似乎出现了新的形式。事实上，冬英的故事在她这一代的农村女性中非常具有代表性。她们都曾遭到儿子或儿媳的责难，也被控告没有“一碗水端平”地对待各个儿子，她们在单过还是与儿子一家过的

选择间挣扎，也因女儿，甚至孙女对她们的关心而心怀喜悦和感激。她们称自己是“最不幸的一代”，并认为自己的人生将不会善终。为什么有这些变化？这些又是怎样发生的呢？上文提到的，集体制废除之后，制度和结构的变化，如集体制社会福利的终结，并不能很好地解释代际互惠的变化。莲荷村的年轻一代抱怨说，他们的父母并没有做到那些他们应该做的事。而这也是他们在身体照护和物质上不给予老人妥善照料的原因。真的是因为老人的贡献不够吗？如果不是，那又是什么原因呢？这部分试图回答以上问题。文章先简单勾勒老人生活的现状和家庭中不同性别的成员间的权力关系，接下来描绘两代间在劳动、物质和情感方面的交换。最后，分析代际互惠面临的问题。

（一）老年生活、性别及权力关系

“养老”指的就是满足老年人在其生命后半段的一切生活需求，包括住宿、食物、医疗费、衣物、家庭用品和感情需求。前文提到，20 世纪 50 年代，由于战后婴儿潮等影响，“第一代放足者”的子女数量超过其他任何一代，平均 6～7 个孩子。这给他们的生活带来两点影响：第一，为了给孩子们（尤其儿子）成家立业，他们即使有积蓄，也基本花了个精光；第二，儿女都成家后，他们的年龄也相对较大了，一般已近 60 岁，体力不似往昔。此外，前文提到，伴随着集体制的消失，年轻夫妻急切渴望拥有自己的二人世界，经营自己的小家庭，这最终导致，当老人帮所有子女成家后，曾经的大家庭就只剩下了两位老人。因此，对于当下老人一代，最为普遍的居住安排就是：两位老人与小儿子一家分家，自己单过。当然也有个别情况，两位老人分别与不同的儿子生活在一起。尽管老人起先独自生活，但是当老人之后无法照顾自己的起居时，养老的任务会在所有的儿子之间进行分配。两位老人一般会一直单过，直到其中一位去世。但是也有很多老人，即使在老伴去世后，也会坚持自己单过。这里有一个性别差异的问题，我们后面会讨论。在我遇到的 21 位女性老人中，11 位老人的年龄在 62～75 岁，她们和老伴一起独立生活；另外 10 位老人丧偶，其中有 6 位

（年龄在65～78岁）自己单过，其他4位（年龄在70～78岁）与儿子一家生活在一起。对于一个丧偶的老人，到底是单过，还是和儿子一家一起生活，实际上是一个艰难的抉择。我们可以从冬英的故事中发现这一点。自己单过意味着独立，但是也会产生问题，如粮食问题。与儿子一家一起生活，就需要为他们劳动，这样就会容易被指控劳动不够努力，或者是为每个儿子出力不均。不管是哪种方式，都会给两代间的互惠关系带来麻烦，后文会详述。

如果老人选择单过，这就意味着上文提到的“养老”中的大部分，甚至全部需求，如住房、粮食等，统统得由老人自己解决。让我们先从住房开始。幸运的老人有老房子，或是可以在某个儿子家的后屋居住。但不幸运的老人甚至为几个儿子建了好几所房子，但到最后自己头顶却无半片瓦。当艾英和她老伴决定单过时没有房子，只好搬到牛棚和牛一起住。几个月之后，牛棚倒塌了，把她老伴的头砸破了。他们别无选择，只能向小女儿借了2 000元钱，自己搭了两间小房子。后来他们靠种地和养牛来挣钱还女儿的欠款。

至于粮食，分家第一年，儿子们会给一点口粮。之后，和其他农村家庭一样，他们就必须为日常所需的口粮和零花钱想办法。他们主要有几个渠道为自己挣生活费。最主要的渠道是种地。上文提到，根据家庭联产承包责任制，无论家庭规模变大还是缩小，承包给家庭的农地在15～30年内保持不变。因此，不论儿子多少，分给成家的儿子们的土地总量是一样的。在集体时代，“序列分家”（Cohen，1992：370）就已在莲荷村实践起来了。依据这种分家形式，大儿子成家后先搬出去单独立户，然后第二个，一直到最后一个，每个儿子都能分得一块土地。最后留给父母的可能只是一小块土地，甚至可能什么都没有。另外，开荒是老年人增收最常用的方法。舍前屋后，地梗河畔，任何未被开发，且不属于某个个人，又不妨碍公共使用的小片地块，都是待开发的对象。而每年收割季节在田里拾穗，也成为老年人，特别是老年妇女增加收入的重要机会。

除了种地和拾穗，老人们会在农闲时从事一些副业赚钱，如编竹篮，绑竹扫帚，或是制作木制椅子卖给城镇的居民。为了生存，老人们会想尽一切办法。例如，桃英和她老伴在屋前小溪边用拖网捕虾子卖，换点零花钱买盐买酱油，从而度过单过之后最初的艰难岁月。此外，“捡破烂”也成了一些老夫妻收入的一个来源。1996 年以前，一些老人，尤其是老妇人，走遍乡村和城市的各个角落，捡拾废纸、纸盒纸箱、废铁片这样的物品，然后出售。自 1996 年，莲荷村的一片空地成为附近城镇的主要垃圾倾倒场之后，在这堆垃圾中“寻宝”成为很多身体硬朗的老人每天的主要工作。2006 年，我遇到了 64 岁的武珍。武珍曾是村里的妇女主任，在我遇到她时，她也在垃圾场为了自己和老伴的生活而辛苦劳作。当我问她，她的三个儿子是否会支付他们夫妻二人的医疗费时，她骄傲地说，“我不缺钱!”莲荷村的另一对夫妻都已将近 70 岁，村民说他们在垃圾场捡垃圾发了财。2006 年我看到那家的老头正在用一部手机，当时这在农村老人中是非常稀罕的一件事。但是他们的子女、家人和其他村民都不愿意靠近他们家，因为他们时常在家里堆放一些从垃圾场捡来的、还未来得及卖出去的废品。这使他们单过的家里和他们自己身上都弥散着一股腐臭的味道。村民们也议论纷纷，有的说，虽然发了财，但如果因此染了什么病，就不好了。

在家庭传统的性别劳动分工中，男人一般负责重体力劳动，而女人主要负责的是家务和需要很多弯腰起伏的、比较费时的劳动。这样的劳动分工，对于年老的夫妻来讲，肯定是更有利于老妇人的。这印证了 Krekula 的批评。Krekula（2007）认为，在老年社会学领域，学者们主要是从“悲惨”的视角来观察和研究老妇人，认为所有老年妇人的生活都比老年男子悲惨。但事实并非如此。在大部分老年夫妇单过的空巢家庭中，本身他们能够获得的耕种土地就很少，这就大大减少了丈夫成为家庭主要收入来源的可能性。上文提到，老人的劳动包括种地、拾麦穗、捡破烂和其他小副业，在所有这些劳动中，老妇人都担当着重要的角色，而她们的丈夫只会参与种地和小的副业。此外，老妇人即使在晚年，仍会继续操持家务，这就使得她们的丈夫在失去她们后无法独立生活；而她们在丧偶后仍可以很好地过下去。换句话说，考虑到老妇人和其老伴在晚年劳动生活中的角色分工，我们会发现老妇人比她们的丈夫有优势。这很好地解释了我在好几个场合下看到的老妇人非常粗暴地对待她们的老伴的现象。前文提到，武珍主要的劳动是捡破烂，她骄傲地宣称，她是她和老伴这个“空巢”家庭中主要的挣钱者。当我拜访武珍的时候，她的丈夫正在将门口的土台阶整平，武珍一边跟我讲话，一边大声地责骂她的丈夫，说他哪里没有弄好。前文提到的以在垃圾场捡废品为主要职业的那对老夫妇，妻子似乎在家庭中处于领导地位。好几次，我碰到她责骂自己的丈夫，嫌弃他劳动不够卖力。不过，这倒解开了我在莲荷村一直感到困惑的一个谜团：在单过的老人中，我发现只有丧偶的老妇人，从来没看到哪个丧偶的男性老人独自生活的。我访谈的 6 个丧偶单过的老妇人，为了生活，她们的劳动与老伴在世时并无差异。她们做农活、拾穗、捡破烂。但是种地时，她们会遇到困难：之前由她们的老伴负责完成的事情，如犁地和耙地，她们自己几乎无力完成，只能求助于她们的儿子或者女婿。这会削弱她们的独立性，也带来新的代际劳动交换。后文会详述。

（二）老年人为成年子女做了什么？

根据我们目前的观察，如果说当前的农村老人没有尽到一个老人的责任是不公平的。与集体时代的老人相比，当下的老人已经把更多的家产传给了儿子。而在改革时期积累下来的积蓄，已经用来为他们成家立业。在此之后，他们的责任就是照顾自己的晚年，虽然这本该是已婚儿子的责任。此外，即使他们单过，他们也会经常帮助儿子们。

大部分年长父母通过两种方式帮助他们的成年儿子：一是为他们的家庭劳动；二是帮忙处理一些本该儿子负责的事情，以减轻儿子一家的负担。他们做什么，在很大程度上，取决于他们的健康状况。如果老人还能干农活儿，即使他们单过，他们还是会在农事上向儿子伸出援手。而无力耕种的老人，如果他们单过，那么在忙月，他们也会帮忙儿子一家做饭或放牛。儿子一家外出时，老人会帮忙看家；快要下雨时，老人会帮忙收晾晒的衣服或粮食。对于和儿子一家生活的老人，不管是否是忙月，只要他们的身体还允许，他们就会负责做家务和放牛。在莲荷村，我看到80多岁的老妇人还在野外放牛。照顾孙辈是老人一般会承担的另一项任务。不管老人做什么，他们的最终目的都是为子女做些辅助性的劳动，从而让他们可以全身心地投入更挣钱的事情中去。在农村，举行葬礼、买棺材和寿衣将必定是儿子的责任。但很多年长的父母甚至提前安排了自己的后事，希望借此减轻子女的负担。冬英买了一百块钱的衣服，作为她以后的寿衣。她的大儿子曾是一名木匠，她给了儿子一百块钱，让他给自己做一副棺材。

(三) 成年子女为老年父母做了什么?

从上文中，我们可以发现，莲荷村大部分老人在晚年要么依靠自己，要么依靠老伴，而不是依靠子女。儿子和儿媳极少会主动提供帮助。一般情况下，当父母无力种地，成年儿子只会给父母一点口粮，而这种情况一般发生在父母年近70的时候（假设父母二人在此之前没有生任何大病）。除了口粮，儿子会给自己的父母一些食用油和蔬菜。和儿子一家生活的丧偶老年男性，则一般会和儿子一家一起吃，当然这饭是由儿媳准备的。很少有儿子儿媳给老人零花钱。老人大额的医疗费会由几个儿子平摊，大部分情况下，小额的医疗费都是由老人自己掏的。

单过的老人们也希望儿子儿媳偶尔能帮他们干干农活，诸如此类。然而，大多数情况下，他们极不情愿帮忙。我在莲荷村遇到的老人都有这样的共识："土地比儿子更可靠""地就是我的儿子"。德英说："只要你种地，你就能有口吃的。哪怕不好，但你起码不会饿死。儿子是指望不上的。"而这也是大部分农村老人想要为他们的晚年保留一些土地的原因。但是大部分儿子宁愿给父母口粮，也不愿让父母有地。因为随着父母年龄越来越大，身体也越来越弱，种地还是要他们帮忙。当我在莲荷村的时候，遇到了几位正处于进退两难境地的老婆婆：一方面，她们不想放弃"儿子"（土地）这一收入来源，因为她们的独立性与土地息息相关；另一方面，她们现在年纪太大，已经无法独立完成所有的农活，因此她们不得不求助于已成家的儿子们。2005年11月，汉英乞求她的长子帮她犁地和耙地，然后她的儿媳和女儿帮忙栽种，这样她才在大约一亩的地上成功种上了油菜。那天她用非常好的饭菜招待了儿子儿媳和女儿们。另一位老婆婆的儿子不愿帮忙犁地和耙地，因此她花钱请了一位正在犁地的村民帮她犁和耙了她的小块土地。这两位老人都不确定她们明年是否还要种地。

很明显，期待儿子儿媳给钱给物、亲身照料，几乎是不可能。很多老人说，如果有一天他们病倒或者卧床不起，他们不奢望从儿子儿媳那里获得任何关心。冬英预见性地说："如果有一天我们卧床不起，没人会来照顾我们。你可以看看林秀，她比我还要年轻。当她卧床的时候，她说，'我口干，我想喝水。'她的三个儿子理都不理她。我的儿子们肯定也是一样的。"一些老人甚至提到用农药、绳子和刀子作为自杀的工具，以此求得最后的解脱。在莲荷村，给父母"养老"的标准已经降低到一个惊人的水平：仅需要给年迈的父母提供一点口粮，以及死后埋葬他们就可以了。但安葬并不会花太多钱，因为费用在一定程度上会由亲朋送的礼金摊平。其他学者在东北和华北地区看到的老人的生存现状，同样让人心惊（郭于华，2001；Yan，2003）。

在莲荷村，女儿在养老中扮演着越来越重要的角色，尤其是在情感层面上，这和其他学者在华北和东北农村地区观察到的一样（郭于华，2001；Yan，2003）。女儿们经常去看望年迈的父母，尤其是在特殊的场合，如生日、端午节、中秋节和春节。在物质方面，向父母提供粮食是儿子（们）的责任，而女儿更多的是给父母零花钱。我在莲荷村遇到的所有老人几乎都说他们的零花钱是女儿给的。在前文我曾提到，汉英如何为了她的长子在社会上的发展而努力铺路，但却忽略了她的大女儿。而现在，当汉英已经70岁高龄，她的大儿子已经从村里的一个重要职位退休，可是他从没跟母亲说过一句好话。而她的大女儿，曾在汉英的强迫下，嫁给一个自己并不喜欢的人。但大女儿现在会经常来看望她，给她零花钱和买礼物。老人的衣服一般也是由女儿买的。长大后的孙女也是老人获得零花钱和一些生活必需品的重要来源。下面是另一个具有讽刺意味的例子：相较于孙女，格珍更偏爱孙子，因此，当孙子孙女小的时候，她对待孙子要比孙女好很多。但是现在她的大孙子，已经23岁，大部分时间都和自己的女朋友在一起，很少有时间在家，更不要说带礼物看望格珍了。她最小的孙子，现在15岁，甚至还跟格珍要零花钱。而她的两个孙女，虽然小的时候格珍对她们并不好，但是现在她们仍然会从工作的城市回来看望格珍，给她买衣服和零食。成家的女儿也很愿意为老人出力。对于那些仍然种田的老人，女儿和女婿是帮助的主要来源。汉英的儿子不愿意帮她种地，但是每次她的三个女儿都会主动问她是否需要她们帮忙。女儿们也会主动承担一些照顾的责任，如照顾父母的身体，而这本被认为是儿媳的责任。例如，上文我提到，玉珍在20世纪70年代照顾生病的婆婆长达6年，给婆婆喂饭洗澡，背着婆婆到外面晒太阳。这在当下的莲荷村几乎是不可能的事。2005年的冬天，莲荷村一位和二儿子一家生活在一起的丧偶老汉摔倒在泥地里，弄得浑身脏兮兮。他的三个儿媳都不碰他的脏衣服。直到几天后，他的大女儿来看他时，才把他的脏衣服洗掉。他的床单和被罩也经常由他的女儿们来清洗。

但女儿们也只能做到这些。对于钱，女儿们也只是给一些零花钱，金额一般在20元左右，最多50元。至于对老人身体上的照顾，这要取决于女儿们的家住得多远，以及她们可以隔多久来看一次老人。而在大部分情况下，她们并不能很频繁地来看望老人。在对于年老父母的照顾上，女儿和儿子最大的区别在于，前者可以给予老人更多的尊重和情感上的支持，而后者却做不到这些。与适当的养老需求（合适的住所、食物、衣物、医疗费、身体和情感上的关心等）相比，女儿实际付出的努力是有限的，起到一种补充的作用，而对老人每日的照料依然需要由儿子儿媳来完成。但从以上的故事和分析中，我们可以发现，儿子儿媳向年迈的父母所提供的照料是极其有限的。尽管有女儿的帮助，但是眼下莲荷村老人们的生活依然差强人意。我在村庄中遇到的几乎所有老婆婆都声称，她们现在只是在“勉强活着”，那种“幸福的晚年生活”的说法绝对不适用于她们的处境。

(四) 改革时期农村代际契约的变化和养老危机的发展

从上文的描述可以看出，相较于集体时代，改革时期农村的代际契约结构发生了改变。女儿逐渐参与了父母“养老”，但是对年迈的父母却无所求。农村老人曾尽他们最大的努力帮助成年的儿子（们）：不仅尽力自己照顾自己的生活（这本该是儿子们的责任），而且还尽最大努力帮助儿子们减轻负担。但是最后，儿子儿媳对晚年的他们提供的关心和照料是远远不够的。代际契约的维持并不是很顺畅。

而且，儿子和/或儿媳间普遍存在一种对年老父母嫌恶的心态。和东北下岬村的年轻一代一样，莲荷村的儿子儿媳们毫不质疑赡养老人在伦理道德上的合理性（Yan，2003：175），但是他们认为，老人曾经做了一些过分的事情，而这让老人不值得他们悉心照料。对老人的指责主要包括以下几个方面：首先，在过去，父母并没有为子女的利益做出足够的付出。上文提到，由于集体制和每个家庭子女众多的缘故，当时的老人曾经只能为每个子女办一个简单的婚礼。换句话说，年轻一代主要是对老一代人传给他们的家产不满意，要知道，这些是他们建立新家的根基。还有其他一些理由，比如，儿子儿媳指责老人对孙子孙女的照料不尽如人意。在莲荷村我遇到一位中年妇人，她的婆婆去世了，她却兴高采烈，说她“终于死了!”原因在于20世纪70年代后期，当她和丈夫到处寻医救治她生病的小女儿时，她的婆婆拒绝帮忙照顾他们的大女儿。她的小女儿不久后过世，这点燃了她对婆婆的憎恨之火，而这种深深的恨意在她的心里埋藏了30年之久。在过去的生活中累积的这种不满成了两代间紧张关系的祸根。年轻一代不满其父母的另一项指责是，父母们现在没有为他们的利益好好做事。在冬英的故事中，我们可以一次次地看到她的儿媳们抱怨这一点。冬英向我表达了她心中的愤怒：“我为他们做饭、洗衣服，她一把棉花桃运回家，我就帮她摘棉花。有一天，我去女儿家吃中饭之前，我甚至先为他们准备好了中饭，她还说我什么都不为他们做，说我是个吃闲饭的人!” E. Croll（2006）曾提出三个父母投资代际契约的策略：加强对年幼子女的投资；延长对成年子女的投资；对儿子和女儿都进行投资。现在看来，对于“第一代放足者”们来说，这些策略要么太晚，要么是他们无法办到的。因此，也没有办法维系一个平衡的代际互惠关系。

不同代际间生活习惯和观念的差异也造成了这种年轻一代嫌恶年老一代的原因。不同的生活习惯经常引发两代人之间的争吵。比如，汉英自己单过，每天给自己做饭，住在小儿子家的一个房间中。她的儿媳经常抱怨她很脏。汉英喜欢捡废品回家，但是她从来不开窗通风，这让整个房间散发出一股难闻的味道。在冬英的故事中，她让儿子管孙子管得严厉一点，但这惹怒了儿媳，使得她对冬英破口大骂，最终导致了冬英从儿子家离开，选择自己单过。

而这个不顺畅的代际契约的形成，出于多个个体和结构层面因素的交互影响，是历史时间和个人生命周期交互影响的结果。20 世纪 90 年代和 21 世纪初，这一群体步入老年，而这一时期是中国农村生活十分艰难的时期。自 1949 年以来，以农补工的策略和价格“剪刀差”等政策造成了工农的二分格局。而支持中央财政的税费改革也增加了农民的负担。这些政策使农业成为无利可图的职业（周飞舟，2006：7）。在公共品方面，中央政府对城市的投入显然更多，而农民不得不自己负担医疗、教育、养老和住房等费用。因此，在当代中国，教育和医疗是农民致贫的主要因素（孙立平，2007：98－100）。直到 2006 年停止征收农业税、政府承诺为农村义务教育买单，这种情况才有所改变。这些历史变化和“第一代放足者”一系列人口学特征交织在一起，造成了他们进入老年后的困难局面。

首先，如前所述，这个群体的老人在集体时期度过了他们的盛年。这使得他们拥有的个人财产非常有限，但子女数众多：通常有 6～7 个。这种情况下，他们渴望拥有更多财产可分给多个儿子，以备年老所需。我在莲荷村经常遇到成年子女抱怨，指责老年人“对儿子没有公心”，即没有公平地对待各个儿子。然而，“公平”是一个高度主观的概念，而且代际不同的人观念也不同，这往往是导致家庭纠纷的原因之一。2009 年政府开始实施的新型农村社会养老保险，将基础养老金和由农民缴费、政府补贴组成的个人账户养老金相结合，具有一定的创新性。但研究表明，此种计划并没有得到农村居民的极大青睐，因为很多农民认为该计划成本高、收益低，具有很强的不确定性（Jacka，2014：196）。而且，这个制度对这个群体的老人来说，来得太晚。

其次，这些老人的成年子女们也多受2006年前的各种政策影响，经济上承受较大的制约。虽然出去打工可以挣更多钱，但通常只有那些拥有技能或者人际网络的打工者才有机会获得高收入。2005年，莲荷村人均年收入不到4 000元，这使大多数家庭入不敷出，努力供孩子上学之外还要赡养老人。这就是为什么大部分老人更愿意单过，以减轻子女负担，并且觉得有义务帮助儿子儿媳。虽然2006年及之后的一系列改革对农民来说减轻了负担，但从供子女上学来说，他们仍须支付九年义务教育以外的费用。尤其是2009年大学扩招之后，大学费用持续增加，形成更大的负担。在此背景下，成年子女倾向于把年迈的父母看作和自己子女争夺家庭有限资源的潜在竞争者。在经济条件有限的情况下，老年父母全力以赴提供的帮助，在成年子女眼里看来仅是杯水车薪，不足挂齿。换句话说，农村老人的贡献被严重低估、无视。

最后，劳动制度的转型，使得农民评价劳动活动的参照点发生了转变，也使"第一代放足者"老人的贡献被低估。换句话说，集体经济向市场经济的转型，使改革开放期间儿子一家不再重视农村老人为家庭所做的努力，即使在这两个社会阶段老人们所从事的劳动类型是相似的，而有些老人甚至在改革时期更卖力劳动。上文提到，在集体化时代，劳动制度缺乏灵活性，分配方法特殊，这是有助于维持两代间的互助合作关系的。而到了改革时期，劳动灵活性的提高，使年轻一代，尤其是儿媳们工作不再那么吃力，而这反过来使老人们的帮助不再那么必不可少和显而易见。另外，市场经济的到来、乡城迁移限制的放松和电视机的普及，让农村一代，尤其是年轻一代，更容易看到城乡间的巨大差异，这激发了他们改善自己境遇的强烈渴望。挣更多的钱，拿到城市户口，提高社会地位，成为所有农村人的主要奋斗目标。在这样的社会背景下，农村老人为年轻一代所做的付出，与他们心中的人生理想相比，自然也就变得微不足道。因此，老人们为年轻一代的努力劳动和考虑关心，并没有为他们赢得感激，而是招来儿子儿媳们的怨恨，因为照顾年迈的父母这一责任，成了年轻一代为更美好的生活努力奋斗中的一个沉重的包袱和负担。换句话说，老人成了他们前进道路上的绊脚石。

然而，由于父系制和女性赋权的交互影响，这些问题并不适用于女儿和孙女。首先，除了嫁妆之外，父系制否认女儿或孙女从娘家继承财产的权利，尽管这权利是法律认可的。因此，一个女人在婚后主要依靠的是婆家。女儿们从来没有对自己的父母有太多期望，而儿子（和媳妇）则总是在期待。因此，与儿子不同的是，女儿通常不会对自己的父母心怀怨恨。其次，从夫居的传统实际上保留了女儿对父母的感情，因为代际纠纷经常发生在共居或就近居住的情况下。最后，妻子在自己的核心家庭中所获得的权力使她们可以在物质上和情感上支持自己年迈的父母（Yan，2003：162－189）。

总之，本节阐释了当代中国农村养老危机的复杂性。研究显示，两代间的互助合作关系不再像往昔一般顺利，如今出现了一些新的形式。这种转变要归因于劳动制度的转型，年轻一代对个人价值和私人空间的追求，成年儿子数量的众多，逐渐扩大的城乡差距，以及在市场经济的社会环境中，人们对于年迈父母为家庭做的贡献所持有的不同的观点和态度。在从夫居的传统和女性在自己的核心家庭中权力崛起两种因素的交互影响下，女儿在年迈父母的赡养问题上扮演着越来越重要的角色。而由于家庭内劳动的性别分工到了老年更有利于妻子，使得这一代不少老年妇女在家庭中比丈夫更具有优势。

六、“合作家庭”中的代际契约

进入21世纪以来，我们关注的第二代，即“战后婴儿潮一代”中的“大姐组”也纷纷迈入了老年。她们和其老伴的代际契约会和“第一代放足者”的老人们一样，面临着危机吗？不同的社会、经济和人口背景，例如，她们的子女数显著减少（平均2个），会让她们免于这一危机吗？最重要的是，前文已经提到，“大姐组”在帮助所有子女成家后并不像“第一代放足者”的老人们一样愿意分家自己单过，她们更多的是和儿子儿媳生活在一个“合作家庭”中，这将会如何影响他们的养老安排呢？本节将会对这些问题做出回答。在结构层面和个体层面不同因素的影响之下，“大姐组”一代和其子女间呈现出一种新型的互助合作机制，拥有一个更和谐的代际契约。

首先，在社会政策层面，给“第一代放足者”和其成年子女带来巨大经济压力的农业税和九年义务教育费等负担，在“大姐组”步入老年前就取消了，使他们的经济约束大大减小。而在他们步入老年时，就开始推行了新型农村社会养老保险。虽然该计划仍然存在不少问题，但聊胜于无。

其次，在个体层面，多个因素影响了他们的代际互惠体系。E. Croll (2006) 提出的三个父母投资代际契约的策略：加强对年幼子女的投资力度；延长对成年子女的投资时间；对儿子和女儿都进行投资，对于“大姐组”而言，这三点都是可能和可行的。其一，她们的盛年大多是在集体制解体后的改革开放时期度过的，这使得她们有机会积累个人财富。这就意味着，“加强对年幼子女的投资力度”对她们来说是切实可行的。而这也正是她们当前为孩子所做的。如果我们回头看前文，我们会发现这代人为了他们子女的教育和婚姻而辛勤工作，这或许会使过去子女关于“没有为我们努力劳动”的指责不再出现。其二，在子女成家后，他们仍然年轻。子女数量少意味着他们在帮自己所有子女成家立业后，他们也才40多岁。因此相对于“第一代放足者”的老人，他们能在更长的时间内拥有健康的身体，努力工作。这让“对成年子女加强投资力度”成为一件绝对可能的事。从前文关于“合作家庭”的讨论中我们也可以看到，“合作家庭”中的代际间劳动分工是有利于家庭经济的。老一辈专注于种地和/或其他行业，同时兼顾家务和照顾家庭；而年轻一辈则专注在非农行业上，为家庭带来更多的收入。因此，不管如何，“合作家庭”中都至少有一个非农收入来源，这使“合作家庭”的经济状况好于“第一代放足者”及其子女的经济状况。2013 年，莲荷村农民平均年纯收入达到 1 万元以上，也证明了这个结论。在这种家庭中，老人并不被子女认为是孙辈在资源方面的潜在竞争者。他们无论是在提供劳动力，还是获得收入方面都对家庭做出了重要贡献。并且，如果家庭中年轻一代有人外出打工，则父母一代对家庭的贡献就更加可见了，更容易让成年子女感知和感谢。

最后，他们拥有较少的子女，这就意味他们对儿子、女儿的投资相对来说会更多，也较前一辈更加平等。并且，分担赡养年迈父母责任的子女数量更少。在大部分情况下，一对夫妻在年迈时只有一个儿子或者一个女儿可以依赖。这让他们被指责“不公正”的可能性会大大降低，甚至不存在这样的指责。换句话说，在这些新的背景下，“大姐组”的代际契约得到了加强而不是削弱。与“第一代放足者”的老人需要辛苦劳作才能勉强糊口的状况相比，“大姐组”的老人可以有自己的“小账户”，甚至和其成年子女相当的“大账户”。

从这个意义上讲，我认同一些乐观的观点，即认为当代农村老人相较于以前，更长的劳动时间可以让他们在年龄更大、子女成家后还有一定的积蓄，在老年可以更独立地生活（Yan，2003：187－189）。然而，根据在莲荷村的观察，我认为这种乐观主义不是建立在父母的独立性和储蓄之上，而是建立在代际互惠的再协商和再建构上。而且，家庭内的性别分工使现实情况更加复杂。有趣的是，“大姐组”中的妻子和丈夫之间可以看到更强烈的性别差异。在一个由成年子女为家长的“合作家庭”里，老年夫妇中的妻子通常比丈夫拥有更多的发言权。“大姐组”中的妻子照顾家庭，尤其是孙子孙女，并从事农业和偶尔的非农工作，为家庭收入做贡献。虽然丈夫也劳动，但他们的现金贡献不一定高于妻子，而且他们在做家务、照料家庭方面的贡献微乎其微。农村男性的生活习惯（如吸烟、喝酒）也使他们更多是一个消费者而不是生产者。另外，子女成家后他们年纪尚轻，但不得不从家长的位子上退下来，这增加了他们抱怨的可能性，也进一步增加了儿媳对他们的嫌恶。这也解释了为什么许多“大姐组”的丈夫希望和儿子的家庭分开单过，但她们并不愿意。她们喜欢通过自己的劳动来经营与成年子女家庭的关系，并乐于享受子女给予的尊敬和比丈夫更大的话语权。

但就像“第一代放足者”的老人一样，“一双勤劳的手”和“一张紧闭的嘴”对于“大姐组”维持一种和谐的代际契约仍然是十分必要的。历史时间和她们的个人生命历程将其置于比“第一代放足者”更加优越的境遇中。但是，如果她们无法通过努力劳动践行上文提到的策略，并维持一种和谐的代际互惠，她们仍将处于晚年无人照料的危机中，毕竟目前我们还无法改变农村养老主要基于血缘关系，依靠善意、责任和互相帮扶的传统这个事实。

七、本章小结

总之，通过探讨三组老人的劳动组织过程，并回答她们“参加什么劳动”和“为谁劳动”的问题，本章深入分析了自20世纪早期以来中国农村的代际契约及其变化，以及在不同的历史时期不同的养老安排。研究表明，针对本章开头提到的“现代化和老龄化论”、相反论点之间的争论，以及“当代中国农村的情形如何”这个问题的回答，任何确定的肯定或否定的回答，事实上都忽略了中国案例中的复杂性和多变性。本章认为，历史时间（结构层面的因素）和个人生命周期（个人层面的因素）的交互是导致这种复杂性和多变性的主要因素。更广泛的社会经济背景，特别是严重影响中国农村生活的政策（即征收/免除农业税和义务教育费用，实施计划生育政策和建立养老保险制度等）与一系列个体层面的因素相交互，这些因素包括家庭结构、成年子女（特别是儿子）数量、居住安排、身体状况、经济状况和对劳动贡献的感知等。这一交互作用进一步扩大了不同历史时期和不同性别的老人在养老方式上的差别。本章的结论挑战了既有的“现代化和老龄化论”，该理论将农村老人视为同质的“照料对象”，认为随着现代化的深入，代际契约会逐步削弱。依据“现代化和老龄化论”，子女向城市的劳动力迁移和生育率的下降会导致代际关系的恶化，但本章的比较研究发现，乡城迁移和子女减少反而加固了“大姐组”和其子女的代际契约。双方组成的“合作家庭”反而是使家庭经济利益最大化的一种安排。

研究结果显示，不同的劳动制度和人们对于劳动的感知、评价尤为重要。这再一次强调了人们对劳动的理解和观念的重要性，但这一点在TSOL模型中没有得到足够关注。在集体化时代，集体劳动制度使得老人的贡献更可见，从而为他们赢得了儿子儿媳内心的感激，因此保证了良好的代际互惠。改革开放时代，劳动制度的转变、年轻一代对个人价值和私人空间的追寻、子女数量较多、逐渐扩大的城乡差距、在市场经济这一全新的社会环境中年轻一代对父母贡献的理解和认可等，都是造成“第一代放足者”老人们养老危机的原因。对于刚步入老年的“大姐组”，有利的社会政策、较轻的年龄、有限的子女数和年轻一代的乡城劳动迁移，使他们有希望践行前文提到的三个投资策略，帮助他们恢复、加强和成年子女的代际契约。

本章还注意到了农村老人，尤其是老年妇女的“能动性”。莲荷村的老年人是积极的、能干的。他们努力重塑和子女之间的代际互惠和代际契约。他们为自己和子女的家庭做出了重大贡献。许多农村老年妇女靠自己的辛勤劳动在家庭中获得了尊重和讨价还价的能力。由于她们对家庭的贡献，她们在家庭中获得了比其丈夫更大的发言权。而年老的农村男性，特别是身体较差的农村男性，则相对被边缘化。

第九章

劳动、闲暇、性别和代际：莲荷村的“玩”和性别平等

本章聚焦于改革开放以来莲荷村的闲暇生活。我们将采用一个整体性的视角来考察莲荷村几代妇女时间和精力的分配，即探讨“每一个女性做什么，为谁做，背后的原因是什么”这样的问题。这个视角使我们留意到从前集体化时期，到集体化时代，再到改革开放时代，“劳动”和“闲暇”之间关系的转变。TSOL 模型拒绝将劳动-闲暇、工作-非工作看作绝然的二分。透过这个模型，本研究意识到，在改革开放时代的农村，一系列的结构的和技术的变化使农民的空余时间暴增，这也极大地增加了他们劳动之外的闲暇时间。改革开放时代经济的发展，也使农民们用于闲暇的钱多了起来。随着农民可以用以闲暇的时间和精力多起来，一系列闲暇工具，如电视、麻将和纸牌等，开始出现或者重现。这使闲暇成为劳动之外另外一个日渐重要的、观察农村家庭内部不同性别和代际间权力关系及其变化的场所。本章意在揭示“劳动”和“闲暇”之间不断变化的关系，考察在莲荷村，不同性别和年龄的村民如何理解和分配用于闲暇的时间和金钱。本章也将揭示闲暇的组织过程中不同的家庭成员之间，尤其是丈夫和妻子之间的权力关系；考察不同代际的农村妇女迥异的自我认同；探寻男人们和女人们对夫妻公平和性别平等的理解。本章先梳理从集体时代到改革开放时代“劳动”和“闲暇”之间变动的关系，然后对既有的关于农村妇女闲暇生活的文献进行综述。本章进而展现在莲荷村，不同性别和代际的村民如何分配用以闲暇的时间和金钱，以及与之相关的权力关系。最后，本

章聚焦于透过闲暇资源分配所彰显出的几代女性的自我认同，以及村庄中的男女分别对夫妻公平和性别平等的理解。

一、劳动和闲暇（“玩”）之间变化的关系

在前面几个关于前集体时代和集体时代的章节中，“闲暇”这个主题只是偶尔被提及。这是因为在这两个时期，一方面，被访的女性们没有多少多余的时间用于闲暇。另一方面，在这两个时期，在“劳动”和“闲暇”之间没有很明显的分界，因此，大多数场合下，闲暇被整合进了劳动过程之中。如前文关于“第一代放足者”少女时代的内容中所提到的，在前集体时代，只有那些尚未长成、还未能帮助父母在田里劳作的小女孩，才可以玩一些自创的游戏或其他娱乐活动。大一些的女孩，只能在劳动的间隙，比如，一起割猪草的时候，和其他一般大的女孩子聊聊天。在集体时代，一方面，劳动之外的闲暇时间非常之少；另一方面，即使还不到集体劳动挣工分的时间，也一般会被组织起来参加集体的政治学习或集会。对于在集体时代长大的年轻人，第五章提到的政治宣传活动，如跳革命舞蹈，可以算是好玩的事情，但不是某种闲暇活动。而且，前集体时代流行的麻将、纸牌等闲暇活动在集体时代则不被允许。这也是为什么前文提到，年轻女孩子只能从田地里溜出去偷偷打纸牌。

当谈及闲暇活动，莲荷村的村民使用的词汇是“玩”，这个词的意思类似于英语中的“leisure”，但是它有更宽泛的内涵。在大部分场合中，“玩”是一个动词。它可以指玩游戏，如打麻将或者纸牌，这些游戏一般会涉及金钱和时间的花费。它也可以指拜访亲朋好友时的一种休息状态或被别人招待的状态。在这个意义上，在前集体时代和集体时代，“玩”更多是指高度嵌入劳动过程中的“休息”或被别人招待。直到改革开放之后，农民才有了大量用于“玩”的空闲时间。汉英，刚过 70 岁，她叹息道：“今天的人玩得多快活啊!”汉英口中的“今天的人”指的是在她之后的两代人。她

预测说："他们会比我们这代人多活几十年。"因为在她看来，"今天的人"除了可以享受更好的食物和医疗，他们不需要花费那么多的时间去劳动，还有更多的时间来休息和放松。如今莲荷村的村民也认同，他们现在拥有更多的闲暇时间。

村民可以享受更多闲暇时间的关键原因在于，今天需要投入农业生产的时间大大减少了，尤其与具有严格的劳动制度的集体时期比。20世纪80年代初，集体制废除，农村开始实行家庭联产承包责任制，这为农民的劳动带来了极大的灵活性。这一点有力地解释了农民为何劳动时间减少，不过还有其他几个至关重要的因素。首先，由于人口增加，基础设施建设、居民住房和工业用地需求上涨，人均农耕用地面积减少。除此之外，一些农业技术的采用，比如杀虫剂和除草剂，播种和收割的机械化，节省了时间和劳力。在引进除草剂之前，除草的工作可以长达五个月，从播种开始，一直延伸到收割。而有了除草剂，这项工作简单多了。值得注意的是，除草的工作主要由农妇们来做。因此，除草剂的引入，给农妇们节省了大量时间。其次，莲荷村近年引进的一项新的技术是"抛秧"，"抛秧"使得栽种和收割稻谷两个最费时费力的过程更省时省力。在过去，栽种稻谷一般要先把种子撒到泥床上，待秧苗长到一定程度后拔秧苗、捆秧苗，再将这些秧苗运到水田里进行插秧，至此，才完成整个栽种的过程。而新的"抛秧"技术是直接将种子撒在一个塑料盘子里的泥土上面。当秧苗长好，农民直接将盘子运到水田边，直接将秧苗抛到田里，不需要插秧。另外，因为如前所述，种地并不是挣钱的行当，农民们现在种地的态度也越来越随意了。就如所秀所说，20年前，农民会兢兢业业地把油菜田里的野草拔干净，现在都放任杂草生长，没人管了。

一些制度和技术上的变革对农村女性也是尤其有利的。子女数量的减少，村民的新的生育理念，以及核心家庭的兴起等因素都造成了家庭规模的缩小，从而使一般由女性负责的家务和子女照料不再那么令人疲惫不堪。制度和技术上的变革都为农村女性创造了更多的自由时间。更重要的是，农村女性也从家用器具的改进中获益良多。例如，农村家庭成员减少了，而与此同时，更多的农村家庭开始使用煤炉。煤炉使得一个人为三至四个人做饭成为可能。而如果是传统的灶台烧饭的方式，烧饭时不仅仅需要两个人（一个加柴，一个在灶台上炒菜），而且还会耗费大量的木柴。这一改变不仅节省了劳力，而且还节省了之前捡拾木柴的时间。近几年有了煤气坛子，不少家庭开始烧煤气。但因为煤气比煤要贵，所以使用的家庭有限。因为用煤气节省时间，很多家庭只是在忙月用。几年前，莲荷村发生的另一个改变是水井的风靡。2000 年之前莲荷村没有自来水，一般邻近的几家村民凑在一起雇一个打井的团队，在几家附近钻一口水井。在此之前，莲荷村的用水来自天然的池塘。这些池塘往往位于距离村舍较远的地方，村民会用池塘中的水喂牛、灌溉和日常生活使用。而这一变化大大地缩减了女性花费在取水上的时间。其他家用电器的使用，如电饭煲、洗衣机（尽管还不是被广泛采用），也缩减了女性的劳动时间。最后，服装和鞋类的批量生产，也将女性从为家人制作衣服、袜子和鞋子的劳动中解脱出来。

我们很难估计以上这些变化为农民，尤其是农村女性节省的劳动时间。但是，至少有一点我们是确定的：曾经那种“日出而作，日落而息”的传统的农民生活方式，已经一去不复返了。在我居住在莲荷村的这段时间，大概从 2005 年 10 月上旬刚刚完成水稻的收割，到 2006 年 5 月上旬正要开始水稻的栽种这段时间里，只有 10 月下旬将近一周的时间内，莲荷村的居民要忙于种油菜。在这段时间里，人们每天会劳作七八个小时。其他的时间，村民们要么在村里的杂货店或某户村民的家里打麻将、纸牌，要么在外晒太阳、走亲访友，或者看电视。在 5 月栽种水稻和 9 月收割水稻这两个忙季，他们每天需要工作将近 10 个小时，一个忙季大约持续至多一个月的时间。这意味着，除此之外，村民有大量的空闲时间。

换句话说，在农村，劳动和闲暇之间的关系发生了变化。农民不再需要从劳碌中挤出零星的时间用于“玩”，大部分农民已经拥有清晰的、分别用于劳作和闲暇的时间段。这一变化，正如前文中汉英提到的，受到了莲荷村村民的热烈欢迎。在某种程度上，农民对于闲暇时间增加的喜悦，也表明了他们对于“什么是一种幸福的生活方式”的理解。他们梦想的生活，不是整天忙碌于农业生产，而是一种舒适、简单，没有太多劳累的生活方式。闲暇时间的增加和农民对于这种改变的理解，影响了闲暇资源的分配和家庭内外的权力关系。在对以上这些进行详细阐述之前，我们首先看看当前有关性别和闲暇的学术研究。

二、中国农村女性的闲暇：理论的视角

自20世纪早期以来，对于一些关注女性处境的政策制定者和社会学者，闲暇活动、性别平等和社会发展之间的关系，成为他们重点考虑的问题。追随恩格斯和自由主义发展经济学家的脚步，一些学者支持农村女性参与劳动生产，认为这有助于实现更大程度上的性别平等，同时也有助于发展农村经济。然而，其他人坚持认为，女性参与劳动生产，并不能保证实现性别平等，因为这并不能改变女性在劳动的性别分工中的弱势地位，也无法改变男女同工不同酬、女性被排除在管理家庭收入之外、女性的有偿劳动和无偿家务照料劳动所形成的“双重负担”等现状。他们认为，以一种唯物主义的观念去理解性别和发展，没有对女性牵涉其间的家庭关系和社会关系给予足够的注意，同时忽视了农村女性生活中的物质层面和文化实践之间的复杂关联（Jacka，1997；Wolf，1985）。从这个意义上来说，我们需要对这种唯物主义的模式和发展策略进行反思。本章正是通过将家庭内闲暇资源的分配作为一面透镜，来审视劳动、发展和性别平等之间的复杂关系。

传统社会学对“闲暇”的关注，主要起因于现代城市生活中稀少、匆忙的闲暇时间。之所以稀少和匆忙，是由工作和家庭场所的分离、工作时间的标准化和双职工家庭的安排所造成的。在这些研究中，“闲暇”被理解为“非工作时间”，只存在于有偿雇佣劳动以外的时间里。这一关于经济时

间的框架使得如下这些时间段没入阴影而不为人知：女性做家务和照顾子女的时间、没有酬劳的农业劳动时间、待业和退休在家的时间，这些都不属于有偿雇佣劳动的时间（Bittman & Wajcman，2000）。

对于闲暇问题，女性主义学者试图将女性从被有偿雇佣框架的遮蔽中“解救”出来，并探讨闲暇生活中存在的性别差异（Adam，c1995）。在一段时间之内，“闲暇”成为女性主义学者探究性别关系的一个重要领地（Bittman & Wajcman，2000）。在女性主义学术作品中，“闲暇”被定义为“时间预算”和“活动”（Henderson，1990），学者们以如下这些变量来评估闲暇在不同性别间的分配：闲暇时间、时间的使用、闲暇费用、闲暇场所（户外或者家中），以及闲暇活动的类型。很多女性主义者将研究范围定格于对双职工家庭中的闲暇活动如何在不同性别间分配。基本上，就闲暇时间而言，尽管不同的研究有不同的结论，比如，有些学者认为女性和她们的丈夫的闲暇时间差不多（Shelton，1992），而其他人则坚持认为，女性拥有的闲暇时间要比她们的丈夫少（田翠琴、齐心，2005）；但是，研究者都普遍认同，女性的闲暇方式是与众不同的：她们的闲暇时间被各种各样的有偿和无偿活动打断、破坏，与她们的丈夫相比，她们的闲暇活动自然少了许多乐趣。男性更有可能享受“纯粹的闲暇”。他们在闲暇时，不会受到工作或其他事情的干扰。女性被认为有更少独自或与其他成年人一起闲暇的时间，而更多时候，她们的闲暇时间是和孩子一起度过的。也有研究分析女性之间的闲暇生活差异。女性所处的生命历程阶段被认为是一个重要因素。单身女性比已婚女性有更多的机会享受闲暇时光；而与无子女的已婚女性，或者子女已长大的已婚女性相比，拥有年幼子女的女性的生活是比较艰难的（Bittman & Wajcman，2000；Deem，1988；Shelton，1992）。与男性相比，女性的闲暇场所更有可能是在家中，尤其是在工作日期间（Deem，1988）。

大部分有关闲暇话题的作品，都将目光集中于工业经济中的人群身上，而忽视了农业经济，因此现有的关于闲暇活动的研究似乎也很少关注农村女性的闲暇。对于农村女性的闲暇时间在历史长河中所发生的改变，我们知之甚少。既有的关于农村女性闲暇的研究非常有限，主要是从女性主义的视角，考察闲暇经历的性别差异。比如，Henderson 和 Rannelles 提出："这些农场妇女将工作、家庭和社区经历合为一体，从中找到意义和闲暇乐趣"（Henderson & Rannelles 1988：41）。基本上，他们提出了一个问题，即农村女性如何看待她们的闲暇。他们认为："我们通常对闲暇所做的定义和所赋予的意义，很难和这些妇女联系起来"（Henderson & Rannelles，1988：41）。但他们没有进一步深究。在中国也存在对农村女性闲暇研究的忽视。关于中国农村女性的闲暇问题，事实上遭遇了学术上的"双重忽视"：一方面，对于闲暇的研究在性别研究中本身就是一个边缘化的课题；另一方面，仅存的少量有关女性闲暇的研究主要针对的是城市女性，很少有闲暇研究关注农村女性（田翠琴、齐心，2005：26）。为数不多的几部有关中国农村女性闲暇生活的作品，主要采用了女性主义者的视角，将目光定格于闲暇活动时间、活动质量和活动心态上的性别不平等。总的来说，女性在这三个指标上都处于弱于男性的地位（田翠琴、齐心，2005）。一项国际农业发展基金组织的报道则提醒我们，中国女性的时间使用模式因地区、年龄和教育背景的差异而有所不同（IFAD，1995）。

总而言之，有关中国农村人口，尤其是农村女性的闲暇生活的作品是非常少的，而在已有的文献中也存在着一定的局限性。首先，现存的作品缺少对农村人口闲暇时间的历史变化的研究和考量。其次，尽管一些研究已经重点考察闲暇模式、闲暇时间和闲暇费用中的性别差异问题，但是几乎没有人提到，女性和男性对闲暇资源的分配分别持怎样的观点。最后，尽管男性和女性之间，城市女性和农村女性之间闲暇生活的差异，已经得到了一些关注，但是闲暇资源在不同代际间的分配差异，以及他们对于闲暇的不同理解和观点尚未得到关注。不同代际，尤其是不同代际的女性群体之间的权力关系和闲暇资源分配存在着怎样的联系？对于这一议题的研究在当前是缺失的。本章正是在已有研究的基础上，对以上问题一一阐述。

三、时间、金钱、性别和代际：莲荷村的“玩”

本节主要呈现在莲荷村获得的实证资料。文章首先查看女性的闲暇时间，然后分析不同性别和代际间“玩”的差异。之后文章会考察与之相关的权力关系，和附着在闲暇资源分配上的道德意涵。

不同性别和代际的“玩”

莲荷村的居民在空闲时间会做些什么？通过分别考察不同代际的农村女性和男性的闲暇生活，该部分将对这一问题做出回答。通过采用代际和性别的视角，我们发现既有文献的某些结论，比如，女性的闲暇时间是破损的、非纯粹的，是需要修正的。

上文提到，在莲荷村，“玩”与英语中的“leisure”有着相似的含义，但是“玩”的内涵、意义更加宽泛。“玩”可以指几种活动或者状态，如玩、休息或者被招待。但是当村民认为他们在玩的时候，他们实际在做什么呢？他们更倾向于哪种意义上的“玩”？对这些问题的回答主要取决于他们手中现有的资源、性别、年龄、婚姻状况、生命历程阶段和家庭结构等因素。

不同年龄段的人拥有不同的用于“玩”的资源。这和每一代“玩”的活动，以及他们如何理解“玩”相关。农村所拥有的闲暇设施非常有限。镇上有一家电影院，骑自行车大约半小时能到。但是除了一些约会的年轻人，大部分村民是不乐意掏这个钱的。过去的几年间，网吧在青少年间非常火热。电视是大部分村民都喜爱的一种闲暇资源，但是“第一代放足者”的老人很少有人拥有自己的电视机。他们只有在成年子女一家观看时，才有机会看一看。在莲荷村，电视机一般放在主卧，即儿子儿媳的房间里。在不冷的夜晚，常常可以看到老人们拿个小板凳，坐在儿子儿媳的门口看看电视。“战后婴儿潮一代”和其成年子女所组成的“合作家庭”中，有可能有两台电视机：旧的放在老一辈的房间里，新的放在年轻一辈的房间里。

对于年龄最大的“第一代放足者”，“玩”更为常见的含义是闲坐、休息和被照顾。可是，即使在坐着和休息的时候，年长的女性也常常要找点事情做。比如，她们会剥花生或者剥棉花。因此之前研究中指出的女性闲暇不够纯粹的结论非常适用于莲荷村的年老女性。除了休息和聊天，年老的村民，尤其是年老的女性，还会拜访他们的兄弟姐妹。他们中有些人每月也会到寺庙里去一两次。每年出嫁的女儿也会常常邀请父母到自己的家里住几天，尤其是在春节过后，还没有开始忙碌，家中又有不少过节剩下的好的吃食。可是，即使在兄弟姐妹家或者女儿家住时，老人们，尤其是女性，依然试图帮忙做家务，甚至是农活。事实上，他们没有“闲暇”的观念。

与最年长的一代相反，“战后婴儿潮一代”和最年轻的一代可以很好地参与到各种闲暇活动中，如看电视、闲聊、走亲访友以及打麻将。打麻将尤其受到大家的欢迎，而一副麻将牌几乎是每一个家庭必备的物品。当拜访亲戚的时候，除了吃饭，最主要的活动就是打麻将。只有打不了麻将（如人数不够）时才看电视。有一些主人为了让客人尽兴，甚至从近邻中找来陪客人打麻将的“陪客”，大家一起玩。主人招待所有人的饭食。从这个意义上来看，年轻人的“玩”更接近于打麻将和花费金钱。与最年长的一代人相比，较为年轻的两代似乎更能享受纯粹的闲暇时间。

但在第二代和第三代中，并不是所有的人都可以享受平等的，甚至是相似的“玩”的机会。这部分想要阐明的第二个观点是，究竟谁可以在“玩”上花费最多的时间和金钱，取决于他（她）的性别、年龄、婚姻状况和家庭结构等因素。在最近几年，越来越多的村民小组里开始有了一家小杂货店，是某个村民在自己家开的，售卖一些日常用品，如油盐酱醋、卫生纸、烟酒和孩子常吃的零食等。汉水县的村民管这些小杂货店叫“店子”。店子几乎都地处村中的主要大道旁，或者离村前村后不远的地方。店子的出现，与村民经济状况的改善和家庭子女数量的减少是密不可分的。这意味着家庭中额外的钱可以用来为孩子们买零食。几乎在每个村，店子都成为社交中心，各种消息和八卦从店子传播出去。人们会聚在这里打麻将、玩纸牌。店主会给来打麻将的人提供开水，并向每人每天收取五角钱的“台子费”。店主当然欢迎村民来店子里玩，因为来打麻将的村民有时候顾不上回家吃饭，就在店子里买点零食果腹。莲荷村村民还没有用上抽水马桶，每家每户用的是坑式厕所，需要定期将粪水舀出来挑去浇菜园子或其他庄稼。所以有村民说开店子划得来，因为那么多人在他们家用厕所，给他们积攒肥料。

从十月底农民完成油菜的栽种之后，到第二年五月初人们开始栽种水稻之前，在这期间，莲荷村的店子里几乎每天都人满为患。在莲荷村，典型的闲月的一天，通常以男人，或者女人用自行车，或者摩托车把他们的孩子送到学校开始，其他人则开始放牛或者赶牛去喝水。等他们回来，吃过早饭，大约 10 点钟，一些成年人就开始往店子里走了，还伴随着呼唤左邻右舍“到店子里玩去吧”的邀请声。早到者中，有各个年龄段的男人，还有暂时没有工作，或者还未到上班时间的年轻女人。在这里，我们看到更多的是中年和老人男性，因为大部分年轻男子要么出去打工了，要么一早到县城里做非农类的工作了，比如粉刷工、泥瓦工等等。在上午就出现在店子的女性一般是最年轻的一代，因为她们中大部分人来自合作家庭，她们的妈妈或者婆婆负责做家务和照顾孩子，其他是尚未结婚的女性，她们和自己的父母生活在一起。上午晚些时候，更多的人来到店里，这其中包括第二代的中年女性，她们刚刚洗完了锅碗和家人的衣物。她们的儿媳妇或女儿可能已早一步到店里了。在一间 12 平方米左右的屋子中，3 张桌子，15 个人打麻将，而其他人则在旁边观望[①]。一般晚到的人，也就是中年女性，还得早点离开，因为她们得为家人准备午饭。最年轻一代，不论男女，一般要等到家人来喊他们回家吃午饭，才从麻将桌上下来，或者因为要去上班而离开。而大部分人在吃过午饭后，会继续回到这里。要去学校接孩子的村民（父母或祖父母）一般四点左右离开，而留下的人（包括

---

① 一张桌子 5 个人，是最近的玩法。4 个人上场，1 个人旁观，一局后上场替换输了的那个人。

那些要去县里的工厂上夜班的女性）则会一直待到晚饭时间。偶尔，有人还会在吃过晚饭后继续来这里打麻将，但是这种情况仅限于天气比较暖和的时候，因为这里是没有取暖设备的。

从上面的描述中可以看出，既有的研究提出的“破碎的”闲暇时间并不适用于所有的农村女性。在莲荷村，我们可以看到，中老年女性，即第一代和第二代女性，她们的闲暇时间确实经常被家务劳动打断，但来自“合作家庭”的第三代女性，因为家里有母亲或婆婆为她们操持家务和照料孩子（这种家庭中一般是祖父接送孙辈上下学），因此她们的闲暇时间是完整的。但这是以牺牲老一辈的闲暇时间为代价的。而且，既有文献认为，有年幼子女的女性和子女成年的女性相比，享有的闲暇时间更少，质量更差。但莲荷村的事实表明，有年幼子女的第三代女性和她们的有成年子女的母亲/婆婆相比，享有更多更好的闲暇时间。因此，年龄、代际及家庭组成/结构起到了关键作用。

这里也可以看到一个性别差异：一般来说，在店子里打麻将的女性多于男性。除了第三代中有一些女性外出打工外，大部分的莲荷村女性（来自各个年龄段）待在村里；而男性中，除了那些外出打工的，大部分莲荷村男性都在镇上或者县城里做粉刷、装修、泥瓦等手艺活或者打零工。换句话说，莲荷村拥有灵活时间的女性比男性多。这就对既有文献中认为中国农村女性的闲暇时间少于男性的结论形成了一定的挑战。莲荷村有四个“麻将痞”，全都是女性。四人中，树春和四凤属于第二代，丽秀和旭红属于第三代。“麻将痞”是村民们给她们取的外号，这并不意味着她们打麻将打得最多，而是指她们对打麻将的态度很热切：只要有机会打，就一定会上场。她们是店子的常客。她们中，旭红被村民认为是“过得最舒服的”，因为她的婆婆料理所有的家务，照看她的儿子，让她在闲暇时想打麻将的时候就能打。她的婆婆甚至在做好午饭后亲自到店里叫她回去吃饭。

总而言之，与年长的一代人相比，较年轻的两代人可以将更多的金钱投入闲暇活动中。至于闲暇时间，由于非农工作的因素，较年轻的一代男性，或许会比年老和中年的男性拥有的闲暇时间少。但是，来自“合作家庭”的年轻女性肯定比年老或者中年的女性拥有的闲暇时间多，并且她们要比那些来自核心家庭的年轻女性更有可能享受到纯粹的闲暇时光。

四、从自我牺牲到选择性的自我牺牲：夫妻间的闲暇资源分配

从莲荷村的女性向我叙述的故事中，我们可以了解莲荷村的夫妻间用于“玩”的时间和金钱的分配方式，以及不同代际的女性对于这种分配方式的理解和认识。

故事一：汉英

汉英出生于 1933 年。当我问及她和她丈夫的关系时，她说，在 2000 年她的丈夫去世以前，他们已经在一起安静地生活了 50 年。他们几乎没有吵过架，而她的丈夫也从来没有打过她。她的丈夫喝酒，有烟瘾，也会玩一点麻将。汉英说，她从来没有为这些事责备过丈夫，她认为这一点或许就是他们 50 年平静婚姻生活的秘诀。当她的儿媳们责备她们的丈夫在喝酒、吸烟和“玩”上面花了太多钱时，她教育她们要知足，因为她们的丈夫只是“玩”而已，并没有犯严重的错误。至于他们在抽烟和喝酒上的花费，她认为没什么。她讲了自己的故事，认为自己为儿媳们树立了一个很好的榜样：

> “有一天，我的幺媳妇朝我的小儿子嚷，说他抽烟，咳（嗽）成一团。我就跟她讲我自己。我老头子那时候已经不好了，都快死了。那天，他的烟没有了，他想自己到前头店子里去买。我们肯定五分钟就走到了，（对）他不行啊，他那时候已经走路都走不动了。我就说，‘我跟你去买吧，你自己去你要走到后半夜。’他抽烟或者是玩，我从来都没有说过他。跟他安静地过了一辈子，我们过了 50 年才分手（丈夫去世）呢。”

故事二：所秀

2006年，所秀50岁。她在村里比较受村民尊敬，因为她的两个孩子都考上了大学。然而，所秀说，为了供养她的两个孩子上大学，她确实吃了一段时间的苦。而最大的问题在于她的丈夫，他是村里的一个干部，常常利用“工作”的借口出去玩，而所秀却为了他们的家庭苦苦地卖命。例如，为了给小儿子赚学费，在2001—2003年，她到浙江一家生产廉价饰品的工厂打工，她的丈夫待在家里。我2006年4月份采访她的时候，所秀告诉了我下面的故事。而此时，她的两个孩子已经都大学毕业，可以自己养活自己了。

“我再也不像以前一样只拼命地做啊，只有他玩呐，我不玩呐，绝对不会像那样了。原先的话，他打麻将打得多，我都不打，我只看一看。原来我是为了我的孩子，我的孩子们要读大学，没有办法。现在，我就想，凭什么你玩我不玩？这样不公平啊。他说他挣了钱的，我还不是挣了的！我挣的还不比他少啊！原先，我是为我的孩子们着想。他不顾着他们，我还要顾着他们啊。从孩子们毕业工作了以后，我就说，他玩好多（时间），我就玩好多（时间）。他用好多钱，我就用好多钱！”

故事三：萍芳

我2006年见到萍芳的时候，她39岁。

黄：　你和老公交流多不多？

萍芳：就说不多啦。他不说好多话的。那天，我都跟他说，他在屋里的时候，不是打麻将就是看电视，从来跟我不说好多话。

黄：　那你们两个吵架吗？

萍芳：哪有不吵的？他喜欢打麻将。我们家里经济条件不是很好，我的大姑娘（女儿）快考大学了，我就想给她攒点钱啊。我记得有一回，我在店子里跟他争起来了，他的大哥也住这队里啊，还要站起来打我呢。

黄： 为什么啊？

萍芳：看那时候，我老公在市里做室内装修啊，没有回来帮忙种油菜，都是我一个人种的，扛肥（肥料）啊，浇水啊。我自从生了我的大姑娘以后呢就得了痔疮，不能挑重的东西。后来还是我自己一个人种了。他回来的那天我刚好过生（日），他根本不记得了。（他）什么都没有说，回来就直接跑到店子里打麻将去了。我就很恼火（生气）。刚好他的妹妹和妹夫那天也在我们这边，我就叫他去菜市场买点肉回来，跟他说了，他动都不动，我就晓得他肯定是打麻将输了钱。我好恼火，我就抓起他们的麻将扔到地上了。他的大哥也在那里打麻将，突然站起来吼我，说什么“你的男人在外面做事养家刚刚才回来，你就扔了他的麻将?”他站起来就要打我，旁边的人就把他拦住了。我好恼火，我就说“这跟你什么相干？我跟我的男的吵，又不是跟你吵!”我为什么那么恼火呢？我老公在外面做事，一分钱都没有拿回来。我当时屋里根本没有钱了，还找我的姐姐借了两百块。他一回来就跑去打麻将，什么都不管，我才那么恼火啊。我几天没跟他说话，后来他哄我我才好（笑）。你看吧，我们吵的时候多，每次都是因为打麻将引起的。

在大部分“第一代放足者”女性的故事中，我们会发现，对于用于闲暇的时间和金钱，以及个人花费方面，她们总是把丈夫和孩子放在前面。她们的言语体现对自身利益的自我牺牲，来满足丈夫和孩子的需要。但是，这种观念已经不再被年轻一些的女性接受。相反，正如在所秀和萍芳的故事中，较为年轻的两代女性和丈夫发生争吵的起因主要是因为“玩”。而大部分情况下，都是因为妻子试图限制丈夫用于玩的时间和金钱。我们很容易将此归结为性别本质主义。但是莲荷村的男性和女性都认为，尽管年轻女性也玩麻将，但是出于对孩子教育的考虑，她们对于花费在麻将上面的时间和金钱会更加慎重，这是因为她们期望自己的孩子将来能通过“自我发展”获得一种更容易的生活。另外，较为年轻的两代女性都认为，她们应该和丈夫拥有用于闲暇的相同资源，或者至少相似数量的时间和金钱。换句话说，她们愿意为了孩子的未来而牺牲自己的利益，却不会为了丈夫而做出这样的牺牲，所以这就是我所说的“选择性牺牲”。而且，当我问及较年轻的两代女性，如何看待在闲暇问题上向丈夫做出退让的行为，她们通常都认为这是很愚蠢的。但是像汉英这样最年长的一代人，会认为这是一种美德。

Bina Agarwal 认为，南亚和非洲的妻子们“认为自己的利益和未成年孩子们的利益是一致的，而和丈夫的利益却是相冲突的”（Agarwal，1997：27）。这里需要提出的问题是：为什么在莲荷村较年轻的两代女性会有“选择性自我牺牲”的意识，而最年长的一代女性却没有这样的观念？我认为，在过去的几十年，中国农村家庭权力结构关系上的变化导致了这种代与代之间某些观念的差异性。依照 20 世纪 50 年代到 80 年代主导家庭生活的社会准则，对于最年长的一代女性，无论她们是身处人丁兴旺的大家庭，还是和丈夫单过，结婚之后，她们一般都是处于权力金字塔的最底层。所以，她们丈夫的利益、公公婆婆的利益、子女的利益，都要优先于她们自身的利益。相反，对于较年轻的两代女性，公公婆婆的利益已经不在她们的考虑之中。在将孩子们的利益置于首位后，她们会要求平等，会与丈夫展开竞争。最年长一代女性“自我牺牲”的叙述反映了她们在家庭权力关系的金字塔、资源控制和收入分配中脆弱的地位。如果以一种功能主义的视角来看待她们的行为，她们实际上是透过这种话语策略，来提醒家人她们曾为这个家付出了多少，从而提高她们在家庭中的安稳地位。但是较年轻的两代女性将自身的利益与年幼子女的利益置于同等重要的地位，实际上可以将此视为一种投资。在子女独立之后，则是她们获取收益的时刻。此外，当子女结婚后，许多较年轻的两代女性会和子女共同生活在一个合作家庭中，在这里，她们做家务、照顾孩子，这会帮助她们获得一种很好的安全感。相反，由于她们的丈夫交出了对家产的控制权，而随着年龄的增长，他们的收入也在逐渐减少，这些都使他们在家庭中的权力日渐衰微，正如本书第八章所论述的那样。这也解释了为什么较年轻的两代女性可以在闲暇资源分配问题上和她们的丈夫针锋相对。

丈夫们对于妻子逐渐显现的关于闲暇资源的竞争意识，以及家庭中变化的权力关系，将做出怎样的反应？接下来的故事将告诉我们答案。华凌，出生于 1972 年，是三个姐妹中年龄最大的一个，她的婚姻是入赘婚姻，这样将来她就可以给父母养老。她的丈夫，宝新，和她是同村人。宝新是他们兄弟四个中年龄最小的一个。他的父母帮三个年长的哥哥成家后，再无能力帮宝新娶妻，所以他同意入赘到华凌家。根据一些村民的说法，华凌和她的父母对于金钱是非常谨慎的。结婚后，宝新在镇上打零工。一般是他的妻子或者岳父领取他的工资，并且只留给他少量的零钱作为日常使用。大部分时间宝新口袋里只有很少的零花钱，因为华凌担心“钱多会使人变坏”。为了多点零花钱，从而使自己也可以和其他同龄人一起玩麻将，宝新和一些老妇人一起到稻田里拾稻穗。结婚几年后，宝新提出了离婚。因为他觉得，在财务和家庭事务中，他毫无控制权，这让他在村民间失去了尊严。由于宝新的父母认为，华凌对待他们儿子的方式，侮辱了他们的家族，因此也卷入了这件事情当中。两个家庭之间的冲突最终导致了彼此长久的敌意和憎恨。宝新后来到南方打工，在那里待了几年后回来离了婚。华凌和宝新的离婚在莲荷村几十年的历史中是首例。尽管如此，村民却议论说“早晚会如此”。村民们认为，家里是入赘婚姻的，更容易在闲暇问题上引起严重的争吵和家庭纠纷。这是因为在入赘婚姻的家庭中，妻子会将自己置于本来属于丈夫的位置上，结果她会试图行使权力，并控制家庭中的资源。这会导致她们和丈夫间的冲突，因为她们的丈夫想像一个“正常丈夫”一样生活，也就是说，他们想拥有权力，想花费一定的时间和金钱用于闲暇。否则，他们将会面临在同龄人中间失去脸面和尊严的风险。这一类的夫妻纠纷在最年轻的一代女性所处的合作家庭中是更加常见的，因为在这样的家庭中，中年的父亲或者岳父是不愿放弃自己在家庭中的权威的。在这样的家庭中，夫妻之间，两代人之间的权力关系处于变化中，具有很强的复杂性，最终导致了与闲暇有关的家庭纠纷。

另一个有关家庭纠纷的故事，起因也是妻子试图限制丈夫用于闲暇活动的时间和金钱。一天，在店子打麻将的丈夫输掉了口袋中所有的钱，他向在旁边观看的妻子要钱，这样他就可以继续玩。但是妻子不给他。他觉得丢了面子，于是当着众人骂了妻子，妻子在他脸上打了一记耳光。他本来要打回去，但是被其他村民拦住了。然后他冲回了家。妻子过了一会儿才回家。到家后，发现他已经在房梁上上吊死了。争吵、离婚，甚至是丈夫们的自杀，这些都显示男性将他们对闲暇时间和金钱的控制，与自己作为男性的地位、尊严，以及作为一名丈夫的脸面紧密联系在一起。尤其是当男性对于闲暇的控制在公共场合受到妻子的挑战时，他们就会处于被同村伙伴嘲笑或者同情的境地。以上两个故事中丈夫的极端做法说明，他们是多么不愿意放弃在家庭中的权力，更不愿意接受妻子和他们之间为了家庭的闲暇资源进行的竞争。

截至目前，文章的讨论重心放在人口和社会因素上面，揭示出这些因素如何协调家庭内部的闲暇资源在不同性别间的分配。但是个人是基于何种基础来宣称自己有享受闲暇的权利，或者别人没有享受闲暇的权利？年轻两代的妻子们的宣称背后有何原因？丈夫们如此反应的原因何在？这些关于闲暇的争吵对于丈夫与妻子之间，以及对于男女之间的性别平等，有何特殊的意义？农村丈夫和妻子们自己是如何理解他们的这些争吵的？我们需要对这些问题进行进一步探索。

五、劳动和闲暇：丈夫和妻子对于夫妻公平和性别平等的理解

年轻两代的妻子们在闲暇资源分配中，想要和丈夫享有更平等的份额。那么，和第一代相比，更多的用于闲暇的时间和金钱，会给他们的夫妻关

系带来什么影响？在莲荷村，不同年代的夫妻关系一直处于变化之中。正如在汉英的故事中所表明的那样，对于最年长的一代女性，她们更喜欢平静、和谐的夫妻关系。相反的是，对于我采访过的每一个较年轻的女性，她们都提到了与丈夫发生争吵的经历。她们中有些人提到自己背着丈夫藏了私房钱。这和一般的印象相反，因为和第一代不同，年轻两代的夫妻关系似乎更多建立在感情的基础上，而且他们也有更多时间来经营夫妻关系。为什么会有这个矛盾之处？我认为，对于第一代女性，艰苦和忙碌的生活使得她们与丈夫成了比较好的“伴”，在老年生活中尤其如此。纵观她们一生，她们很少有钱或者时间可以用于自己身上。重要的是，妻子的自我牺牲为家庭营造了一个稳定的格局，在其中，妻子总是将自己的利益置于最底层。物质的匮乏使她们的策略不是去争取有限的物质利益，而是自我牺牲，并且之后利用自我牺牲的话语为自己在家庭里赢得一席之地。

而较年轻的两代人，尽管她们已经拥有更多的闲暇时间和金钱，但是很多夫妻之间的争论依然是围绕这些闲暇资源的分配。我认为，这种紧张的局面要归根于村民的劳动和闲暇生活之间复杂的关系，他们对于这种关系的认知和观念，以及当地社会中一种认为“女性不应过分强调自我利益”的普遍社会期待。这样的社会期待进一步影响了她们对夫妻公平和性别平等的理解。较年轻的两代女性都从事有偿性的劳动。但是，因为宏观经济的变化，代与代之间不同的教育背景，以及婚后不同的家庭结构等因素；女性从事的劳动活动，以及她们为家庭赚取的收入（与丈夫相比的）份额是各不相同的。一般说来，前文提到，对于年龄较大的中年“大姐组”，她们和丈夫之间不存在较大的收入差距。因此，这一代的妻子会认为，她们应该和丈夫获得同等的闲暇资源。所秀说：“他说他挣了钱的，我还不是挣了的！我挣的还不比他少啊！”在这些话中，我们可以看出这一代女性所持的观点。相反，对于年龄较小的中年“小妹组”，她们获得的收入一般比丈夫少。因为她们的丈夫会一直从事非农业的工作，而她们由于受到家务、农业和劳动市场对于年龄和性别的歧视等因素的限制，只能在家劳动。这反过来会让她们的丈夫觉得，他们有权利享受更多的闲暇资源。但是由于这一代女性也为了家庭努力工作（尤其在农业和无偿的家务劳动中付出很多），因此她们是不乐意让丈夫享受到他们自认为应该享受到的更多的闲暇资源的。当她们试图限制丈夫的闲暇活动时，夫妻间就会起冲突，正如我们在萍芳的故事中看到的那样。而在最年轻的一代人的夫妻中，有时候丈夫的收入高，有时候妻子的收入高。与中年女性一样，这些年轻的妻子也会努力争取和丈夫获得同等的闲暇资源。但是由于在合作家庭中所处的地位，以及妈妈或者婆婆的“自我牺牲”，她们与丈夫之间很少会因为闲暇分配问题而关系紧张。

尽管自身的处境不同，但这两代较年轻的女性都要求，闲暇资源应该在夫妻之间公平分配。并且，对于家庭内部闲暇资源如何分配才是公平的，她们的认识是相似的。而在她们诉求背后的逻辑是相同的，就是说，她们和丈夫以同样的劳动方式挣钱，她们理应享受一定的闲暇资源。在她们看来，劳动挣了钱，就理应享受一定的闲暇资源。在上文讲述的故事中，所秀讲道：“凭什么你玩我不玩？这样不公平啊。他说他挣了钱的，我还不是挣了的！我挣的还不比他少啊！”正是基于这个理由，在她看来，只有她丈夫“玩”是“不公平”的。较年轻的两代男性似乎以同样的方式看待有偿劳动和闲暇之间的关系。因此在上文的故事中，当萍芳试图阻止丈夫继续玩麻将时，她丈夫的哥哥冲她怒吼道，“你的男人在外面做事养家刚刚才回来，你就洒了他的麻将？”在丈夫的哥哥看来，因为萍芳的丈夫充当的是养家糊口的角色，因此他理应将一部分时间和金钱用于打麻将。但是“应得”的判断标准仅限于通过劳动获得的现金收入。也就是说，我们衡量的对象是金钱，而不是劳动本身。在男女两性对于夫妻公平分配闲暇资源问题的理解中，女性负责的家务劳动、只能糊口的农耕，以及对子女的照料是不属于“应得”的考虑范畴的。女性或许会抱怨她们一直从事这类劳动，但是她们不会将此作为获得一定闲暇资源的理由。正是基于这个原因，当萍芳丈夫的哥哥指责她的时候，她并没有用类似于“我也为了这个家努力劳动”之类的话来反击。而事实是，她的确劳动得很辛苦。但是在萍芳看来，激怒她的不是她自己的劳动没有得到认可，而是“我老公在外面做事，一分钱都没有拿回来”。这句话背后的逻辑不是“我有权享受闲暇资源”，而是“因为你没能为家赚钱，所以你无权享受闲暇资源”。

但是，这种货币“公平”衡量法并没有激发女性更积极地参加到有偿的工作中。恰恰相反，莲荷村的女性会羡慕那些不用工作，却有钱玩的人。尽管她们会用“公平”衡量法去质疑不公平的闲暇资源分配现象，但是她们自己更喜欢“不劳而获”。毫无疑问，很多男性也有类似的观念，在某种程度上，这也反映了女性在家庭内外劳动分工中出现的性别不平等和男女同工不同酬等问题中遭遇的挫折。首先，这部分是对女性在复杂的劳动和闲暇关系中受到的不公平待遇的反应。毕竟种地、做家务和照料子女花费了她们大量的精力和时间。其次，即使当她们为家庭赚取了收入，她们自己也认为她们应该享受一定的家庭闲暇资源时，她们依然会迟疑地将此作为提出诉求的理由。因为这会被认为违反了“女性不该强势独断”的社会准则（参考 Agarwal，1997：17）。事实上，女性的“强势和独断”常常受到当地社区，尤其是一些男性和年长的女性的谴责，因为在他们看来，这会引起丈夫消极的反应，包括一些类似于自杀的悲剧。因此，上文汉英对她儿媳的教育中暗示着，造成家庭不和谐的根源是女性的强势和苛刻，而不是丈夫的疏忽和挥霍。

当然，在日常生活中，由于对夫妻公平的不同理解所导致的权力关系和紧张局面，在每个家庭的呈现方式是不同的，并且会因为夫妻性格和彼此之间感情的深度，在一定程度上得到缓和调节。当一位妻子要求和丈夫享受同等的闲暇资源，丈夫可能继续尊重自己的妻子，但是当其他的女性对自己的丈夫提出同样的要求时，他或许会认为这个女性太过强势，不可理喻。例如，在萍芳的故事中，尽管她的丈夫对于她的发火一言不发，并且后来努力劝哄（安慰）她，但是他的哥哥却站出来斥责萍芳。而当萍芳顶嘴后，他甚至还想打萍芳。如果发火的是他自己的妻子，他的反应或许会与此不同。如果夫妻关系不是建立在感情的基础上，当妻子提出这样的要求后，丈夫很可能会反对，而这很有可能会导致家庭暴力。

六、本章小结

TSOL 模型使本文能从整体性的视角来审视“劳动”和“闲暇”。利用“闲暇”这面透镜，本研究从性别视角探讨了劳动模式的变化，不同地位的女性各自的发展经历，以及年轻一些的女性如何运用自己的能动性带来社会变化。在此基础上，本章挑战了关于性别不平等的唯物主义观点，以及认为女性参与有酬工作就会带来性别平等的发展战略。近年来，农业技术的改进，农村经济和人口方面的一系列制度性的变化，都帮助缩短了劳动时间，从而增加了农村女性和男性的闲暇资源。这也意味着，不同代际的农村女性在劳动和闲暇方面，拥有非常不同的经历和期许。但这并不意味着，农村女性们变化的人生经历可以被粗暴地塞进一个唯物主义的发展模型。需要明确指出的是，女性参加劳动生产并不总为性别平等造成积极的影响，因为，除了她们参与的有偿劳动，无偿的社会再生产、家庭动态，和其他社会关系及准则都会参与形塑性别角色和性别关系。可是，我们看到，在莲荷村存在一个观念的转变，即从最年长的一代女性的“自我牺牲”到年轻的两代女性的“选择性自我牺牲”的变化。同时，莲荷村的村民用现金收入来衡量家庭内部闲暇资源的分配是否公平。这些都让我们可以推断：更多的收入，确实可以为女性们赋权。拥有现金收入的较年轻的妻子认为，她们有权向丈夫抗议不公平的闲暇资源分配。而在较年轻的两代女性对于“不劳而获”的巨大渴望中，我们可以看出，女性并没有因此对有偿工作产生很强的积极性。她们的态度或许是对性别不平等的劳动环境的反应，以及她们对唯物主义模型和发展策略的不满。

第四部分

变迁乡村社会中的政治参与（1944—2013）

第四部分将关注农村女性中的一个特殊群体：妇女干部。从20世纪初中国共产党开始对农村人口进行动员开始，农村女性就成为一个重要的动员对象。其中，尤其是“土改”时期的“诉苦”运动，无不“发挥妇女易动感情，‘诉苦’细腻感人的作用”，来动员农村妇女参与到对无产阶级阶级意识的塑造（方慧容，2001：489）。无论是“诉苦”运动，还是后来对农村女性参与公共劳动的动员，以及“集体时期”的“铁姑娘战斗队”等一系列政治运动，还是对农村日常生活的管理（比如，公社时期的计工分，以及管理与女性有关的事务，尤其是与生育和再生产有关的事务），这中间都有农村女性的影子。在本研究访谈的近60位女性中，有不少女性曾经有参与这些活动的经历：除了3位长期担任“妇女主任”职务的干部之外，其他女性曾担任过计分员、团支书、生产队里的妇女工作联络员等职务。这样的经历，和农村中的日常生活不同，曾在某一段时间内给予她们在村庄中不同的地位，赋予她们和村民之间不同的关系。在这样的参与中，她们直接接触了自己家庭之外的政治权威。第十章将主要聚焦在两个长期担任“妇女主任”这个职位的女性身上，意图用整体的视角来解读她们的生命故事，来探讨在长达几十年的时间里，她们如何在“家庭内”和“家庭外”的领域，在农作、家务、闲暇和政治参与之间分配自己的时间和精力。

第十章

两代妇女主任的政治参与（1944—2013）

本章仍然沿袭了之前的“比较”的做法，但时间维度和之前有所不同，聚焦在1944—2013年。在比较的内容上，也和前面几章稍有不同：这章从整体的视角，将“政治参与”也作为一种劳动形式引入比较的框架。在这个整体性视角中，妇女干部的“政治参与”和其他劳动活动，如农耕、非农经济劳动、家务和照料工作等一样，占用着女性的时间和精力。也就是说，和普通农村女性不同，作为妇女干部的农村女性在常规的劳动活动（农耕、非农经济劳动、家务和照料工作等）之外，增加了“政治参与”一项。那么，对于农村的妇女干部来讲，她们如何在包括“政治参与”这一劳动形态在内的各种劳动中进行选择？造成这种选择的原因是什么？她们的闲暇形态又如何？随着时代的变迁，她们的劳动和闲暇组织方式又有何变化？本章聚焦莲荷村两代“妇女主任”的劳动和闲暇生活，并将焦点放在她们的“政治参与”这一独特的劳动形式上，以“政治参与”为出发点，探讨它和其他劳动形式的关系，以及它如何影响了农村妇女干部的闲暇方式。另外，由于“农村妇女的政治参与”本身是一个独立的研究领域，本章从整体的视角出发和这部分研究领域发生对话。本章所选取的两位妇女主任，其中一位是武珍，属于“第一代放足者”；另一位是白英，属于“战后婴儿潮一代”的“小妹组”。武珍主要在集体时代担任妇女主任，白英主要在后集体时代担任妇女主任。两人的从政经历刚好也契合了中国乡村从“前自治时代”到“自治时代”的转变。本章分析了从集体时代到后集体时代，从前乡村自治时代到乡村自治时代，妇女主任参政的背景有何不同。

在此基础上，本章对武珍和白英的生命故事进行解读，展现并比较两位妇女主任的参政轨迹、参政内容、参政对家庭的影响、和其他（男性）村干部的关系、参政体会和感受等方面。本章要展现的，就是在不同的背景下，妇女主任这一制度如何受国家建构的影响，而担任妇女主任职务的农村女性的参政生活如何受国家、市场、转型的乡村社会和农村家庭的形塑，从而展现出复杂而矛盾的主体性。最后，本章意图反思农村女性参政的内容和意义是什么，并追问是否女性进入政治就意味着参政。

一、背景

自从近代对民族国家的建构以来，"性别平等"一直是以西方为代表的现代性的重要追求之一，而女性的参政议政状况则是其中一个重要的考量标准。而对现代化不懈追求的中华民族在历史发展的各个阶段也曾以提升女性的参政议政为目标。这表现在，在1949年中华人民共和国成立之后，国家确立了妇女主任制度，在农村指派妇女主任。她们一方面成为国家权力在村庄的代理人，通过她们在村庄的政治动员，强化了农村妇女的阶级、政党和国家意识；另一方面，她们也是地方基层力量的代表，成为国家建构在基层的推动力量（杨翠萍，2009）。而自20世纪80年代开始实行村民委员会制度、强调农村的基层自治以来，从中央到各级地方政府特别强调保障农村妇女参与村级事务治理的权利，积极推动农村妇女参与村庄自治。1995年颁布的《中国妇女发展纲要（1995—2000年）》、1998年通过的《中华人民共和国村民委员会组织法》、民政部在1999年下发的《关于努力保证农村妇女在村委会成员中有适当名额的意见》、2001年国务院发布的《中国妇女发展纲要（2001—2010年）》，以及后面中共中央办公厅、国务院办公厅多次下发的关于村民委员会选举的文件多次强调，农村妇女在村委会中的比例和配额。这种提高参与村庄自治的农村女性数量的办法也一直是各级妇联所力推的。在这种做法背后，存在这种假设，即参与农村自治的妇女数量的提升是促进社会发展，尤其是提高农村性别平等程度、为农村女性赋权的很重要的一个方法。

但事实并没有如此乐观。已经有大量的研究表明：参与农村自治女性的数量，尤其是进入村委会女性的数量并没有我们期望的那么多（曹荔函、张克云，2013；蒋爱群、曲艳慧、王晓明，2010）；即使是顺利进入村委会或者村支部的农村妇女，在这些“以男性为中心”的场域，也存在“去性别化”的情况，即进入权力场域的女性接受男性的规则来完成对乡村政治的参与（刘筱红、陈琼，2005）。

因此，有一些研究开始对农村女性参政进行反思。其一是追问“女性参政”的具体含义，即不是从发展主义的角度去理解“农村女性参政”，而是力求从“本土文化”“本土世界”中理解农民政治参与的逻辑（杨善华、柳莉，2005）。另外一些研究开始对配额制进行反思，追问这种方法是否真的能实现该方法最初设立的目标（李琴、高涣清，2010；Jacka，2008）。本章也是站在前文所提到的反思的立场上，从历史的视角来审视不同时代农村女性参政的“本土世界”“本土文化”的变化，以及这将如何影响女性参政。

总体来说，对农村女性进行研究还需要考量一个大的社会背景，即关于农村女性劳动的主流话语及其变迁史。在第一章我们简要提到了这一背景。从20世纪50年代至80年代初的集体主义时代，国家及其创造的文化制度，成为一种影响女性生活环境及生命经验的最重要形式。国家鼓励女性走出以前的私人领域，参与以前由男性主宰的公共劳动。而发生在私人领域的劳动（家务劳动）的价值是被贬低的（Yang，1999；Jacka，2006）。但20世纪90年代以后的市场化时代，国家从私人生活领域（部分）撤出以后，“家庭”和市场所引导的“文化制度”对形塑“什么是理想的女性形象”起到决定性的作用。“女性气质”（femininity）、女性作为妻子和母亲的角色被重新强调（Rofel，1999），消费行为成为彰显女性气质的一个重要内容（Yang，1999）。换句话说，女性在“私人领域”的劳动重新被认为很重要。但与之相对应的是，受国家力量引导的各级妇联则鼓励妇女们在市场中竞争，实现“四自”，即“自尊”“自信”“自立”和“自强”。这是市场化的性别意识形态对“私人领域”劳动强调之外，对“公共领域”劳动的再次看重（Jacka，2006）。因此，从集体时代到后集体时代，我们看到社会对女性的期待和凝视，从集体时代的“铁姑娘”到改革开放之后“女性气质的重新回归”，以及“对母职的重新重视”。这一系列变化，构成了形塑不同时代妇女主任参政生活的重要背景。

二、妇女主任：研究中国农村女性政治参与的一个切入点

中国有庞大的农村妇女主任群体。因为前文提及的配额制度，全国绝大多数农村都会至少有一个女性委员（最多的是负责与生育和女性生殖健康相关事务的委员）。虽然大多数女性委员并不是处在支部书记或者村委会主任这样关键的位置，但和其他普通农村妇女比起来，她们算是离政治权力最近的农村女性了。据统计，截至2016年底，全国村委会数量55.9万个，比上年下降3.8%（民政部，2017）。可想而知，女性村干部会是一个和这个数字差不了太多的群体。既有的研究通常用两个方法（approach）来理解女性村干部群体：一个是关于“村干部角色”的研究，一个是“农村女性政治参与”的研究。

（一）关于“村干部角色”的研究

经典的“村干部角色”研究将“村干部”置于国家与村庄之间，分别从国家和村庄两个角度来看村干部的可能角色。比如，从村庄角度看，认为村干部可能担当着如下角色：乡村社区利益的“保护人”（Shue，1988；于建嵘，2002）、村庄的“弱监护人”（申静、陈静，2001）、“撞钟人”与“守夜人”（吴毅，2001）等；而从国家的视角看，可能是国家利益的“代理人”（Siu，1989），“国家经纪人”（沈延生，1998），或者介于两者之间的

“双重”身份（Oi，1989；徐勇，2002）。同时另一部分学者反而认为村干部在国家和村庄都处于一种边际地位，成为一种“边缘人”（王思斌，1991）。但是，这些研究事实上通常将“村干部”当作同一的群体，尤其是以处于权力中心地位的男性作为这一群体的代表来考察。妇女主任这一位置通常被认为处于村庄权力边缘而被忽视。

（二）关于“农村女性政治参与”的研究

既有的关于“农村女性政治参与”的研究有一些指出了有利于提升农村女性政治参与的因素，比如，工业化和城市化带来的男性劳动力向城市的迁移，将农村“留给”了女性，也给了她们印证和提升参政能力的机会，一些农村妇女的经济管理和调解等能力在本地经济发展过程中受到认可（Song，2018）。但更多的研究旨在揭示农村女性参政过程中存在的困难和约束。如上文所述，有关农村女性群体政治参与的研究都指出了一个共同的问题，即女性（不论是处于权力核心的女支书、女村主任，还是处于权力边缘的妇女主任，抑或积极参与村庄治理的普通村民）无论在参政数量上，还是参政程度上，都处于弱势地位。从数量上来说，女性占政治参与人口的比例离理想的数额还有很大的差距。换句话说，要实现《中国妇女发展纲要（2011—2020年）》中，村委会成员中女性比例达到30%以上，村委会主任中女性比例达到10%以上的目标，还有很长的路要走（曹荔函、张克云，2013；Song，2018）。而从实际参政程度上来讲，农村女性的参政并没有带来预期的结果。首先，有研究指出，女性村干部的执政并没有改变农村传统的性别规范，也没有体现出有利于妇女发展的趋势（王冬梅，2010）。其次，女性村干部进入乡村管理层后出现“去女性化”的趋势，牺牲自己女性气质来获得一种男性或者中性领导力（刘筱红、陈琼，2005）。

研究的重点于是被放在分析影响和限制农村女性政治参与的因素上面。现有研究主要从两个方面讨论造成农村女性参政困境的原因。一方面是结构性的因素，主要包含传统的性别规范和性别劳动分工方式等文化性因素

（郭夏娟，2003；高焕清、李琴，2011；Guo、Zheng & Yang，2009），以及制度设计方面对女性不友好的因素（汪力斌、宫君、陈婷婷，2007）。另一方面是个体层面的因素。一些研究认为是农村女性的参政困境是其所受的教育程度不够、本身素质不高所导致的，但大部分研究认为，农村女性对参政的不自信，更多的是父权制的传统造成了她们的心态和政治行为，使她们习惯了被公共生活排斥，这进一步约束了她们的政治参与（Guo、Zheng & Yang，2009）。总而言之，立法的性别盲区、歧视性的性别分工、男性对女性的角色期望、女性双重依附的参政心理等，阻碍了女性平等地进入政治领域（郭夏娟，2003）。另外，有的研究指出，能够在村庄中获得一定政治地位的女性，是那些经济、技术能人，或者政治上的积极分子，或者具有良好的家庭资源的人，而不具备这些资本的普通女性则被排除在政治参与之外（曹荔函、张克云，2013；Song，2018）。

既有的研究很好地揭示了农村女性政治参与的现状和造成其现状的背后约束力量等。但这些研究有两方面的缺陷。首先，以往文献的研究对象过于模糊，可能涵盖了担任村支书或村委会主任的女村干部、村妇女主任和/或普通女村民。但这些女性群体的参政程度和经历是不同的，因此需要对群体做出细分之后具体而论。其次，到底什么是“农村女性参政”？其含义何在？既有的研究并没有给予真正的说明。

其中一个例外是杨善华和柳莉的研究。在题为“日常生活政治化与农村妇女的公共参与——以宁夏Y市郊区巴村为例”的文章中，两位作者认为需要对“国家政治”和“村庄政治”进行区分。在村民的生活世界里，对村庄政治的关注并不是出于“国家政治”层面的理由，而是出于“村庄政治”层面对自己家庭（家族）利益和地位的关注。出于“村庄政治”层面的理由，农村女性对社区政治的参与被社区文化赋予了合法性，也不会受到既有父权体系的裁决，这是一种“日常生活的政治化”的表现（杨善华、柳莉，2005）。在这个研究中，“政治参与”是被从“本土社会”和“本土知识”来理解的，而不再具有发展主义话语体系下承担着促进女性“发展”的功能。而这个发展主义的逻辑，正是外界所强加给乡村社会的。

另外一个学术趋势是对农村女性参政的配额制进行反思，追问这种方法是否真的能实现该方法最初设立的目标，即在乡村治理的过程中纳入包括妇女等边缘群体的声音、采取性别平等政策、措施和行动，获得农村政治的性别平等。这些研究认为，保护性的政策无法有效地解决入选村委会女性的身份危机，因为保护性政策无法保证村民对这些女性形成有效的身份认同，认可其具有与其位置相匹配的能力（李琴、高涣清，2010）。另有研究认为配额制的方法存在缺陷，并开始检视妇联等机构在推行配额制过程中所采用的方式方法中存在的问题（Jacka，2008）。

因此，本章将聚焦在村妇女主任这一群体上。一般认为，妇女主任是处在虚职的职位，处于村庄权力的边缘地带，而既有的关于女村干部的研究也多集中在对女村支书、女村委会主任的研究。但这两个群体从数量上来说，只占全国行政村以上两个职位的2%（曹荔函、张克云，2013）。而从数量上来说，因为配额制的影响，村妇女主任这个群体却大得多。在大部分村庄中，她们可能是唯一进入村庄权力体系的女性。因此，对她们的参政历程和行为的研究，是较具有意义的。更重要的是，本章是建立在既有的“反思性”文献的基础上，专注于对妇女主任参政经历的考察。本章强调“本土文化”对女性参政的理解。

三、两代妇女主任的政治参与

这个部分重点分析从集体时代到后集体时代，从前乡村自治时代到乡村自治时代，妇女主任参政的“本土世界”有何不同。前文已提到，莲荷村从劳动力迁移的角度来说，是一个劳动力流出地。工业化和城镇化发展得比较晚。到2010年左右，汉水县开始发展出一些工业园，进行招商引资。2012—2013年，莲荷村部分村民小组的土地开始被征收。武珍和白英是两位在莲荷村历史上任职最长的妇女主任。并且除了“妇女主任”一职，莲荷村从未有过其他女性村干部。根据地区的要求，现在的“妇女主任”

白英也是村委会委员之一。

(一) 两代妇女主任简介

武珍和白英代表着两代的妇女主任。前文提到，她们分别属于“第一代放足者”和“战后婴儿潮一代”的“小妹组”。下面的表10－1将两人的一般人口学特征进行了对比。由此可以看出，两人的从政经历都开始得很早，并且历任不同的职务，直到长期担任妇女主任一职。

表10－1　两代妇女主任简介

	武　珍	白　英
出生年份	1944	1962
受教育水平	小学毕业	高中毕业
兄弟姐妹数（人）	2（妹妹）	9（5个姐姐，1个妹妹，2个弟弟）
从政时间段	1960—1982年	1979年至今
从政历程	社教—团支部书记—副大队长—出纳—妇女主任	团支部书记—妇女主任
婚姻形式	入赘婚	同村婚（经历了退婚、离婚风波）
子女数（人）	4（大儿子领养、2个女儿、小儿子）	2（儿子）

(二) 走上从政路

虽然两人的从政经历都开始得早，并且长期担任各种职务直到妇女主任一职，但由于处于不同的时代，两人走上从政之路的经历还是不同的。

武珍：“党培养的”

“人家老师就一直来做工作，来了蛮多次啊，说您孩子的前途断了以后，您以后不怪（埋怨）吗？她（武珍的母亲）说我不会怪的啊，姑娘读了书没有用的啊，我读了十年长学都没有用啊。她读了以后也没有用的啊。反正那姑娘啊，是儿子么，还差不多。她就蛮重男轻女阿，我就说好吧好吧，我回来吧，我也只有这个命啊。我就回来，搞了一年事啊，我就参加社教，参加路教。”

“我回来屋里的时候，我15岁入团啊，学校里就把我的团组织关系转到我们大队里来啊。我们的团支部书记，每年都到家里来慰问啊。说这个人呢，在这里一定要培养啊，当时在我们学校里，是红旗学生。”

白英：高学历而被选中

黄：　您下学就17岁了？

白英：嗯，我一下学就在村里搞。我那时候，像我这个文化程度的蛮少，高中毕业的，蛮少。

黄：　尤其是女生？

白英：嗯，尤其是女生，蛮少。下学以后就在村里担任团支部书记啊。后来就一直做这个事。

黄：　一直担任团支部书记？

白英：担任团支部书记啊，后来结婚了啊，就开始做这件事，计划生育啊。

武珍属于“第一代放足者”，具有这个代际的女性共同的人口学特点：出生于1949年前后，因农村卫生条件还未改善，农村成人和初生婴儿的死亡率都很高。她母亲未生育就守寡，嫁给她爸爸。生了八九个孩子，只存活下她和生于1947年的妹妹。劳动力的严重不足导致父母阻挠她上学。但由于她很上进，一直得到“组织”的看重而被选中来培养。这使得她对“组织”和“党”的事业保持热忱和忠贞。从她身上，可以看到集体时代宏大的社会工程对其生存状态与精神状态的重新建构，形成一种郭于华分析的“集体化的心灵”（郭于华，2003）。这种“集体化的心灵”伴她终生。虽然武珍在1982年已经从妇女主任的位子上下来了，但20多年后我拜访她的时候，她谈话间仍然充满了“组织”“党的培养”等词汇。

白英参政并不是因为她积极，而是因为她具有农村女性少有的高学历。

白英属于“战后婴儿潮一代”的“小妹组”。跟我们在前文分析的一样，她也具有“小妹组”共同的特征，即她的出生次序使得她比家中的长姐们有更多机会接受教育。她是家里的老六，上面五个姐姐已经提供了充足的劳动力，可以将她“解放”出来去读书。她的高学历使得她被选上参加管理村里的公共事务。

(三) 和 (男) 同事/上级的关系

武珍：“搞得不对就训你的人”“我还是坚持我的原则”

武珍：那时，你的工作做不好的话，一天到晚都在训人。哪里像现在啊，和人家说的话，一天到晚只开会啊，上传下达一下，人家来给你汇报工作啊。那时候好遭业吧，受挫折受的好厉害吧。动不动就开始训你。

黄：是村里的其他干部还是您的上级？

武珍：上面的么，稍微策略一点咯，下面的，你工作搞不好还是训啊。

黄：跟他们都是同事啊，您觉得跟他们处理关系怎么样呢？

武珍：可以。只要不是越轨的事情，都比较可以，如果有的越轨的事情啊，我还是坚持我的原则。要不我怎么经常跟他们吵翻的呢？

黄：什么是“越轨”的事情呢？

武珍：比如，给群众做思想工作，我觉得应该是把思想做通，要本着革命的人道主义，但他们就要硬着搞（整）一下……

白英：“有人说镇里的书记喜欢我”

原来，我记得后来还有人造了这个风声，就是镇里的彭书记，他现在还在，他就相当喜欢我，说我这个人蛮豪爽阿，工作也好啊，就说我这个人的确可以，工作也好啊，该搞的，那个时候年纪也轻，确实搞工作上进一些，不像现在老了啊。上面安排搞什么呢，雷厉风行，就赶快去搞了，搞好了去玩啊。打牌也蛮豪爽，就像男人的性格。还兴跳伞（半路从牌桌上下来）啊？成千上万的输都不会跳伞的，不兴跳哪个的伞的。也不兴挂哪个的账的，这个性格在这个地方了啊，他就蛮喜欢跟我在一起玩，随便在哪里，都喜欢在一起玩。后来搞人大代表啊，我就选上县里的人大代表啊，他就搞县里的人大主席，工作接触的多，就经常在一起玩，后来人家就说啊，说那彭书记啊，喜欢我又是什么啊。我说那些人无聊啊，我说话再说回来，既然人家是上面的领导，人家又有权又有什么，现在什么形势，什么社会？人家找个什么人不好找啊，我说他们真的就是嚼曲子（乱讲话），我老子也不是那样的人啊。

武珍对“组织”和“党”的事业保持热忱和忠贞，因此也会在工作中带入自己坚持的原则。比如，站在老百姓的立场上考虑，而不是像男同事那样采取强硬的手段，这样导致的结果通常是得罪上级，和同事吵翻。可以看到，在集体时代，男性领导对进入“公共领域”的女性抱持一种粗暴的态度，“搞得不对就训你的人”，彼此之间不是平等的同事关系。和武珍非常不一样，白英积极完成领导交代的任务，“上面安排搞什么呢，雷厉风行，就赶快去搞了”。除此之外，她也熟练掌握了市场化到来后“官场”中的新规则。比如，陪上级领导“玩”，即打麻将，并且“玩”的过程中投其所好，赢得对方的赞赏。她在 2006 年的访谈中提到，她每天出门，身上带的钱一般不少于 1 000 元。这在当时的农村，是非常大的一个数额了。因为要陪上级领导玩，还要陪当时刚刚兴起的开发区的“老板们”玩。在白英的故事中，妇女主任和男性同事、领导的关系不再是简单的“同志”关系，而可能演变为“桃色”关系，即便可能只是存在于众人的谣言中。

（四）工作—家庭

武珍：家里“我一切不管”

武珍：我的几个孩子，我都没有管他们闲事的，都是我的妈妈在照顾。

我生了他们，满月之后就没有管了，就不在屋里，就一直在外面。成天开会啊，我又没有妈子（母乳）啊，都是喂的糊头。就用粘米，在锅里一配啊，放在地上一搭地气，再糊糊头，都是那样吃的。等到我回来的时候才吃一点妈子，我又没有好多妈子。我又不泼辣啊，又不大吃东西的。一条鱼，我一个人的话，一条鱼可以吃几天，我从来都不泼辣。我又不吃肉，又不吃鸡子，只吃一点瘦的。

黄：　那您在大队里搞事，屋里的家务事哪个做呢？

武珍：我一切不管，都是我们的老的，这爸爸就放牛啊，妈妈就引孩子，他（武珍的丈夫）就做田里的事。我就什么都不管。原来的会又多，一开就是半个月啊，一开就是个把月啊，都是公社啊，县里啊，那县里，一开就是个把月啊。

白英："我荒废了小儿子"

黄：　小的一个呢？读到什么时候去当兵的？

白英：小儿子啊，读完了初中啊。小儿子啊，说起来我蛮愧疚啊，小儿子，说穿了，还是我荒废了的呐。

黄：　嗯？

白英：为了钱啊，他的爸爸搞装潢啊，在外面啊，我也在搞这个妇女主任啊，也在外面啊。再加上那个时候风气也不是蛮好，说实话。那个时候，打麻将啊，当官的，不管大官也好啊，小官也好，我在搞这个事，有时候跟上面的领导也好啊，一起玩也好啊，人家说要在一起玩玩，你要走，要拆别人的台啊？还有这样一句话，怎么？喝酒，怎么看作风啊，喝酒看作风啊，打牌看什么？

黄：　喝酒看酒风，打牌看牌风？

白英：不是的。你喝酒就证明你能工作，你能打牌就证明，怎么啊？我都忘记了，反正有一句口头禅。

黄：　就是说工作靠喝酒打牌？

白英：嗯，工作就靠喝酒打牌，也都是啊，打牌一打半夜啊，成天地打啊……就这样呢，一个孩子呢，小的呢，基本上就没有管好多。等到我们发现呢，我们以为孩子在学校里读书啊，我们的孩子蛮听话的呢，不调皮呢，结果他就迷了游戏机。就那样，就把个孩子废了，等到我们发现，去调查的时候，又没有上课么，白天晚上在游戏机室里，最终调查去，考了多少分？考了两百多分！考了两百多分，后来我一看，这不行了不行了，孩子毕竟他自己不懂事啊，我就说这责任在我们。

前文提到过，在集体时代，发生在“私人领域”的劳动（家务劳动）是被贬低的。武珍所说的非常好地印证了这一点，因为她在担任妇女主任期间，基本不照顾家庭和孩子，并以此为荣。而在后集体时代，尤其是20世纪90年代以后的性别意识形态重新强调家庭，强调女性的母职角色。白英的故事中，做妇女主任而无暇顾及家庭和孩子的教育成为应该忏悔的事情。这里我们进一步看到集体时代到后集体时代的转变中，国家进一步撤出，“心灵的集体化”不再可能，而家庭和个体的诉求更被看重。

（五）从政为家庭带来的益处

武珍：多生了一个儿子

黄：　那时候就生的比较少了啊？

武珍：嗯，不然老幺都不会生啊，还是领导宽大了我的。我们是接骨斗损的一家人家。看我的妈妈是嫁到这里来的，生了八九个都没有活啊，跟我的爸爸生了我们两个姑娘。我们家几代人都没有儿子。当时我有了三个，大的儿子是抱养的，生了两个姑娘，要去结扎啊，结扎啊，我爸爸就跑到后面的林子里，滚滚地哭，滚滚地哭。哭啊，就说还想要儿子，还想生一个。人家领导就看见了，看我当时在做妇女大队长么，怎么办呢？我就把被窝背上了，我说你们把我的名字第一个挂上。看你为了工作，就把名字第一个挂上了。他们就商量，我反正就抱着一个，你们，看组织上对我的那个是怎么样咯，对我是不是有点宽容，是的话，我就生咯，不那个的话，我也不要了。反正三个孩子已经满足了。有一个啊多了一个负担，我也无所谓。老的还想要啊。后来领导看见我们的老的蛮迫切啊，就几级组织？四级组织就，公社啊，大队啊，小队啊，还计划生育办公室的啊，几级组织商量啊，最后商量，我已经准备上手术台的，他们就说，好，把她的名字放在最后，就那样，又生了一个啊。

黄： 老幺是七几年的？

武珍：75 年的啊。

黄： 那时候已经开始计划生育了？

武珍：计划生育 72 年就开始了。我们搞的时候，已经是大批的多胎的结扎啊。这几个关口啊，大批的啊，三胎的啊，两胎的啊。

白英：为小儿子谋到出路

白英的小儿子因为他们夫妻疏于管理而荒废了学业。她做妇女主任积累起来的人脉帮她安排了小儿子的出路。

“就想办法啊，也就是那个彭书记，就帮忙在汉水中学里，要交钱啊，后来人家说，这镇里的领导出面说话么，就给我便宜一点，就去读啊。”

黄： 哦，把他弄到北京当兵，他不愿意？

白英：现在到威海去了。他是搞的东海舰队来招的。就跟他那个大伯的话，以后搞升迁啊，调动的话，就不属于一个系统的啊，就说要跨兵种，这郑书记他们啊，他们还是蛮关照我们这些下属啊，就调过来，调在这武警的啊。

除了收入，武珍和白英都谈到了从政的经历给她们的家庭带来了普通村民所无法获得的益处。入赘婚姻的武珍被父母期待为家族贡献一个亲生的儿子。在家族的要求和国家的规则之间，武珍主要还是看“组织”的态度；白英在官场中编织的关系网成为解决小儿子出路的关键。但在两个人的故事中，所谓的益处都是为家人，不过武珍更多的是为满足上一辈/家族传宗接代的愿望，白英的例子中更多的是为她自己的核心家庭，或者借用Margery Wolf的说法，她的“子宫家庭”（uterine family），在这个“子宫家庭”中，通过对孩子的照顾，使得孩子对她的奉献有认同感（Wolf，1993）。这里我们也看到作为父权制结构之一的家庭，其内部的权力关系维度的变化。和阎云翔在东北农村观察到的一致，后集体时代家庭内部的权力关系重心在向下一代转移，核心家庭中的夫妻和亲子关系超越了成年子女和父母的关系，成为最为重要的关系维度（Yan，2003）。

（六）从政对自己的意义

武珍：“几代都没有这样的荣誉”

黄：您自己在外面工作，您跟家里，因为好像人家都说，好像农村的女的，就是在家里洗衣服做饭啊，您在外面，您觉得这两种身份啊，有没有什么矛盾啊？

武珍：没有什么矛盾，就是家里的事情要牺牲一点咯。从另外一个角度看啊，党培养了你一处啊，你自己身为是一个共产党员啊，党怎么安排你就怎么做咯。你怎么说呢？好比共产党就给了你第二次生命。你本身的父母给了你一次生命，共产党员呢，就是党给你的第二次生命。人生当中有两次生命啊，自己感到还是比较荣幸啰。这和人家说的，几代都没有这样的荣誉啊……作为一个那个来说，在外面经历过很多风雨，见过很多世面，这人家没有看到过的，看到了，没有做过的，自己做过了。有些事情，自己想的话，好像是比别人高人一等啊，在工作上也比别人吃苦一些。

白英：复杂的心情

“我就是后悔啊”

黄：　您说后来生了老二之后出去做事？

白英：生了老二之后呢，也是在村里搞啊，就有点不想在村里搞了，他们两个都已经上学了，大的一个就已经要升初中了啊，就不想在村里搞了，那工资又兑不了现啊，又少啊，就想出来搞，就想经商啊。就搞服装。那原来是汪主任啊，跟我们关系蛮好，镇里计生局的呐。她就说，你反正每天也是来啊去啊，不把那丢了，你就带着搞，你要是到时候搞发达了，经商啊，你要丢么，我们就不再勉强你了。还是蛮信任我。我就带着搞，搞了几年啊…… 我就是后悔啊，就说自己没有头脑啊，那时候应该把这些（从政）统统的都丢了，只搞服装生意，那这个时候就发了，很发了啊。

“只有你一个”

黄：　您做了这几十年的干部，从做团支部书记开始，你觉得容易不容易，作为一个妇女干部？

白英：在农村里还是一个满光荣的事情。（笑）还是蛮值得骄傲的。是的，比方说一个村，因为你不是只是一个妇女工作，千把人啊，一两千啊，这么多妇女，只有你一个，还是觉得蛮骄傲的。（笑）

对于武珍来说，做妇女主任这件事的意义主要从两方面看，一个是对自己的父母和家族的意义，“几代都没有这样的荣誉”；一个是作为共产党员的独特的意义，毕竟村庄中的女性党员非常少。由此看来，在武珍身上，家庭/家族以及“党组织”是定义其生命体验和意义的重要力量；做妇女主任本身、做“党安排”的事情本身，就是一种“荣誉”。而在白英看来，并没有觉得这是一种“荣誉”。她甚至有些后悔，因为市场化的到来，做妇女主任使得她错失到商海里发财的机会。但她仍然觉得骄傲，因为“只有你一个”，自己和其他无法进入“公共领域”的农村妇女相比，还是具有独特性的。在白英身上，定义其生命体验和意义的重要力量不再如武珍一样是家族和“党组织”，而在于个体的独特之处。

五、结论和讨论

建立在既有的“反思性”文献的基础上，本章分析了从集体时代到后集体时代，从前乡村自治时代到乡村自治时代，妇女主任参政的不同的“本土世界”。在这个历史变迁中，父权制的国家、市场、转型的乡村社会和农村家庭的力量此消彼长，形塑了两代妇女主任不同的政治参与体验，进而形成复杂而矛盾的主体性。在集体时代，国家及其创造的文化制度一方面造就了武珍“集体化的心灵”，但另一方面因国家建构向基层延伸的需要，而使得她在工作中考虑普通民众的需要，站在对方的立场考虑。她自己曾用自己是村民“代理人”这个词来形容自己和村民的关系，这反映出这个集体时代的基层妇女主任对国家/集体、村庄、自我、村民等关系的思考。同样矛盾的是，武珍一方面充满忠心和热诚地为父权制国家/集体服务，但另一方面，却又不得不承受国家在基层的代表，即男性上级的言语暴力和不公平对待。而到了后集体时代，国家建构基本完成，国家从私人生活领域（部分）撤出以后，“家庭”和市场所引导的“文化制度”一方面让我们看到白英对个体及自己核心家庭利益的追求，出现一种“个体化”的倾向；但另一方面，我们看到进入“公共领域”的妇女主任并没有从“公共”的角度思考自己的职责，沦为有些学者所批判的“精致的利己主义者”。“集体化”色彩消退，“个体化”色彩渐浓，对于白英来说，“妇女主任”这份工作不再是党的培养的结果，不再是一份需要对这份“培养”负责的工作，而是成为多个需要权衡的工作选择之一。

在集体时代，国家/集体和家庭都是强有力的制约因素，影响着武珍的生活和意义赋予。在后集体时代的乡村，国家的力量渐衰，成年子女和父辈之间的纵向代际关系让位于核心家庭中的夫妻关系、父母与未成年子女间的亲子关系，对个体利益的追求获得了更多的合法性。但是，从白英的身上我们可以看到，她也因为自身性别容易沦为从“性”的角度被想象，甚至污名化的对象。这是市场化的乡村性别规范所起的作用。武珍和白英的故事让我们看到两代妇女主任在变迁的乡村社会下呈现出复杂的主体性。

最后，武珍和白英的经历让我们得以对农村女性参政的意义进行反思。仅依靠配额制来增加女性对政治的参与，是否真的能实现该方法最初设立的目标，即在乡村治理的过程中纳入包括妇女等边缘群体的声音、采取性别平等政策、措施和行动，获得农村政治的性别平等？答案似乎并不乐观。关于配额制的假设似乎是一种“发展主义”的假设，是一种“国家政治”，而农村女性是否参与村庄政治，以及如何参与，受变动的“本土文化”的影响。只有对“本土文化”有清晰的了解，才会对农村妇女参政的动因和果效进行有效的评估。

第十一章

结　语

1926—2013年的社会变迁如何影响了三代农村女性的劳动和闲暇生活？而这三代女性又如何以相同和不同的方式经历这些社会变迁？这其中牵涉的权力关系如何？其经历何种变化？为什么有这些变化？它们又是如何发生的？对于这些问题，没有一个简单或单一的答案。透过一个“双重比较”的框架，以及一系列包括“代际”“劳动分工”和“劳动的总体性社会组织过程（TSOL）”等概念，前面十章比较了莲荷村三代女性的劳动和闲暇生活的组织过程。这个比较一方面沿着历史时间，另一方面沿着三代女性的生命历程来进行。在此基础上，我们揭示了不同女性之间、不同性别之间生活经历的差异、延续，以及这些人群之间的权力关系。在最后这一章中，我将总结前面列章的主要发现，同时，重新回到本研究主要的理论框架和概念，总结它们如何启发了本研究，并讨论本研究在理论上的贡献。这里，我将首先聚焦于“双重比较”的框架和“代际”的概念所带来的发现，特别关注三代女性生活的差异和延续，她们之间互相依赖、不平等的关系；同时，我们会探讨农民“家庭内”和“家庭外”的性别关系，以及三代女性的自我认同。最后，我会总结农村女性劳动分工和闲暇分配的决定性因素，着重讨论“国家”在其中扮演的角色，以及探讨将TSOL模型应用到中国案例的适用性。

一、变与不变：三代女性之间的差异、延续、互相依赖及不平等

“双重比较”的框架是本研究的一个原创，而谨慎地使用“代际”概念，也带来了一些益处。可以说，只有透过“双重比较”和反思性地使用“代际”的概念，我们才能充分把握住历史的时间和个体生命历程的交互作用，也才能捕捉到“不同代际的共存”，抑或“同时代的非同时代性”的现象。而且，只有这样，我们才能避免将农村女性视为同一群体，也才能留意到这些女性之间、男女之间复杂的相互关系；同时，我们才能既关注差异也关注延续。最后，对“双重比较”的框架和“代际”概念的使用，能使我们观照到某些没有进入学术视野的生命历程阶段。重要的是，正是因为这些观照，我们就能够追踪某些隐藏在历史中的线索，并大胆预测某些可能的前景。以下内容将主要揭示这些“线索”和“前景”。

（一）少女时代：“重男轻女”机制的变化

一般来讲，随着历史时间的推进，三代女性在少女时代所需要承担的劳动越来越少，不论是家务劳动还是有酬劳动，而且她们正式开始工作的时间也越来越晚。但基本只有“战后婴儿潮一代”的“小妹组”和“计划生育一代”才在少女时期有从事非农劳动的机会。作为“第一代放足者”，集体时代以前的女孩们基本上在很早就被父母赶去劳动了。一开始，她们做一些辅助性的事情，稍微长大一些后，就开始从事有偿劳动和田里的劳动。她们为家庭经济做出了很大的贡献。和她们的兄弟们相比，她们几乎没有上学的机会，也很少有时间去玩。在集体时代，“战后婴儿潮一代”的“大姐组”因为是女儿，同时也因为出生次序靠前，也是较早就被父母要求回家挣“工分”，或者照顾弟妹。和其弟兄、妹妹们相比，她们接受教育的机会少很多。而“战后婴儿潮一代”的“小妹组”则因为她们的出生次序

靠后而有了相对多一些的教育机会。同时也因为集体的解体、改革开放时代的到来，而有了接受非农职业教育和从事非农职业的机会。对于莲荷村的“计划生育一代”而言，她们的少女时代基本以上学读书的方式度过；只要她们的学习成绩尚可，有通过读书考大学“跳出农门”的希望，父母会愿意供她们读书。而那些考大学无望的则会早一些离校回家。她们离校后一般从事非农业劳动。在大多数情况下，涉及父母对家庭资源的划分时，她们所能获得的份额和她们兄弟所获得的基本上相差不多；家里是“唯女户”时，几个女儿之间的平等程度更高。换句话说，在家庭资源的分配方面，“重男轻女”的程度随着时间的推进而渐渐降低了。

这是如何发生的呢？传统制度，比如父系制和从夫居等，造成了重男轻女。但这些制度目前仍然存在。子女数量的减少可能有一定影响。也有人认为农村父母的性别平等意识形态改变了“重男轻女”的状况。但基于前面各章的发现，我们认为父母性别平等的意识形态是他们行为的效果，而不是行为的原因。本研究发现了一个父母不再偏爱儿子的重要机制，即女性也获得了实现向上流动的机会，从而能够改善自己和家人的生活。换句话说，“重男轻女”的机制发生了某种程度的改变，而这种改变是由农村家庭外的制度变迁及其对家庭内性别平等水平产生的影响所造成的。“家庭外”和“家庭内”是性别关系产生的主要场所。下文将对两个场所之间的关系进行进一步探讨。这里，我们将用三代女性的经历来证明前面所述的“重男轻女”机制的变化。

前文提到，在前集体时代和集体时代，农民实现向上流动的主要方式——比如，通过国家层面的选拔考试、提干、参军——只对或主要对男性开放。这就解释了为什么第一代和第二代女性的父母将更多的家庭资源投资给儿子，而忽视了女儿。而对第三代女性来讲，在改革开放时代，高等教育成为实现向上流动的主要渠道，而高等教育是以学业表现而不是性别为选择标准的，因此在家庭资源有限的情况下，父母倾向于投资在学习表现更好的孩子身上，不管是儿子还是女儿。换句话说，因为社会分层体系里的制度变化，女孩子现在能够透过她们在家庭外的世界中所获得的成就来为自己的原生家庭带来利益，从而扩大她们在家庭中的权力和提高她们的地位。但从这里可以看出，农村父母行为的改变并不是以提升性别平等为目的的。家庭内孩子之间性别平等水平的提升可以说是中国结构变迁的“意外后果”。因此，一旦环境发生改变，性别平等水平是很容易倒退的。比如，如果高等教育所能带来的回报降低的话，或者女大学生找工作困难的话，农村父母投资女孩教育的热情可能就会降低。此外，“家庭外”的世界中其他的结构性变迁也可能会给女孩带来消极影响。我们会在下文详细讨论。

（二）初为人母：孩童照料的安排，有酬劳动及闲暇

历史地讲，对于三代女性来说，一面有酬劳动、一面家务和照料孩童的“双重负担”是越来越轻了。更年轻的两代的劳动生活更加灵活，而且她们用于劳动的时间更少。她们及其丈夫的闲暇资源更多了。这尤其是第三代的情况，因为她们的父母（公婆）基本上承担了所有的家务、孩童照料和农田里的劳动，使得她们可以将主要精力放在有酬劳动上。她们也是三代女性中最可能享受到“纯粹的”、非中断的闲暇时间的。基本上，包含劳动制度、孩子数量和婚后家庭结构在内的三个因素使得三代女性有着不一样的初为人母的经历。

集体时代的年轻母亲们比改革时代的年轻母亲们的日子更艰难，因为集体劳动制度毫无灵活性可言，她们必须严格遵守特定的劳动时间，并完成规定的劳动数量。另外，集体时代的年轻母亲们恰逢战后卫生条件极大改善而拥有较多数量的孩子，这使得她们的照料工作更为辛苦。最后，婚后的家庭结构是扩展家庭、主干家庭抑或合作家庭，这对年轻母亲有至关重要的影响，因为家庭结构决定年轻母亲能否在家务和子女照料上获得帮助。从这个意义上来讲，“第一代放足者”是“最不幸运”的一代，因为在三代女性中间，她们在集体体制中度过了自己初为人母的时代，并且养育着三代中数量最多的子女。换句话说，她们家庭的抚养比是最高的，这加快了她们的核心家庭被扩展家庭分离出去的速度，并动摇了传统农村家庭的经典代际合作模型，即祖母承担家务和照料孙子，年轻夫妇负责挣钱养家的模式。除了那些采用入赘婚姻的女性，大多数的第一代年轻母亲都在“双重负担”之间挣扎。而第二代“战后婴儿潮一代”的“大姐组”，情形发生了变化。尽管她们多半也在集体时代度过初为人母的时期，也多生活在一个核心家庭中，但她们的子女数要比第一代少得多。这就让她们的“双重负担”没有这么严重。并且，由于她们自己和弟弟妹妹之间存在较大的年龄差，因此有些人会邀请自己的弟弟妹妹来帮忙照顾自己的幼小子女。这一代的“小妹组”子女数也比较少，她们的初为人母时期过得更加容易一些，因为集体时期的结束带来了灵活的劳动制度和劳动时间。同样由于自身兄弟姐妹间较大的年龄差，她们中很多人仰赖侄子侄女来帮她们照看孩子，尤其是在侄子侄女放寒暑假的时候。最后，在劳动制度、孩子数量和婚后家庭结构这三个因素上面，“计划生育一代”和前两代相比，都具有一定的优势。对于她们来讲，孩子少，劳动制度相对灵活。最重要的是，在“合作家庭”中，她们有可以帮助照顾孩子和承担家务，甚至做农业劳动的公婆（父母）。所以，对她们中的大部分来讲，“双重负担”的状况不再存在。

因此，在改革开放时代的莲荷村，当农业无法带来较大的经济利益，只有非农劳动才能带来更多收入的时候，只有第三代的女性可以将家务、孩子照料和农耕都留给她们的公婆（父母），而自己和丈夫专注在非农劳动上。尽管“战后婴儿潮一代”的“小妹组”也很可能接受了学校和非农职业教育，尽管她们非常想参与非农职业，但她们的愿望往往会落空。这主要是因为她们多来自核心家庭，她们的丈夫专注在非农工作上，将家务、孩子的照料和务农都留给了她们。“大姐组”中很少有人能从事非农工作，因为如上文提到的，她们接受的学校教育和职业教育比较受限。第一代女性也如此。另外，到改革时期，她们年纪也大了，几乎没有非农的职业接受她们。这就是为什么在20世纪80年代后期到90年代早期，莲荷村存在一个“农业女性化”的现象，而自20世纪90年代中后期开始，当第三代成长起来之后，存在一个“农业人口老龄化”的现象。

(三) 老年：养老和变化的代际契约

为了方便比较，我介绍了第一代的父母一辈的养老状况，并和第一代及第二代的“大姐组”的养老状况相对比。从成年子女对老年父母的善待和尊敬方面来讲，随着历史时期的演进，存在一个“U”型曲线。这意味着，和其父母一辈相比，“第一代放足者”老年生活的经历更差；而“战后婴儿潮一代”的“大姐组”，情形有不少改善。一般认为，工业化带来的出生率的降低、乡城劳动力迁移和传统扩展家庭的解体，造成了发展中国家农村地区的养老危机。但莲荷村的情形似乎比这个更为复杂。单纯用“危机”或者“不存在危机”这样的说法，无法囊括莲荷村养老安排的多样化，也无法解释其代际契约变迁背后的机制。

充足的、制度化养老福利的缺失，使得代际契约和维持代际互惠成为必要。但自 20 世纪初开始，在不同的历史时期，不同代际的农村老人的代际契约和代际互惠背后的机制是不同的。结构层面和个体层面的因素造成了这些差异。结构层面的因素包括养老制度、劳动制度、财产制度、文化和人口结构的变迁等；个体层面的因素包含家庭结构、孩子（尤其是儿子）数量、居住安排，体力状况、经济状况，以及非常重要的是，人们对劳动的感知和评价。基本上，所有代际的老人都需要努力工作来维持代际互惠。但因以上所列因素的不同，“第一代放足者”在老年无法和自己的成年孩子及其家庭维持一个平衡的代际契约。因此，她们及其丈夫正经历某种程度上的养老危机。而她们的父母一辈及“战后婴儿潮一代”的“大姐组”则因为不同的劳动制度或者有意的亲代投资，而能获得子代对他们贡献的体察和感激，从而保证了一个好一些的晚年。

看向未来，虽然“战后婴儿潮一代”的“大姐组”能享受更稳定的养老福利，她们和子代之间的代际契约也更平衡，但她们仍然不得不在“合作家庭”中辛苦劳作，来保证子女对她们心存感激，在未来能妥善地照顾她们的晚年。鉴于城乡差距日益扩大，她们及其丈夫对子女的投资和贡献只会更大，来帮衬子代实现改善生活的梦想。如果他们无法做到这点，可能他们的老年生活会不好过。另外，对“第一代放足者”和“战后婴儿潮一代”的“大姐组”而言，到了老年，夫妻中的妻子因一直承担家务和照料家人的劳动，所以到了老年比体力衰退、无法承担重体力劳动的丈夫更有用武之地。她们的生产力比丈夫更强，更能将子女从辅助性的劳动中解放出来去专注于非农产业。因此，她们的贡献更为可见，更能获得子女的感激而在家庭中比丈夫拥有更多的话语权。

（四）女性之间的互相依赖和不平等

基于以上比较，我们可以看到在不同代际的女性之间存在着不同的权力关系：她们彼此之间互相依赖，但也存在不平等的关系。初为人母的时期，是较容易看到不同代际的女性之间的互相帮助和依赖的。在几十年的历史时期之内，我们发现在家庭的性别分工之中，家务和孩童照料仍然主要由女性承担，这点没有什么变化。此时的不同代际的女性之间的互助，是指她们彼此帮忙承担照料孩子和完成家务的工作。在主干家庭中，可以看到老一辈的女性帮忙料理家务、照看孙辈，依赖年轻一辈的收入而活。入赘婚姻的家庭，尤其是第一代和部分第三代家庭，符合这个模式。代际合作也常见于第三代的“合作家庭”中。只不过在“合作家庭”里，老一辈很可能也从事带来收入的劳动。她们的此举是为了家庭整体的福祉，以期待到老年时能得到子代的适当照料。我们也可以看到在“战后婴儿潮一代”的“大姐组”和“小妹组”之间也存在互助：当“大姐组”的姐姐们需要人伸出援手帮忙照料孩子时，妹妹们是可以求助的一个群体；而当妹妹们需要人手帮忙照顾自己的孩子时，姐姐们的孩子，尤其是女儿们则会出面帮忙。

但当一方对另一方的贡献明显比对方给自己的贡献多时，双方的关系可能会演变为不平等的关系。比如，在“第一代放足者”的少女时代，因集体时期僵化的劳动制度，使她们的缠足母亲对她们产生了很大的依赖。但等到她们自己年老的时候，她们为成年儿女及其家庭的贡献却得不到足够的承认，因而在代际契约中处于一个较弱的地位。在很多情况下，和女性之间的互相依赖的关系一样，她们之间的不平等关系主要也和家务及照料劳动在三代女性之间不平衡的分配有关。第三代的闲暇生活是这三代中最惬意的，但这是以牺牲她们母亲（婆婆）的时间、金钱和闲暇为代价的。而且，如果以历史的和整体的视角来看，第三代女性的受教育水平的提升，是以牺牲第一代的养老质量为代价的，因为作为第一代的子女、第三代的父母的第二代，压缩了给第一代养老的花费，投资在第三代的未来上面。这些都证明在不同的代际关系和性别关系之间，存在一种特别形式的交叉影响。

总之，纵观三代女性的整个人生，似乎第一代是“最不幸运”的一代。除了少女晚期她们能够通过自己的劳动在父母家里为自己挣得一点话语权，似乎她们的每个其他生命历程阶段和历史时间交互的节点，都会碰到不如意。比如，在集体时代度过初为人母的时期，不得不背负沉重的“双重负担”；穷困潦倒的老年；终其一生，几乎都没有很好的闲暇时光。年轻的几代，尤其是第三代，状况改善了很多。但不得不说，年轻代际生活状况的改善，很大程度上是以牺牲老一代的利益为代价的。但亲代和子代之间的这种不平衡关系似乎会循环下去：现在“战后婴儿潮一代”的“小妹组”和第三代，当她们的利益与自己子女的利益相冲突时，她们仍然选择以孩子的利益为先。并且，新的“家庭外”的世界虽然不断带来新的机会，也充满了危险和不利之处。

二、“家庭内”“家庭外”及性别关系

这部分讨论农村女性在不同的生命历程阶段所牵涉的两个主要的领域：一个是直接的权力关系发生的“本土世界”（local world），即“家庭内”的世界；另一个是“家庭外”的世界，如国家和市场。我们将讨论这两个领域之间的相互关系，以及女性们与此相关的自我认同。在1926—2013年近90年的时光里，莲荷村的女性们曾生活在不同的领域里。不同领域里的权力关系是不同的，并随时间流逝而发生变化。在集体时代到来之前，“家庭内”的世界被认为是造成农村女性被父权压迫的主要场所。集体制的到来，

又将女性置于小队、大队和公社干部的权力之下，而这些干部多为男性，代表着国家的力量；集体制解体之后，许多女性主义学者开始担心农村女性又会回到带着父权制权威的家庭中去（Andors 1983；Croll 1983；Davin 1988），但新的“家庭外”领域的出现，带来了家庭内权力关系的变化。这些新的“家庭外”领域包括市场，也包含政治政策发生变化的国家。一些学者认为，“父权制”已经不适合用来描述“家庭内”的权力关系，但在“家庭外”的世界中，“男性中心”（androcentry）仍然盛行（Judd，1994；Yan，2003）。

我同意上面几位学者的论断，但我认为在目前的莲荷村，“家庭内”的世界和“家庭外”的社会过程之间存在更为复杂的相互关联，这极大地影响了农村女性在家庭内和在社会上的地位。Yanagisako 曾提出“家庭内的关系，是一个社会政治结构的必要组成部分”（Yanagisako，1979：181，参考 Jelin，1991：18）。我很认同这个观点，并且认为对于市场化时代的中国农村，可以加上这么一个论断，即家庭内的关系也是中国农村市场关系的必要组成部分。

（一）“以年轻人为先”：“家庭内”的动态和“家庭外”的变迁

在 20 世纪内，可以明显看到中国农村家庭内部年轻一代权力的崛起，和年老一代权威的衰落。这代表着“家庭内”关系的一个剧烈变化，因为它反映出，在目前的农村家庭内部，“年龄”成为社会划分的一个很重要的指标，当对家庭资源进行分配时，年轻人享有比老年人高的优先权。未婚的年轻人和已婚的年轻夫妇，似乎都享受着这种权力关系的转移。我们认为，是“家庭内”动态和“家庭外”社会过程的相互关系导致的此种变化。

一般来讲，“家庭外”世界的变化，包括社会经济结构和政治政策的变化，会对“家庭内”的动态产生影响，因为后者会依照外界的变迁来调整自身。Martin Whyte（2000）和 Yunxiang Yan（2003）都认为，中国农村“家庭内”动态的变化是一个逐步的过程，最初的肇始可以追溯到社会主义革命的早期，因此，改革开放“之前”和“之后”不应该被看作截然对立的历史阶段。在“家庭内”动态变化的早期，存在一些比较重要的外部变迁，包括土地和财产的集体化，打击老年人权威、儒家伦理及亲属制度的各类运动等。在莲荷村，在集体时代“序列分家”的产生，代表着在家庭内，核心的关系轴从纵向关系（父—子）向横向关系（夫—妻）的转变。如前文所述，当属于“第一代放足者”的年轻母亲们不得不和丈夫一起承担“户主”的职责时，夫—妻关系已变得越来越重要。在改革开放时期，这个趋势变得更加明显。当城乡差距日益扩大，农业越来越不营利时，工业化和市场化的到来事实上为年轻的一代创造了更大的空间，从某种程度上给他们赋权了。资本主义市场从农户中所需要的，不是年老的老人，而是年轻的，受过更多教育，有着更灵活的手指、更清晰的视力和更充沛的精力的年轻人。而且，如前文所述，尽管在集体主义时期，莲荷村年纪稍长的男子，通过提干或者参军等途径，更有可能获得城市户口而实现向上流动。而现在，只有受过教育的年轻人通过高等教育来实现这个梦想。基本上，对于现在的普通农民来讲，改善家庭境况的期望，更多地放在年轻一代的身上。这提高了他们在家庭里的重要性，并保证他们在家庭资源划分时享有某种程度的优先权。

而从性别的视角来审视年轻一代权力的兴起时，我们发现现在的农户之家，有着比较复杂的性别关系。但同时，在“家庭外”的世界里，男性中心主义仍然是盛行的规则，这使得莲荷村当代农村女性的地位更加复杂。下面，我们将顺着这些女性的生命历程阶段，即未婚的少女阶段和婚后的阶段，来阐述她们的地位状况。

（二）女孩在“家庭内”的所得和“家庭外”的所失

“家庭外”的世界对女性的开放，以及女性在这个世界中的待遇，肯定会影响她们在“家庭内”的地位。她们在“家庭外”世界中的劳动会为她们在家庭中带来一定的权力。比如，第一代和第二代的“大姐组”在少女时代都以自己的劳动为紧急需要劳动力的家庭解了后顾之忧，她们因而也获得了家人的尊重和在家庭内的一定的话语权。到改革开放时代，市场化时代的到来，那些能通过非农劳动来改善自身和家人生活境况的女孩，则在家庭里被赋予更大的话语权。

但迄今为止，正如我们在第三部分提到的，“家庭外”的世界对女孩在“家庭内”的地位产生的最大的影响，来自高等教育作为农民实现向上流动的主要途径而向女孩敞开。对于少女时期的第三代女性来说，接受高等教育，即考上大学，能够较大程度地改善她们自身和家人的生活，这极大了提升了她们父母对她们的教育的投资。显然，2006 年及以后政府在取消农业税和全面实现义务教育等方面的政策，将给农村孩子的教育带来很大的益处，尤其是农村女孩。但令人担忧的是，如果高等教育的回报下降，比如，农村生源的女大学生无法找到一份能提升自己和家人生活的工作，这可能会给父母对女孩的教育投资带来负面的影响。在这个意义上，农村女孩地位的提升，是当代农村复杂的社会变迁的一个“意外后果”；而当条件发生变化时，这个“意外后果”也很容易被翻转，因为改善农村女孩的状况本身并不是改变的目的。借用 Heidi Ross（2011）的说法，这是一种“发展主义”的视角，这种视角将女孩当作发展的载体和工具，而不是发展的主体。更重要的是，尽管“家庭内”女孩的地位有所提升，但整个“家庭外”的世界对女性并不友好，并没有善待。从 19 世纪末 20 世纪初的民族主义者倡议放足开始，农村的女性一直没有被国家和掌权者当作完整的“人”来对待：最初的“放足”倡议，以及被动员参与公共劳动，是因为她们代表着全国一半的劳动力；之后她们被物化为子宫（计划生育）、灵巧的手和年轻的劳动力。

更重要的是，“家庭内”和“家庭外”两个领域中主要的权力关系原则是不同的。如上文所述，在“家庭内”，年轻一代获得了比老一代更多的权力；但在“家庭外”的世界中，仍然是以男性为中心的。这两个原则的相互交互，将当代的农村女孩置于一个奇怪的地位：在家里，她们是宝贵的、能帮助父母和家里的女儿；而在家庭之外，她们是被贬低的女性，处于一个弱势的地位中。尤其是在服务业的许多农村女孩，她们容易被村里人及服务对象想象为在出卖肉体，即使她们并没有。在这种状况下，她们在

“家庭外”的世界中被贬低、被污名化。并且，因为“家庭外”的世界显然具有更强大的势力，女孩们仅在“家庭内”取得了更多的权力，而无法对外面世界中盛行的“男性中心”和性别不平等带来根本性的冲击。这甚至是担任干部的当代农村妇女主任的遭遇。如前文所揭示的，她们的干部身份一方面增强了她们对自我的认同，提升了她们的价值感；但另一方面，她们在“家庭外”的世界中的工作，也使得她们沦落为男性性幻想的对象。这种矛盾使得她们很难积极主动去从事提升农村性别平等的工作，反而更多时候成为男性领导者旨意的追随者或者追逐自身政治利益的“精致的利己主义者”。

(三) 妻子的自我认同：从“家庭的自我”到“选择性的个体主义者”

在过去的近 90 年时间里，莲荷村已婚的女性在家庭中的地位如何呢？考虑到家庭组成，农村的妻子们通常需要处理与三方的关系：她们的公婆（父母，招婿婚的情况下），丈夫和孩子。如果我们按照历史时间的进程来看，对于第一代女性来说，在她们结婚后，不论她们是处在扩展家庭、主干家庭或者核心家庭中，她们通常都处于家庭资源分配金字塔的底端，而丈夫、公婆（父母）和孩子的利益都在她们的利益之前。学者 Devasahayam（2005）提到，在印度，困于家庭关系和家庭责任的中产阶级女性拥有一个“家庭的自我”（familial self），她们总是将自己的利益和那些她们能控制的家庭成员的利益置于整个家庭的生存和福祉之下。“第一代放足”的已婚女性们的形象，就是一个“家庭的自我”。如前文所提到的，她们牺牲了自己，以及她们能控制的家庭成员的利益——通常是女儿的利益——来增进整个家庭的福利。她们同时也为自己的这种牺牲而自豪，并认为这是一种“美德”。

年轻的两代，既包括第二代也包括第三代，是不一样的。首先，如上文所述，因为年轻一代权力的上升和核心家庭的盛行，夫—妻的关系代替父—子关系成为家庭关系的核心。对于第二、三代的女性（也包含那些来自“合作家庭”的）来说，她们已不再将公婆（父母）的利益置于自己的利益之前了。在既有文献中，不少人已经谈到了这些女性在家庭中战胜了父权制的权力；但很少有人提到她们和丈夫、孩子之间的权力结构。对于这两代女性来说，我认为，她们已经不屑于“家庭的自我”的形象，而是在家里发展出某种程度的个人主义。但这种个人主义并不是绝对的，而是选择性的。也就是说，“年轻人优先”的原则再次发挥作用：这些女性将自己孩子的而不是丈夫的利益置于自己的利益之前。一个很好的例子就是，她们会节衣缩食，牺牲用于自己闲暇的时间和金钱，来投资在孩子的教育上。但同时，她们仍然会和自己的丈夫为一份平等的、用于闲暇的花费而竞争。

这种“选择性的个体主义”是如何发展起来的呢？首先，年轻人对老人的胜利，从某种程度上，已经孕育出年轻一代的个体主义。其次，大部分年轻世代的婚姻，尤其是“小妹组”和“计划生育一代”的婚姻，是基于感情，是在更广阔的相会空间和更自由的恋爱过程中建立起来的。这种婚姻中的亲密感提升了对夫妻之间不公平的感知，使得妻子们决心追求公平。再次，自改革开放以来，“家庭外”世界的开放，从两个方面对妻子们赋权了：其一，一个开放的社会使得女性们有更多的机会依靠自己或者向家庭成员之外的人求助。例如，2006 年莲荷村一位 50 岁的妇人跟我说，她打工回来听到村里一些风言风语，说她丈夫跟村里的一个女人有染。她说，如果这被证实是真的话，她肯定会申请离婚，不管她到了多少岁。她说：“现在不像过去。我有手，不管我到哪里，我一个月总能挣个几百块钱，哪怕是当保姆伺候人。我一点都不担心我的生活。我照样能过得快活。”前文提到的莲梅也如是说。她说，如果是现在的话，她才不怕婚前怀孕。她会“打胎”，并拒绝自己不愿意接受的婚姻。当然，《婚姻法》和其他法律也为农村女性们赋权了，但正如前文提出的，没有一个开放的环境，这些法律无法充分发挥作用。其二，最主要的是，妻子们对家庭的贡献，尤其是现金贡献，给她们赋了权。当她们和丈夫挣的钱差不多时，她们会认为，除了孩子的利益最重要之外，她们和丈夫应该平等地享用家庭资源，就像前文提到的“大姐组”的故事一样。但当非农的劳动力市场对女性更有利时，传统的家庭内性别分工就变了。小红的例子正是如此。小红在纺织厂工作，而她丈夫留在家里种地，并照料家庭。但已婚女性们也经历着上文提到的未婚女孩们经历的奇怪的处境，并且可能境遇更糟。在家里，她通常拥有一个比公婆更高的地位，也享受着和丈夫某种程度上的平等；但在“家庭外”的世界中，她们也遭受着资本主义市场和其他制度所蕴含的“男性中心”所带来的苦楚。对某些服务行业的污名化也可能发生在她们身上。更重要的是，作为已婚女性，她们还不得不面对来自在父权制体系中丧失强权的男性的负面反应。另外一个可能泼在她们身上的污名，是当她们坚持要和丈夫享有同等的闲暇资源时，她们可能被骂为“蛮横不讲理”。她们在“家庭内”取得的地位，可能只是改变了她们的丈夫对她们的态度，但没有改变她们的丈夫对“女性”这个一般范畴的态度。换句话说，“夫—妻公平”的程度可能有所改进（尽管对公平的测量规则仍然倾向于忽视女性在家务和照料工作上的贡献），但“性别平等”并没有相应的提升。女性们可能在某些情境性的关系和场景中被尊重，比如，作为一个母亲、一个妻子、一个姐妹或女儿，但不是作为一个“女人”！“家庭内”和“家庭外”领域的不协调，可以部分地解释这种情形。

对于这三代女性，基本上，到了晚年，她们在家里应该都有某种相对于丈夫的优势，因为她们在晚年养活自己的能力似乎比丈夫要强一些。如前文所述，既有的性别劳动分工导致了这种夫妻差异。女性在家务和照料工作，尤其是做饭、洗衣和打扫等方面发挥的重要作用似乎到晚年才被意识到、才被珍惜，因为此时，丈夫不再是能带来收入的强劳动力了。如果目前的情形持续下去，也就是说，如果仍然没有足够的养老保险，没有把人照顾到生命最后一分钟的公共服务，农村的老人仍然会依靠他们的子女养老。如果他们要依靠子女，即使是部分依靠子女，他们就不得不和他们维持一个好的代际契约。这就需要他们为成年子女们操劳，而这就意味着年老的妻子们在家务和照料方面的付出，仍然会带给她们一个相较于丈夫而言，更好的和子女的代际交换。

三、女性、劳动、闲暇和家庭：农村女性劳动和闲暇分配的决定性因素

为什么在不同代际和不同性别之间会存在以上总结的差异、延续和权力关系？而这又是如何发生的？在“本土世界”和“道德体验”等概念的启发下所采用的交叉分析的方法（intersectional approach），以及在前面列章中发展的“劳动分工”的概念，回答了这些问题。是外在的/结构性的因素和家庭的因素之间的复杂互动，才导致了以上所说的各种差异、延续和权力关系。在这些女性的不同的生命历程阶段和历时性的时间交汇的时刻点上，都有不同的外在的/结构性的因素和迥异的家庭的因素之间产生互动，形成了不同的劳动和闲暇模式。

（一）外在的/结构性的因素和家庭的因素及其互动

在某种程度上，外在的/结构性的因素和家庭的因素之间的互动，类似于有些学者提到的“生产”（production）和“再生产”（reproduction）之间的相互决定（Jelin，1991；Tilly & Scott，1987），但因为中国农村许多的社会过程牵涉到国家的强力干预，因此，外在的/结构性的因素和家庭的因素的范围比“生产”和“再生产”的范围要更大，程度也更复杂。换句话说，除了在发展“劳动分工”这一概念时提到了一系列社会分化指标，如性别、文化、教育和生命历程阶段等，当前研究捕捉到其他的、在劳动分工和闲暇分配过程中发挥较大作用的因素。下面，基于前面章节的分析，我将尝试在更广泛的水平上解释莲荷村农村女性的劳动和闲暇分配模式所经历的变迁和延续。

首先，社会经济、政治、人口和文化等外在的/结构性的因素部分形塑了对女性劳动的需求，和她们对劳动的参与。基本上，包含经济制度、劳动制度、劳动力市场、教育制度、劳动力迁移和农业技术等的社会经济因

素及其变迁，都对农村女性的劳动和闲暇活动类型、活动时间和劳动强度等产生了一定影响。“政治因素”指的是国家颁布的政治政策，如第一代所经历的放足政策，户籍制度，以及更为一般意义上的社会分层政策和实现向上流动的渠道和方式。但很大程度上，甚至是从“集体的”到“后集体的”劳动制度的变化，也是国家干涉的结果，而不是某种“自然的”发展。从某种程度上来说，人口因素也是政治的，因为计划生育政策是基本国策之一。文化制度包含了重男轻女，传统的分家和婚姻实践等。非常值得注意的一点是政治因素。比如，因为国家的干预，莲荷村女性劳动的模式在某些方面，就和基于西方国家的研究所得出的结论有些许不同。例如，一般来说，人们会认为对公共劳动的高度参与会降低女性的生育率。但如果女性无法控制她们是否要参与公共劳动，和/或无法决定她们要生的孩子的数量时，情形似乎并不如此。另一个一般化的假设是认为低生育率会增加年轻母亲陪伴幼儿的时间。但这在莲荷村似乎也不是如此，因为低生育率是控制的结果，而（至少最初）不是自愿选择的结果。从前文我们可以看到，第三代女性的子女数很少，但在这三代女性之中，她们是陪伴孩子最少的一代，因为她们的母亲（婆婆）帮她们做了。

其次，家庭层面的因素包含家庭结构和组成、家庭资源、家庭所处的生命周期等。它也包含个体层面的因素，如性别、年龄、生命历程阶段、出生次序、兄弟姐妹数量、孩子数量、婚姻类型（是否招婿婚）、身体状况、学业成就，以及最重要的是，包含对某种事物的渴望和理解等在内的心理因素。一般来讲，家庭结构和组成对女性的每个生命历程阶段都很重要。比如说，当“战后婴儿潮一代”的“大姐组”家里有奶奶或者外婆帮忙时，她们一般能在学校多接受几年的教育，因为奶奶或者外婆会帮她们照料家务和看顾下面的弟妹，解了紧急的劳动力之需。否则，这些女孩可能根本没有上学接受教育的机会。结婚后，家庭结构和组成甚至更重要，因为如果家里有母亲（婆婆）在的话，年轻的女性就可以被从家务和照料工作中解放出来，从事非农工作或者有更多的闲暇时间。前文已经多次提到这点。第二代“小妹组”和第三代之间最大的差别在于家庭组成的不同。

前者多来自核心家庭，而后者多身处“合作家庭”；前者没有母亲（婆婆）帮忙，而后者有，这造成了她们二者之间截然不同的劳动和闲暇生活。

这里需要强调的一点，是女性们对某些事物的渴望和理解。从前文我们可以看到，自从1958年户籍制度开始执行，农民们就持续不断地努力来打破这种城乡隔离，为自己和为他们的孩子挣得一份实现向上流动的机会。在前文中，我们看到了他们各种努力的方式，比如建立个人关系网络、为孩子积攒教育费用、嫁给有城市户口的人，等等。当这种城乡隔离非常严重时，在他们对未来生活的期待中，努力打破这种人为的隔离就成了中心内容，这就会影响他们在劳动和闲暇方面的选择。另外，人们对某些社会过程的理解也很重要。比如，前文提到过，第一代女性年老之后，她们的成年子女会认为，和城里的高水准生活比起来，年老父母对他们的付出实在不值一提。这种认知的后果是，第一代步入老年后，很难和子女之间维持一个顺利的、平衡的代际互惠，因此就不得不忍受艰难的老年生活。

在前面列章，我们已经看到，外在的/结构性的因素和家庭的因素之间的互动和交互，产生了莲荷村几代女性不同的劳动和闲暇模式。这种交叉分析的方法，使我们能解释她们的劳动和闲暇模式之间存在差异和延续的原因，并细致剖析牵涉其中的权力关系。值得注意的是，这种交叉的分析方法，往往会发现一些意外的结论。我们以集体时代的劳动制度和几代女性的生命历程阶段之间的交叉为例。在集体时代下，劳动制度比较僵化，使得农户对劳动力的需求很紧急。在这种情况下，原来不被重视的劳动力也变得宝贵了。因此，我们看到，在集体时期，第一代女性在她们的少女时代因参与集体劳动和对家务的帮助，而变得重要起来；而那时候的老妇人，虽然无法参与集体劳动，但可以承担照料孩童和做家务等劳动，使得年轻的子女能专注于在集体里挣工分。她们的付出，在子女的眼里，也被认为是难得和宝贵的。另外一个例子是第一代女性的养老生活。和基于其他发展中国家的研究得出的结论不同，在别处被认为是导致养老危机的原因的劳动力乡城迁移和出生率的下降，在莲荷村反而可能是老人养老状况得以改善的原因。另外，“性别”并不是唯一重要的社会指标，年龄、代际、阶层，以及其他社会经济和人口学特征也十分重要。这种交叉分析的方法，能够考虑到这些因素，从而避免了单一的性别视角可能导致的“悲惨视角”，即前设性地将女性放在一个比男性“悲惨”的地位上，而忽视了其他重要的社会身份指标。

（二）国家的角色

在结构性因素和家庭的因素之间的互动中，“国家”扮演了何种角色？换句话说，“国家”在莲荷村村民劳动和闲暇生活的组织过程中，以及性别内部、性别之间、代际内部及代际权力关系的形成过程中，起到了怎样的作用？在前面列章的论述中，似乎很难直接看到“国家”的影子，但仔细看来，“国家”又无处不在：它是一系列的家庭变化和个性发展的最终推动者，是农民道德世界的塑造者。不论是结构性因素，还是家庭的因素，“国家”无不是最终的影响力量，虽然可能有的时候不是直接的影响力量。回到第一章关于“交叉分析方法下的个体、本土世界和遥远世界”的探讨，我们提到，属于“遥远世界”的“国家”（市场）一般不直接作用于个体。“本土世界”为个体提供了一个和“遥远世界”相遇及碰撞的场所。在“本土世界”中，“国家”以关于政治、社会经济、文化和人口的政策和法规的面貌出现，如婚姻法、计划生育政策、户口制度、教育制度和政策、各种社会福利政策等。同样在“本土世界”中，村民对这些制度和政策有着自己的理解和反应。直接的强力抵抗的例子非常少，在大多数情况下，外来的、代表国家力量的制度和政策要么被接受，要么被再解释，要么被利用，要么被忽视。当村民接受它的时候，它就发挥作用了；在被再解释和被利用时，该制度或者政策就没有达到最开始期望的目标，此时就产生了前面我们屡次提到的“意外后果”。值得注意的是，基于本书关于村民和外在的结构性力量和政治力量相碰撞的过程的研究，我们发现，大部分的制度或政策并没有立即或者直接发挥作用。它们最终多以“意外后果”的形式呈现，而这些“意外后果”是村民们在他们的“本土世界”中对这些制度和政策进行再解释、利用、协商、交易或者挑战的结果。而另外一些政策只有在外在环境发生变化之后才起作用。从这个意义上来说，在某种程度上，中国农村的现代化和工业化过程充满了“惊奇”和“意外的后果”。虽然在集体制度终结之后，“国家”的影响力似乎变得无影无形，但它仍然是形塑村庄生活的最重要的力量。这就使得将 TSOL 模型运用于中国的案例时，需要一些改变和补充。

（三）TSOL 在中国案例的运用

本研究借用了 TSOL 模型中关于“工作/劳动”的概念，采用了它提倡的整体的视角，并将其运用于莲荷村这个中国的案例中。确实，在历史发展的不同阶段，以及不同代际的农村女性各个生命历程的阶段，我们看到了不同模式的 TSOL 模型处在变迁之中。但针对 TSOL 的模型，我想强调两点。首先，TSOL 模型将重点放在劳动在生产、分配、交换、消费等领域的组织过程之中，其建构的“理想型”背景是没有外力干预的市场经济。但在中国的例子中，国家和政治政策的作用是不可忽视的。在集体主义时代，可以说国家和政治政策扮演了最为关键的角色；即使在改革开放之后的部分市场经济中，国家的作用同样不可忽视。其次，我们强调了行动者的能动性，在本书中，更多的是指男女（尤其是女性）村民的努力、渴望和对某些事物的理解。这些在塑造“谁做什么，为谁”的形态时也起到很大的作用。通过对他们的努力，以及生活策略的探讨，我们将经济关系之外的关系形态（如人际关系）也纳入分析框架中来。人际关系对于中国文化尤为重要，是探讨莲荷村村民“本土世界”和“道德经验”的一个重要内容，但并不包含在传统的 TSOL 框架之下。从这个角度上来讲，当我们将 TSOL 的框架运用到别的文化之中时，需要情景性地考虑本土文化。

2012—2013 年，莲荷村成功地招商引资，建立了一个工业园。莲荷村部分小组的村民也被征房征地，搬进了一个专为附近村子拆迁修建的万人小区。前述三代女性的生活也开始发生了变化：一是搬进居民小区、失去土地的村民们要开始适应新的“上楼”之后的生活和工作；二是部分“战后婴儿潮一代”的女性失地后开始从事非农劳动；三是部分“大姐组”的女性开始寻找保洁等工作，年轻一点的“小妹组”要么因为孩子上高中或大学住校，或者已经不再上学，而可以出来从事非农工作了。她们多是进入附近的纺织厂以及新建立的食品加工厂等企业上班。村民们开始了新的生活方式，不少女性加入了小区里的“广场舞”队伍。新的劳动形式、新的居住形态将如何影响莲荷村这些女性的生活经历？她们在家庭的地位和夫妻之间、亲子之间的关系将受到何种影响？整体上，城市化、工业化的进程将如何影响农村女性的劳动、闲暇生活和权力关系？这些问题都需要进一步的研究来回答，这将是下一本书的主要内容。

参考文献

[1] 陈海秋. (2002). 建国以来农村土地制度的历史变迁. *南都学坛*(5), 70－79.

[2] 曹荔函，张克云. (2013). 当权力遭遇性别——近10年女村官研究综述与展望. *妇女研究论丛*(6), 106－113.

[3] 方慧容. (2001). *"无事件境"与生活世界的"真实"——西村农民土改时期社会生活的记忆//杨念群. 空间·记忆·社会转型:"新社会史"研究论文精选集*. 上海：上海人民出版社.

[4] 高焕清，李琴. (2011). 村级女干部的"去女性化"：性别、社会性别和领导力. *妇女研究论丛*(1), 34－39.

[5] 高小贤. (1994). 当代中国农村劳动力转移及农业女性化趋势. *社会学研究*(2), 83－90.

[6] 高小贤. (2005). "银花赛"：20世纪50年代农村妇女的性别分工. *社会学研究*(4), 153－171.

[7] 郭夏娟. (2003). 两性政治参与的同与异——从女性主义角度看浙江农村的村民自治. *开放时代*(4), 95－105.

[8] 郭于华. (2001). 代际关系中的公平逻辑及其变迁——对河北农村养老事件的分析. *中国学术*(4), 221－254.

[9] 郭于华. (2003). 心灵的集体化：陕北骥村农业合作化的女性记忆. *中国社会科学*(4), 79－92.

[10] 胡玉坤. (2004). 社会性别、族群与差异：妇女研究的新取向. *中国学术*(1), 281－309.

[11] 蒋爱群，曲艳慧，王晓明. (2010). 村两委中的女干部——基于全国七十个村庄的调查数据. *中华女子学院学报*(6), 81－85.

[12] 金一虹. (2000). *父权的式微：江南农村现代化进程中的性别研究*. 成都：四川人民出版社.

[13] 金一虹. (2006). "铁姑娘"再思考——中国文化大革命期间的社会性别与劳动. *社会学研究*(1), 169－196.

[14] 金一虹. (2010). 流动的父权：流动农民家庭的变迁. *中国社会科学*(4), 151－165.

[15] 雷颐.(2007).“恢复高考三十周年记”,http://www.china.com.cn/review/txt/2007-02/14/content_7828154.htm.

[16] 李琴,高涣清.(2010).政策、认同与能力:农村妇女进入村委会——以妇代会直选进入制为例.*湖南工业大学学报(社会科学版)*(3),37-39.

[17] 李小江.(1997).*“新时期妇女运动和妇女研究”*//李小江,朱虹,董秀玉.*平等与发展*.北京:生活·读书·新知三联书店.

[18] 刘传江,郑凌云.(2002).现代化进程中的人口转变:一个广义视野的考察.*南方人口*(4),1-7.

[19] 刘翠霞,林聚任.(2009).*“中国村落研究的理论与方法反思”*//林聚任,何中华.*当代社会发展研究*.4辑.济南:山东人民出版社.

[20] 刘筱红,陈琼.(2005).村庄权力系统中女村官地位的类型分析——基于江西三个村的实证调查.*妇女研究论丛*(1),96-98.

[21] 中华人民共和国民政部.(2017).2016年社会服务发展统计公报.http://www.gov.cn/xinwen/2017-08/03/content_5215805.htm.2017-08-03.

[22] 人民网.(2013)'读书无用论'卷土重来?http://opinion.people.com.cn/GB/363551/368857/index.html.2013-09-05.

[23] 申静,陈静.(2001).村庄的“弱监护人”:对村干部角色的大众视角分析——以鲁南地区农村实地调查为例.*中国农村观察*(5),56-61.

[24] 沈文捷.(2007).*她们嫁给城市:城市外来农村媳妇生活状况透视*.上海:学林出版社.

[25] 沈延生.(1998).村政的兴衰与重建.*战略与管理*(6),1-34.

[26] 孙立平.(2007).我国贫富差距不断拉大的特征与原因.*新远见*(3),96-105.

[27] 谭深.(1998).打工妹的内部话题——对深圳原致丽玩具厂百余封书信的分析.*社会学研究*(6),65-75.

[28] 谭深.(2004).家庭策略,还是个人自主?——农村劳动力外出决策模式的性别分析.*浙江学刊*(5),210-214.

[29] 唐灿,马春华,石金群.(2009).女儿赡养的伦理与公平——浙东农村家庭代际关系的性别考察.*社会学研究*(6),18-36.

[30] 田翠琴,齐心.(2005).*农民闲暇*.北京:社会科学文献出版社.

[31] 王冬梅.(2010).村落文化视野中“女村官”执政的反思——以河北H村为例.*妇女研究论丛*(4),52-57.

[32] 汪力斌,宫君,陈婷婷.(2007).女村官参政执政的过程、特点和困难分析.*农村经济*(11),123-126.

[33] 王思斌.(1991).村干部的边际地位与行为分析.*社会学研究*(4),46-51.

[34] 王跃生.(2003).集体经济时代农民分家行为研究——以冀南农村为中心的考察.*中国农史*(2),88-98.

[35] 王跃生.(2006).当代中国家庭结构变动分析.*中国社会科学*(1),96-108.

[36] 王政．(1997)．国外学者对中国妇女和社会性别研究的现状．*山西师大学报：社会科学版*(4)，49-53.
[37] 翁乃群．(2009)．*村落视野下的农村教育：以西南四村为例*．北京：社会科学文献出版社．
[38] 吴愈晓．(2012)．中国城乡居民教育获得的性别差异研究．*社会*(4)，112-137.
[39] 吴小英．(2005)．探寻性别关系和性别研究的潜规则——从《父权的式微：江南农村现代化进程中的性别研究》说起．*社会学研究*(3)，212-220.
[40] 吴毅．(2001)．"双重角色"、"经纪模式"与"守夜人"和"撞钟者"——来自田野的学术札记．*开放时代*(12)，114-117.
[41] 徐建青．(2000)．"建国前期的城乡商业中介组织与城乡交流"//农业部农研中心编：《共和国农业要事研究报告》。
[42] 徐勇．(2002)．村干部的双重角色：代理人与当家人．*二十一世纪（网络版）*(7)．
[43] 阎云翔．(1998)．家庭政治中的金钱与道义：北方农村分家模式的人类学分析．*社会学研究*(6)，76-86.
[44] 杨翠萍．(2009)．组织下乡：现代国家中的妇女组织建构——以华北黄县的史料分析与实证调查为例．*妇女研究论丛*(1)，32-38.
[45] 杨东平．(2006)．从权利平等到机会均等——新中国教育公平的轨迹．*北京大学教育评论*(2)，2-11.
[46] 杨三军，沈翀，李钧德．(2007)．十年后谁来种田——川豫鄂三省种粮农民"老龄化"调查．*乡镇论坛*(2)，11-12.
[47] 杨善华，柳莉．(2005)．日常生活政治化与农村妇女的公共参与——以宁夏Y市郊区巴村为例．*中国社会科学*(3)，117-125.
[48] 叶华，吴晓刚．(2011)．生育率下降与中国男女教育的平等化趋势．*社会学研究*(5)，153-177.
[49] 于建嵘．(2002)．新时期中国乡村政治的基础和发展方向．*中国农村观察*(1)，57-63+81.
[50] 余宁．(2016)．2015年湖北1%人口抽样调查：出生人口性别比降幅明显．*楚天金报*，2016-09-05.
[51] 张江华．(2004)．工分制下农户的经济行为——对恰亚诺夫假说的验证与补充．*社会学研究*(6)，95-110.
[52] 张乐天．(2007)．恢复高考的意义诠释．*南京师大学报：社会科学版*(6)，74-78.
[53] 周其明．(2000)．农民平等权的法律保障问题．法商研究：*中南政法学院学报*(2)，23-28.
[54] 中国经济网．(2015)．中国城乡居民收入比13年来首次缩小至3倍以下．2015-01-20，http://www.ce.cn/xwzx/gnsz/gdxw/201501/20/t20150120_4384230.shtml.
[55] 中国经济网．(2018) 国家统计局：2017年城乡居民人均收入倍差2.71．2018-01-18，http://www.ce.cn/xwzx/gnsz/gdxw/201801/18/

t20180118_27793888. shtml.
[56] 钟雪萍. (2005). 后妇女解放与自我想像. *读书*(11), 13-20.
[57] 赵耀辉, 刘启明. (1997). 中国城乡迁移的历史研究: 1949-1985. *中国人口科学*(2), 26-35.
[58] 张雨濛. (2013). 近代中国的反缠足运动述略. *学习与实践*(10), 136-140.
[59] 郑真真. (2002). 外出经历对农村妇女初婚年龄的影响. *中国人口科学*(2), 61-65.
[60] 郑真真, 牛瑞琴. (2008). 从两次人口普查结果看中国的教育发展. *人口与经济*(4), 44-50.
[61] 周飞舟. (2006). 从汲取型政权到“悬浮型”政权——税费改革对国家与农民关系之影响. *社会学研究*(3), 1-38.
[62] Adam B. (c1995). *Timewatch: the social analysis of time*. Cambridge: Polity Press.
[63] Agarwal B. (1997). “Bargaining” and gender relations: within and beyond the household. *Feminist Economics*, 3 (1), 1-51.
[64] Andors P. (1983). *The unfinished liberation of Chinese women, 1949—1980*. Bloomington: Indiana University Press; Brighton: Wheatsheaf Books.
[65] Arber S, Andersson L, Hoff A. (2007). Changing approaches to gender and ageing: introduction. *Current Sociology*. 55 (2), 147-153.
[66] Bertaux D, Hills B. (1981). *Biography and society: the life history approach in the social sciences*. Calif.: Sage Publications.
[67] Bittman M, Wajcman J. (2000). The rush hour: the character of leisure time and gender equity. *Social Forces*, 79 (1), 165-189.
[68] Bossen L. (2002). *Chinese women and rural development: sixty years of change in Lu Village, Yunnan*. Maryland: Rowman & Littlefield Publishers, INC.
[69] Bossen L, Wang X R, Brown M J, et al. (2011). Feet and fabrication: footbinding and early twentieth-century rural women's labor in Shaanxi. *Modern China*, *37* (4), 347-383.
[70] Buck L J, (1937). *Land utilisation in China*. Nanking, University of Nanking Press.
[71] Cai F, Giles J, O'Keefe P, et al. (2012). *The elderly and old age support in rural China: challenges and prospects*. Washington, DC: The World Bank.
[72] Chan A, Madsen R, Unger J. (c1984). *Chen village: the recent history of a peasant community in Mao's China*. Berkeley: University of California Press.
[73] Cohen M L. (1992). Family management and family division in contemporary rural China. *China Quarterly*, 130 (130), 357-377.

[74] Cohen M L. (1993). Cultural and political inventions in modern China: the case of the Chinese "peasant". *Daedalus*, 122 (2), 151-70.

[75] Collins P H. (1991). *Black feminist thought: knowledge, consciousness, and the politics of empowerment*. New York: Routledge.

[76] Connelly R, Roberts K, Zheng Z Z. (2010). The impact of circular migration on the position of married women in rural China. *Feminist Economics*, 16 (1), 3-41.

[77] Croll E. (1978). *Feminism and socialism in China*. London: Routledge & Kegan Paul.

[78] Croll E. (1983). *Chinese women since Mao*. London: Zed Books.

[79] Croll E. (1985a). *Introduction: fertility norms and family size in China*// Elisabeth C, Delia D, Penny K. (1985). *China's one-child family policy*. London: Macmillan.

[80] Croll E. (1985b). *Women and rural development in China: production and reproduction*. Geneva: International Labour Organization.

[81] Croll E. (1994). *From heaven to earth: images and experiences of development in China*. London: Routledge.

[82] Croll E. (1995). *Changing identities of Chinese women: rhetoric, experience, and self-perception in twentieth-century*. Hong Kong: Hong Kong University Press; London: Zed Books.

[83] Croll E. (2006). The intergenerational contract in the changing Asian family. *Oxford Development Studies*, 34 (4), 473-491.

[84] Davin D. (1975) . *Women in the countryside of China*// Wolf M, Witke R. *Women in Chinese Society*. Calif.: Stanford University Press.

[85] Davin D. (1976). *Women-work: women and the Party in Revolutionary China*. Oxford: Clarendon Press.

[86] Davin D. (1988) . *The implications of contract agriculture for the employment and status of Chinese rural women*// Stephan F, Athar H, Thierry P. *Transforming China's economy in the eighties*. London: Zed Books.

[87] Davin D. (1991). The state and population planning: China and Romania compared. *East Asia Papers* (1), 25.

[88] Davin D. (1999). *Internal migration in contemporary China*. Basingstoke: Macmillan.

[89] De Brauw A. (2003). Are women taking over the farm in China? Department of economics working papers series, Williams College, with number 2003-02, accessed on 10/Nov. /2010, http: //ideas. repec. org/p/wil/wileco/2003-02. html.

[90] De Brauw A, Li Q, Liu C F, et al. (2008). Feminization of agriculture in China? Myths surrounding women's participation in farming. *The China Quarterly* (194), 327-348.

[91] Deem R. (1988). *Work, unemployment and leisure*. London: routledge.
[92] Devasahayam T W. (2005). Power and pleasure around the stove: the construction of gendered identity in middle-class South Indian Hindu households in urban Malaysia. *Women's Studies International Forum* (28), 1-20.
[93] Dixon J. (1982). The community-based rural welfare system in the People's Republic of China: 1949-1979. *Community Development Journal*, (1), 2-12.
[94] Entwisle B, Henderson G E. (2000). *Re-drawing boundaries: work, households, and gender in China*. Berkeley: University of California Press.
[95] Fan C C. (2000). *Migration and gender in China*// C M Lau, J Shen. *China Review*. Hong Kong: Chinese University Press.
[96] Fan C Cindy, Li L. (2002). Marriage and migration in transitional China: a field study of Gaozhou, Western Guangdong. *Environment and Planning A 2002*, (34), 619-638.
[97] Fei H T, Chang C I. (1975). *Earthbound China: a study of rural economy in Yunnan*. Chicago: University of Chicago Press.
[98] Field J, Garris M, Guntupalli M, et al. (2006). Chinese township and village enterprises: a model for other developing countries. http://www.umich.edu/~ipolicy/IEDP/2006china/5)%20Chinese%20Township%20and%20Village%20Enterprises,%20A%20Model%20for%20Oth.pdf.
[99] Finch J. (1993). *It's great to have someone to talk to: ethics and politics of interviewing women*// Hammersley M. *Social Research: Philosophy, politics and practice*. London: Sage Publications, in association with the Open University.
[100] Glucksmann M. (2000). *Cottons and casuals: the gendered organisation of labour in time and space*. Durham: Sociology Press.
[101] Glucksmann M. (2006a). *Developing and economic sociology of care and rights* // Morris L. *Rights: Sociological Perspectives*. London: Routledge.
[102] Glucksmann M. (2006b). *Division of labour*// Scott J. *Sociology: the key concepts*. New York: Routledge.
[103] Gould S J. (2010). "To thine own self (ves) be true": reflexive insights for etic self theory from consumers' emic constructions of the Self. *Consumption Markets & Culture*, 13 (2), 181-219.
[104] Guo X J, Zheng Y N, Yang L J. (2009). Women's participation in village autonomy in China: evidence from Zhejiang province. *China Quarterly*. (197), 145-164.
[105] Hannum E, Xie Y. (1994). Trends in educational gender inequality in China: 1949-1985. *Research in Social Stratification & Mobility*, 13 (1), 73-98.
[106] Henderson K A. (1990). The meaning of leisure for women: an

integrative review of the research. *Journal of Leisure Research*. 22 (3), 228 - 243.
[107] Henderson K A, Rannells J S. (1988). Farm women and the meaning of work and leisure: an oral history perspective. *Leisure Science*, 10 (1), 41 - 50.
[108] Hershatter G. (2000). *Local meanings of gender and work in rural Shaanxi in the 1950s*// Entwisle B, Henderson G E. *Re-drawing boundaries: work, households, and gender in China*. Berkeley: University of California Press.
[109] Hershatter G. (2004). State of the field: women in China's long twentieth century. *The Journal of Asian Studies*, 63 (4), 991 - 1065.
[110] Hershatter G. (2011). *The gender of memory: rural women and China's collective past*. Berkeley: University of California Press.
[111] Honig E. (2000). *Iron girls revisited: gender and the politics of work in the cultural revolution*, 1966 - 76// Entwisle B, Henderson G E. *Re-drawing boundaries: work, households, and gender in China*. Berkeley: University of California Press.
[112] Huang P C C. (1990). *The peasant family and rural development in the Yangzi Delta, 1350 - 1988*. Stanford, California: Stanford University Press.
[113] IFAD (International Fund for Agricultural Development). (1995). *The status of rural women in China*. Rome: IFAD.
[114] Jacka T. (1992). *The public/private dichotomy and the gender division of rural labour*// Watson A. *Economic reform and social change in China*. London and New York: Routledge.
[115] Jacka T. (1997). *Women's work in rural China: change and continuity in an era of reform*. Cambridge: Cambridge University Press.
[116] Jacka T. (2006). *Rural women in urban China: gender, migration, and social change*. Armonk, New York and London: M. E. Sharpe.
[117] Jacka T. (2008). Increasing women's participation in village government in China. *Critical Asian Studies*, 40 (4), 499 - 530.
[118] Jacka T. (2014). Left-behind and vulnerable? Conceptualising development and older women's agency in rural China. *Asian Studies Review*, 38 (2), 186 - 204.
[119] Jelin E. (1991). *Family, household and gender relations in Latin America*. London: Kegan Paul International; Paris: UNESCO.
[120] Judd E. (1990). "Men are more able": rural Chinese women's conceptions of gender and agency. *Pacific Affairs*, 63 (1), 40 - 62.
[121] Judd E. (1994). *Gender and power in rural North China*. California: Stanford University Press.
[122] Kazuko O. (1978). *Chinese women in a century of revolution, 1850 -*

1950. California：Stanford University Press.

[123] Kertzer D I. (1983). Generation as a sociological problem. *Annual Review of Sociology*，(9)，125 - 149.

[124] Kipnis A B. (2011). *Governing educational desire: culture, politics, and schooling in China*. Chicago：The University of Chicago Press.

[125] Kleinman A. (1999). *Experience and its moral modes*// Grethe P. *The tanner lectures on human values*. Salt Lake City：University of Utah Press.

[126] Knight J. (1995). Price scissors and intersectoral resource transfers：who paid for industrialization in China? *Oxford Economic Papers*，New Series，47 (1)，117 - 135.

[127] Krekula C. (2007). The intersection of age and gender：reworking gender theory and social gerontology. *Current Sociology*，55 (2)，155 - 171.

[128] Li D，Tsang M C. (2003). Household education decisions and implications for gender inequality in education in rural China. *China: An International Journal*，1 (2)，224 - 248.

[129] Li H B，Loyalka P，Rozelle S，et al. (2015). Unequal access to college in China：how far have poor，rural students been left behind? *The China Quarterly*，(221)，185 - 207.

[130] Li S Z，Feldman M，Jin X Y. (2003). Marriage form and family division in three villages in rural China. *Population Studies*，57 (1)，95 - 108.

[131] Li S Z，Feldman M，Li N. (2001). A comparative study of determinants of uxorilocal marriage in two counties of China. *Social Biology*，48 (1 - 2)，125 - 150.

[132] Liang Z，Ma Z D. (2004). China's floating population：new evidence from the 2000 census. *Population and Development Review*. 30 (3)，467 - 488.

[133] Mannheim K，Kecskemeti P. (1952). *Essays on the sociology of knowledge*. London：Routledge and Kegan Paul LTD.

[134] Mann S. (2000). *Work and household in Chinese culture: historical perspectives*// Entwisle B，Henderson G E. *Re-drawing boundaries: work, households, and gender in China*. Berkeley：University of California Press.

[135] Molyneux M. (1979). Beyond the domestic labour debate. *New Left Review*，116 (1)，3 - 27.

[136] Mullings B. (1999). Insider or outsider，both or neither：some dilemmas of interviewing in a cross-cultural setting. *Geoforum*，30 (4)，337 - 350.

[137] Obendiek H. (2011). 'Changing fate'：educational mobility and social support in rural Northwest China. Martin-Luther-Universität，Germany.

[138] Oi C J. (1991). *State and peasant in contemporary China：the political economy of village government*. Berkeley：University of California Press.

[139] Paine L，Delany B. (2000). *Rural Chinese education: observing from the*

margin// Liu J, Ross A H, Kelly P D. *The ethnographic eye: interpretive studies of education in China*. New York: Falmer Press. 2000: 97 - 122.

[140] Parish W L, Whyte M K. (1978). *Village and family in contemporary China*. Chicago: University of Chicago Press.

[141] Parish W L, Willis R J. (1993). Daughters, education, and family budgets: Taiwan experiences. *Journal of Human Resources*, 28 (4), 863 - 898.

[142] Pettinger L. (2005a). Representing shop work: a dual ethnography. *qualitative research*, 5 (3), 347 - 364.

[143] Pettinger L. (2005b). *Friends, relations and colleagues: the blurred boundaries of the workplace*// Pettinger L, Parry J, Taylor R, et al. *A new sociology of work*? Glucksmann, Oxford: Blackwell.

[144] Pilcher J. (1994). Mannheim's sociology of generations: an undervalued legacy. *The British Journal of Sociology*, 45 (3), 481 - 495.

[145] Potter S H, Potter J M. (1990). *China's Peasants: the anthropology of a revolution*. Cambridge: Cambridge University Press.

[146] Pun N. (2000). Opening a minor genre of resistance in reform China: scream, dream, and transgression in a workplace. *Positions: East Asia Cultures Critique*, 8 (2), 531 - 55.

[147] Pun N. (2007). Gendering the dormitory labour system: production, reproduction, and migrant labour in South China. *Feminist Economics*, 13 (3), 239 - 258.

[148] Redlich F. (1976). Generations: a critique and reconstruction. *Belgisch Tijdschrift voor Nieuwste Geschiedenis*, (7), 243 - 271.

[149] Rofel L. (1999). *Other modernities: gendered yearnings in China after socialism*. California: University of California Press.

[150] Russell C. (2007). What do older women and men want? Gender differences in the "lived experience" of ageing. *Current Sociology*, 55 (2), 173 - 192.

[151] Ross H. (2005). Girls' education discourse and practice in China: conceptualizing the sources and outcomes of reform', paper presented on the first international forum on children's development, organised by China Soong Ching Ling Foundation and United Nations Children's Fund (UNICEF). 29th - 31st, 2005, Beijing.

[152] Ross H. (2011). *Challenging the gendered dimensions of schooling: the State, NGOs and transnational alliance*//Jacka T, Sargeson S. *Women, gender and development in rural China*. Cheltenham: Edward Elgar Publishing Limited.

[153] Sawada Y, Lokshin M. (2000). Household schooling decisions in rural Pakistan. *Working Papers*.

[154] Scott J W. (1988). *Gender and the politics of history*. New York:

Columbia University Press.

[155] Shelton B A. (1992). *Women, men, and time: gender differences in paid work, housework, and leisure*. New York: Greenwood Press.

[156] Shue V. (1988). *The reach of the state*. Stanford: Stanford University Press.

[157] Siu H F. (1989). *Agents and victims in South China: accomplices in rural revolution*. New Haver: Yale University Press.

[158] Song J. (2018). Personal traits, opportunities, and constraints: female cadres and rural politics in China's modernization. *Asian Anthropology*, 17 (2), 100 - 115.

[159] Spitzer A B. (1973). The historical problem of generations. *The American Historical Review*, 78 (5), 1353 - 1385.

[160] Sprague J. (2005). *Feminist methodologies for critical researchers: bridging differences*. Walnut Creek, CA: Alta Mira Press.

[161] Stacey J. (1983). *Patriarchy and socialist revolution in China*. Berkeley: University of California Press.

[162] Stichter S, Parpart J L. (1990). *Women, employment and the family in the international division of labour*. London: Macmillan.

[163] Stloukal L. (2001). Rural population ageing in poorer countries: possible implications for rural development. http: //www. fao. org/sd/2001/pe0501a _ en. htm.

[164] Stloukal L. (2004). Rural population ageing in developing countries: issues for consideration by FAO. http: //www. fao. org/sd/dim _ pe3/pe3 _ 040401a1 _ en. htm.

[165] Tan S. (2001). The relationship between foreign enterprises, local governments, and women migrant workers in the Pearl River Delta// Unger J, West L A, Zhao Yaohui. Rural labor flows in China. *The China Journal*.

[166] Thuno M. (2006). *In the "field" together: potentials and pitfalls in collaborative research*//Heimer M, Thogersen S. *Doing fieldwork in China*. Honolulu: University of Hawaii Press.

[167] Tien H Y. (1983). Age at marriage in the people's republic of China. *The China Quarterly* (93), 90 - 107.

[168] Tilly L A, Scott J W. (1987). *Women, work and family*. New York and London: Methuen.

[169] Tout K. (1989). *Ageing in developing countries*. Oxford: Oxford University Press.

[170] Twitchett D, Fairbank J K. (1986). *The cambridge history of China republican China 1912 - 1949, Vol. 13 part 2*, Cambridge: Cambridge University Press.

[171] Unger J. (2003). The transformation of rural China. *The China*

Quarterly, 173, 217 - 219.

[172] UNDP. (2003). 'Overall report China's accession to WTO: challenges for women in the agricultural and industrial Sector', collaborative research report by UNDP, UNIFEM, All China Women's Federation, National Development and Reform Commission and Center for Chinese Agricultural Policy, Beijing. http://www.undp.org/content/dam/china/docs/Publications/UNDP-CH-DG-Chinas%20Ascension%20to%20WTO%20Challenges%20for%20Women%20in%20the%20Agricultural%20and%20Industrial%20Sectors.pdf.

[173] United Nations, Department of Economic and Social Affairs, Population Division (2013). 'World population prospects: the 2012 revision'. *Volume II: Demographic Profiles*. ST/ESA/SER. A/345.

[174] Whyte M K. (2002). *The perils of assessing trends in gender inequality in China*// Entwisle B, Henderson G E. *Re-drawing boundaries: work, households, and gender in China*. Berkeley: University of California Press.

[175] Whyte M K. (2003). *China's revolutions and intergenerational relations*. Ann Arbor: The University of Michigan Press.

[176] Wolf M. (1972). *Women and the family in rural Taiwan*. California: Stanford University Press.

[177] Wolf M. (1985). *Revolution postponed: women in contemporary China*. California: Stanford University Press.

[178] Wolf M. (1993). *Uterine families and the woman's community*// Haviland W A, Gordon R J, Vivanco L A. *Talking about people: readings in contemporary cultural anthropology*. CA.: Mayfield Publishing.

[179] Wu B, Zheng Y N. (2008). *Expansion of higher education in China: challenges and implications*.

[180] Wu X G, Treiman D J. (2004). The household registration system and social stratification in China: 1955 - 1996. *Demography*, 41 (2), 363 - 384.

[181] Yan Y X. (2002). Courtship, love and premarital sex in a North China village. *The China Journal*, (48), 29 - 53.

[182] Yan Y X. (2003). *Private life under socialism: love, intimacy, and family change in a Chinese village 1949 - 1999*. Stanford California: Stanford University Press.

[183] Yang M M. (1994). *Gifts, favors & banquets: the art of social relationships in China*. Ithaca: Cornell University Press.

[184] Yang M M. (1999). *From gender erasure to gender difference: state feminism, consumer sexuality, and women's public sphere in China*//Yang M M. *Spaces of their own: women's public sphere in transnational China*. Minneapolis: University of Minnesota Press.

[185] Zhan H J, Montgomery R J V. (2003). Gender and elder care in China: the influence of filial piety and structural constraints. *Gender and Society*, 17 (22), 209 - 229.

[186] Zhang E Y. (2005). Rethinking sexual repression in Maoist China: ideology, structure and the ownership of the body. *Body & Society*, 11 (3), 1 - 25.

[187] Zhang H. (2007). China's new rural daughters coming of age: downsizing the family and firing up cash earning power in the new economy. *Signs: Journal of Women in Culture and Society*, 32 (3), 671 - 698.

[188] Zhang L. (2000). *The interplay of gender, space, and work in China's floating population*// Entwisle B, Henderson G E. *Re-drawing boundaries: work, households, and gender in China*. Berkeley: University of California Press.

[189] Zhang L X, Brauw A D, Rozelle S. (2004). China's rural labour market development and its gender implications. *China Economic Review*, (15), 230 - 247.

[190] Zhang Y T, Goza F W. (2005). Who will care for the elderly in China? A review of the problems caused by China's one-child policy and their potential solutions. *Journal of Ageing Studies*, 20 (2), 151 - 164.

[191] Zhang Y P, Kao G, Hannum E. (2007). Do mothers in rural China practice gender equality in educational aspirations for their children? *Comparative Education Review*, 51 (2), 131 - 157.

[192] Zhao Y H, Wen G J. (1999). Land holding and social security in rural China. *Homo Oeconomicus*, (16), 157 - 176.

内 容 提 要

中国的村庄在过去一个多世纪里发生了巨变，同时，男女村民的生活也面临不断的延续和变迁。本书综合了社会学、性别研究、社会历史和人口学的方法，从性别视角，以“劳动”和“闲暇”为透镜，考察了华中莲荷村在过去近 90 年间（1926—2013）的变与不变。本书探讨了不同代际的女性和男性劳动、闲暇的变迁与延续，其组织过程中不同性别及代际间变动的权力关系，以及这些权力关系在家庭内外的表现和形成机制。本书使用了一个“双重比较”的框架，一方面纵向考察前集体时代、集体时代和改革开放时代村庄中劳动和闲暇在不同性别及代际间的分化；另一方面横向追踪村庄女性在少女时代、年轻母亲时代及老年时期劳动和闲暇生活的变迁和延续。本书采用了一个全面的、关系性的视角考察了有酬/无酬，家庭/劳动，家庭内/外，劳动/闲暇等原本被二分的领域并探讨这些领域的相互关系。在此基础上，本书将莲荷村女性和男性在变化着的家庭中的角色和更广大范围内的社会经济、政治、人口和文化变迁联系起来，展现了村庄社会性别制度的嬗变，影响这种嬗变的个体、家庭、市场和国家层面的因素及与此相关的微观、宏观动态。